DALAM TAWANAN JEPANG

(Bukit Duri – Serang – Cimahi)

Kisah Nyata Kehidupan Seorang Tawanan
pada Zaman Pendudukan Jepang

Nio Joe Lan

Disadur oleh

Ikhwanul Halim

PIMEDIA

Dalam Tawanan Jepang (Bukit Duri-Serang-Cimahi)
Kisah Nyata Kehidupan Seorang Tawanan pada Zaman Pendudukan Jepang
Ikhwanul Halim (penyadur)

Desain Sampul & Tata Letak: Tim PIMEDIA

Diterbitkan oleh PIMEDIA Bandung
2024
380 hlm. (x+362)

ISBN 978-623-8426-18-8

Dari Penyadur

Ketika sahabat saya, IPP Hanna (Satyawati Hanna Tedjajuwana), menghubungi saya dan mengatakan ingin mencetak kembali buku berjudul *Dalem Tawanan Djepang,* otobiografi mendiang mertuanya Nio Joe Lan, karena ada permintaan untuk menerjemahkannya ke dalam bahasa Belanda.

Setelah membaca karya asli kekayaan dengan pengalaman dan pelajaran hidup yang sangat berharga, saya merasa perlu membagikannya kepada generasi milenial dan generasi penerus lainnya. Kendalanya, ada pada bahasa dan ejaan.

Saya kemudian menawarkan untuk menyadurnya ke dalam Bahasa Indonesia Modern (buku tersebut ditulis dalam dialek Melayu – Tionghoa era 40-an ejaan Van Ophuijsen). Usul saya disetujui oleh IPP Hanna.

Sebagai seorang penulis dan penyunting, saya merasa sangat terhormat mendapat kesempatan menyadur karya otobiografi yang luar biasa ini. Saya lahir tahun 1965 di rumah yang juga menjadi toko buku. Sejak umur tiga tahun, sudah terbiasa membaca buku karya sastra tinggi dan rendah dari seluruh dunia yang ditulis dalam ejaan Van Ophuijsen dan ejaan Soewandi.

Penyaduran ini bukannya tanpa tantangan. Menghadapi jarak waktu yang terbentang, sejarah, budaya dan dialek bahasa, saya berusaha sebaik mungkin untuk mempertahankan keaslian suara dan pesan yang ingin disampaikan penulis asli. Dengan tetap menggunakan pendekatan studi sejarah, saya berupaya agar esensi cerita tetap terjaga dan dapat dinikmati dengan baik oleh pembaca.

Sungguh duka yang mendalam di tengah pengerjaan penyaduran, IPP Hanna mendahului menghadap Yang Maha Kuasa. Saat itu saya mengira pekerjaan penyaduran buku tidak akan berlanjut. Namun, setelah masa berkabung keluarga selesai, putri IPP Hanna, Alice menghubungi saya. Ternyata, pihak Belanda masih ingin melanjutkan proyek penyaduran yang saya kerjakan.

Saya ingin menyampaikan penghargaan yang sebesar-besarnya kepada Alice dan seluruh keluarga besar Nio Joe Lan yang telah mempercayakan kepada saya penyaduran dari buku asli menjadi buku yang kini berada di tangan Anda. Karya ini tidak hanya menceritakan perjalanan hidup dalam masa pengasingan yang penuh liku, tetapi juga memberikan inspirasi dan motivasi bagi siapa saja yang membacanya.

Perang Dunia II meninggalkan jejak mendalam dalam sejarah umat manusia, tidak terkecuali orang Tionghoa di Indonesia. Di tengah kekacauan dan kekerasan, banyak kisah individu yang sering kali terlupakan. Buku ini, otobiografi dari Nio Joe Lan, seorang jurnalis berdarah Tionghoa yang menjadi tawanan Jepang selama Perang Dunia II, adalah salah satu dari sedikit kisah yang menjadi suara para korban tawanan Jepang pada masa itu.

Proses penyaduran buku ini bukanlah hal yang mudah. Menjaga keaslian suara dan pengalaman penulis asli sambil membuatnya dapat dipahami oleh pembaca masa kini merupakan tantangan tersendiri. Dalam menyadur buku ini, saya berusaha untuk mempertahankan esensi cerita sesuai aslinya. Penggunaan bahasa dan penjelasan tambahan yang diperlukan menjadi catatan kaki yang ditambahkan agar tidak menghilangkan semangat dan makna dari pengalaman yang diceritakan.

Kisah ini sangat penting untuk dibaca dan dipahami, terutama oleh generasi yang tidak merasakan langsung bencana perang. Kisah dalam buku ini menjadi pengingat tentang harga kemanusiaan, tentang semangat juang manusia, dan tentang pentingnya menjaga perdamaian agar sejarah kelam ini tidak terulang.

Harapan saya, hasil penyaduran ini dapat memberikan manfaat dan inspirasi yang sama seperti karya aslinya. Saya berharap pembaca dapat merasakan semangat, perjuangan, dan pelajaran hidup yang dihadirkan dalam buku ini.

Terima kasih saya sampaikan kepada semua pihak yang telah mendukung dan membantu dalam proses penyaduran ini. Buku ini tidak akan terwujud dengan baik tanpa bantuan orang-orang yang tidak bisa saya sebutkan namanya satu per satu.

Selamat membaca dan semoga buku ini membawa pencerahan dan inspirasi bagi pembaca semua. Tentu saja penyaduran yang kami kerjakan mempunyai banyak kekurangan, dan kami mengharapkan masukan untuk perbaikan selanjutnya.

Salam hangat,
Ikhwanul Halim

Kata Pengantar

Perang Dunia ke-II tidak bisa dihindari. Dampaknya lebih luas dari Perang Dunia Pertama, karena Perang Dunia Kedua meminjam istilah mekanika, merupakan hasil dari 3 aksi, dari 3 peperangan, yaitu (1) Perang Tiongkok – Jepang, yang disulut oleh Jepang dengan penembakan pada pasukan Tionghoa di Lugouqiao (Jembatan Marco Polo) pada tanggal 7 Juli 1937, (2) Perang Eropa yang meletus setelah Jerman menyerang Polandia tanggal 1 September 1939, dan (3) Perang Pasifik, yang Jepang dimulai oleh pemboman Pearl Harbour tanggal 7 Desember 1941 oleh Jepang, yang benar-benar membuat seluruh dunia terbakar peperangan.

Begitu juga Indonesia.

Kemudian Jepang menduduki Indonesia.

Memang sudah bisa diramalkan terlebih dulu, ini akan berdampak pada pemuka-pemuka dan jurnalis-jurnalis Tionghoa yang ambil bagian ataupun mendukung pergerakan kebangsaan.

Dan betul saja.

Setelah berkuasa enam minggu lamanya, Jepang mulai melakukan penangkapan pemimpin-pemimpin dan jurnalis-jurnalis Tionghoa. Di antaranya ada yang dilepas dan ada juga yang setelah dilepaskan tak lama kemudian ditangkap kembali.

Orang-orang yang diasingkan ini mengalami kehidupan yang belum pernah terjadi di seluruh Pulau Jawa dan Indonesia.

Mereka bukan saja diasingkan dari sanak keluarga, tetapi juga dari seluruh dunia, karena apa yang terjadi di dunia luar tidak boleh diketahui oleh mereka. Jangankan mengetahui keadaan luar, melihat orang luar saja tidak boleh! Kami seolah-olah ditempatkan di satu dunia lain.

Buku ini menceritakan tentang kehidupan luar biasa dampak dari Perang Tiongkok - Jepang dan Perang Pasifik.

Kekeliruan tentu terdapat sana-sini dalam ini buku, tapi besar harapan saya, kekeliruan itu dapat dimaafkan.

Mudah-mudahan buku ini bisa menambah pengetahuan tentang salah satu peristiwa di zaman pendudukan.

Nio Joe Lan
15 Juli 1946

Daftar Isi

Bagian I.

BUKIT DURI

(26 April 1942 – 9 September 1943)

1. Melangkah ke Pengasingan

"Jepang datang mau tangkap kita!"

Bersama kata-kata ini, Tuan Lie Tek Ho, redaktur *Sin Po* kolega saya, masuk ke dalam rumah. Menyusul di belakangnya Tuan Bee Giauw Tjoen, wartawan *Sin Po*, dua orang Jepang, dan penerjemah Cabin Yoe.

Saat itu kira-kira pukul sembilan pagi, Minggu, 26 April 1942 yang tidak akan pernah terlupakan.

Saya sedang duduk di ruangan depan bersama-sama saudara saya Nio Siong Lan untuk menemani beberapa tamu yang masih berkerabat dengan kami, yaitu Tuan Pang In Liong dan Khoe Seng Kiat dari Bandung, yang datang berkunjung bersama nona Lim Tjoei Sian Ni, seorang bidan. Nona ini datang untuk memandikan anak lelaki saya paling kecil, yang baru lahir lima hari sebelumnya. Di dalam rumah ada tamu-tamu lain, yaitu Nyonya Pang In Liong dan Nyonya Yap Bian Kiem.

Meskipun hal ini boleh disebut sangat mendadak, saya tidak terlalu kaget. Beberapa hari sebelumnya memang di dalam pemberitaan surat kabar dan radio sudah disiarkan bahwa akan diambil tindakan-tindakan tegas terhadap orang-orang Tionghoa yang dianggap pro-Chungking[1] dan anti-Jepang.

---

[1] Chungking (Chongqing): salah satu bagian kota Beijing yang

Salah satu orang Jepang membawa satu buku. Nama saya ditanya, dicocokkan dengan daftar dalam buku tersebut, dan ketika ternyata nama saya benar ada tercatat, saya diperintahkan untuk ikut mereka. Permintaan saya untuk ke kamar kecil terlebih dulu diluluskan, dan kesempatan ini saya gunakan untuk mandi.

Selagi saya berada di dalam kamar mandi, salah satu orang Jepang yang menjadi pimpinan, masuk ke dalam dan minta saya agar buru-buru.

Tidak ada kesempatan saya buat makan. Ibu saya masih sempat menyuruh saya minum segelas susu. Nona Lim Tjoei Sian Nio masih sempat membungkuskan beberapa potong biskuit, sedang saudara saya menyisipkan uang sepuluh rupiah ke dalam tangan saya.

Yang saya khawatirkan saat itu adalah kesehatan istri saya yang baru melahirkan lima hari dan masih belum boleh bangun dari pembaringan. Maka melalui perantaraan saudara saya, saya minta pada pemimpin Jepang untuk memberitahu istri saya bahwa saya pergi bukan untuk waktu yang lama.

Si orang Jepang masuk ke dalam kamar dan dengan perantaraan penerjemah, bahwa saya akan segera pulang. Di luar kamar, penerjemah bertanya, "Besok pulang?" Namun si orang Jepang tidak menjawab.

---

pada masa perang dunia kedua menjadi pusat komando perang pemerintah Tiongkok melawan Jepang.

Sebelum keluar rumah, di baju saya dicantumkan tanda dengan bernomor. Saya lantas tahu apa artinya itu.

Di dalam mobil sedan, si Jepang cuma mengatakan *"I'm sorry"*, dan selanjutnya kami membisu hingga sampai ke gedung Tiong Hoa Tjong Siang Hwee[2] di Molenvliet Barat[3].

Di depan gedung banyak serdadu Jepang, mobil-mobil penjara dan beberapa kenalan. Setelah menunggu di dalam mobil penjara beberapa lama. atau setelah cukup penumpangnya untuk satu muatan, yang mana ditambah dengan Mr. Phoa Liong Gie dan adiknya Tuan Phoa Liong An, kemudian ada Tuan Mak Tjiok Sian. Pintu mobil ditutup dan mobil mulai berjalan. Begitulah kami berenam diangkut...

Dibawa ke mana?

Tidak ada dari kami yang tahu. Tapi setiap kali mengintip dari celah lobang ventilasi kami melihat sudah melewati gereja Roomsch-Katholiek di Waterlooplein[4] dan tak lama kemudian kita sudah berada di Jl. Matraman. Dugaan kami: *Penjara Cipinang*.

Beberapa saat kemudian, mobil penjara berhenti dan mundur sedikit agar pintunya merapat pada pintu

---

[2] Gedung Kamar Dagang Tionghoa pada zaman Belanda, sekarang SMA Negeri 2 Jakarta

[3] Sekarang Jl. Gajah Mada

[4] Gereja Katolik Roma di Waterlooplein (Lapangan Banteng), sekarang Gereja Katedral Jakarta.

masuk. Pintu mobil dibuka dan kami berenam diperintahkan untuk turun dan masuk ke dalam kantor. Saya masih sempat membaca papan nama: Bijzondere Land Gevangenis. *Penjara Luar Biasa.* Belakangan kami tahu bahwa kami berada di Penjara Bukit Duri[5] yang letaknya dekat pasar lama Jatinegara...

Kami diperintahkan untuk berbaris masuk ke dalam kantor. Di belakang meja duduk seorang Jepang dengan buku daftar tergeletak di hadapannya. Sudah ada seorang lain, yang belakangan saya ketahui bernama Tuan Han Keng Bie. Setelahnya nama-nama kami diperiksa, kami bertujuh dibawa masuk ke pekarangan dalam. Di sini kami digeledah oleh sipir-sipir penjara. Barang-barang seperti pisau disita.

Ditanya juga barang-barang apa yang kami ingin agar dikirim dari rumah. Memang belum tentu barang-barang tersebut diizinkan masuk, tapi kami boleh mengajukan apa yang kami mau. Saya minta dicatat sandal, sikat gigi, pasta gigi dan selimut.

Setelah itu, kami mendapat kesempatan untuk melihat-lihat keadaan sekitar penjara.

Pekarangan tempat kami berada dipisahkan dari pekarangan lain oleh pagar besi tinggi dengan satu pintu di tengah-tengahnya. Itu adalah bagian dari penjara. Di tengah-tengah pekarangan terdapat satu bangunan besar, yang belakangan saya ketahui

---

[5] Sekarang kompleks pertokoan Bukit Duri.

sebagai bengkel penjara. Bagian depan bengkel terdapat kamar mandi. Kamar-kamar penjara mengelilingi pekarangan membentuk huruf U dengan bagian yang terbuka menghadap kami.

Pintu masuk ke dalam gang, tempat kamar-kamar tersebut ada di kedua sisi.

Di sebelah dalam pintu kanan kami melihat orang-orang berkerumun. Saya sendiri tidak mengenal siapa mereka, sampai sekonyong-konyong salah satu dari kami berseru, "Eh, itu ada dokter Kwa!" Dan kemudian, "Mayor juga ada di sini!".

Memang benar, saat berdiri di pintu di sebelah dalam pagar besi, saya melihat Dr. Kwa Tjoan Sioen dan Mayor Khouw Kim An! Masih ada lagi teman-teman dan kenalan lainnya, seperti Tuan Ling Ying Chen, redaktur *Sin Po* Tionghoa, dan Tuan Liauw Kwie Njie.

Selesai digeledah, kami bertujuh dibawa masuk ke dalam "kandang" besar. Yang sudah terlebih dulu ada di dalamnya, waktu itu baru 23 orang, menyambut kami dengan riuh rendah.

Kamar-kamar Penjara Bukit Duri terdiri dari 118 sel, masing- masing untuk 1 orang, kecuali dua kamar yang berada di tikungan masing-masing untuk tiga orang, sesuai tempat tidur semen yang ada di situ. Kecuali dua sel yang menghadap pintu di kedua sisi, sel lain terletak berseberang-seberangan. Lebar gang di sebelah kanan hanya sekitar 1 meter, sementara yang di sebelah kiri sedikit lebih lebar satu ubin atau

20 cm.

Kami digiring masuk melewati deretan sel-sel dan berbelok di gang, saya ditunjuk ke kamar nomor 2. Kami diberitahu untuk selalu mengingat nomor sel yang kami huni, dan di dalam buku opsir dicatat nama dan nomor sel kami.

Dalam sel yang lebarnya 1 meter lebih dan panjangnya 2 meter sudah disediakan satu tikar dan satu bantal kecil dari jerami kering yang diletakkan di atas tempat tidur dari semen. Terdapat juga satu gayung seng dan tong untuk buang air besar dan kecil. Bantal yang saya dapat kotor sekali, hingga saya merasa sangat girang ketika tak lama kemudian sipir penjara masuk membawa bantal-bantal baru dan saya boleh menukar bantal saya. Gayung digunakan untuk air minum dan juga untuk ... keperluan lain.

Setelah selesai, kami diizinkan ke mana kami mau di dalam bagian penjara. Kami memanfaatkan kesempatan ini untuk melihat-lihat lebih jauh keadaan Penjara Luar Biasa Bukit Duri.

Sel-sel mempunyai dua lapis pintu: pintu besi dan di sebelah luar pintu kayu yang kokoh. Di kedua sisi gang, atau di depan pintu sel, terdapat got. Di sebelah dalam di kedua bagian yang menikung, terdapat keran air. Deretan angka sel-sel di sebelah kiri terus ke dalam, menikung, lalu belok lagi sampai di mulut gang kiri, masuk dan kembali di mulut gang kanan. Kamar paling akhir adalah sel no. 118 dan berhadapan pintu, sementara kamar no. 1 yang letaknya di sisi lain di samping pintu berhadapan dengan sel no. 117. Karena ada dua kamar untuk tiga orang, Penjara Bukit Duri mampu menampung 122 tahanan.

Di atas pintu lorong di kedua sisi terdapat papan nama yang bertulisan: "1ste Klasse Veroordeelden" (Tahanan Kelas 1). Saya mendapat penjelasan, yang ada di situ adalh mereka yang dijatuhi hukuman penjara 18 tahun hingga di bawah hukuman mati....

Kami dimasukkan ke dalam penjara tersebut menurut urutan nomor kamar, saling bersebelahan.

Kemudian kami ditinggal. Kami disatukan dengan mereka yang sudah sampai terlebih dulu. Tuan Oey Giok San menjadi penghuni sel no. 1. Bersama-dengan mereka, kami bergerombol di pintu besi mengintip ke sebelah luar pagar besi untuk melihat siapa lagi yang datang menemani kami. Setiap mengenali seseorang kenalan, sorai sorai pun membahana!

Setelah rombongan saya yang berjumlah enam orang, datang pula Tuan Tan Goan Lie dan Pang Tjiauw Hwai dari Tangerang. Mereka dibawa tanpa sempat bersalin pakaian. Tuan Pang ditangkap saat berjalan-jalan di pasar Tangerang. Kemudian menyusul Kapten Lie Tjian Tjoen, dan kemudian Tuan Loa Sek Hie, anggota Volksraad[6]. Arus pendatang baru terus mengalir sepanjang hari hingga sore. Berturut-turut masuklah Mr. Ewjong Fa Sen, Tuan Tan Hin Hie

---

[6] Semacam dewan perwakilan rakyat Hindia Belanda, dibentuk pada tanggal 16 Desember 1918.

dari Prinsen Park[7] dan Chung Hwa Zwembad[8], Tuan Oh Soe Moy dan Tuan Hie Foek Tjhoy dari Tjap Matjan[9], juga beberapa kolega dari pers dan lain-lain.

Berjumpa di dalam penjara dalam keadaan luar biasa ini menimbulkan perasaan yang sulit untuk dilukiskan. Di satu pihak, kami gembira berjumpa dengan para sahabat, tapi di lain pihak, tentu saja kami tak ingin teman-teman ikut menerima nasib seperti kami.

Ketika masih di luar, saya sudah mendengar bahwa Tuan Ng Sim Kie, direktur Thien Sung Yit Pao[10] dan anggota dari Kuo Min Tang[11], Ong Siang Tjie, ketua Kuo Min Tang, dan Soe-to Tjan, kepala sekolah Kwong Siauw Hwee Koan[12], telah ditangkap, dan menurut penuturan orang-orang, Tuan Ng dan Soe-to disiksa berat. Saya mendapatkan ketiga ini sudah ada di Bukit Duri bersama-sama Tuan Chu Kwang Cho, Wakil Konsul Tiongkok, dan Tuan Tjhung See Gan, pedagang dan anggota Parlemen Tiongkok. Mereka berlima ditangkap lebih dulu pada waktu berlainan beberapa hari sebelum kami, kemudian ditahan di

---

[7] Sekarang Jl. Mangga Besar

[8] Kolam renang Tionghoa, Setelah kemerdekaan menjadi *Manggarai Swimming Pool*. Diruntuhkan pada tahun 1983.

[9] Perusahaan farmasi, terkenal sampai sekarang dengan *Tiger Balm*.

[10] Perusahaan percetakan

[11] Partai Nasional Tiongkok yang didirikan oleh Dr. Sun Yat-Sen, bertujuan menyatukan seluruh keturunan Tionghoa sedunia.

[12] Sekolah yang didirikan perkumpulan Tiong Hoa Hwee Kwan.

penjara Glodok Tengah malam sebelumnya baru dipindahkan ke penjara Bukit Duri. Mereka dimasukkan ke dalam salah satu dari dua kamar besar untuk tiga orang. Saya senang melihat mereka selamat.

Siang tengah hari kami ditanya apakah kami sudah makan. Sebagian besar dari kami masih belum makan apapun, dan setelah menjawab demikian, kami diberi sepiring nasi dengan banyak gabah dan kerikil kecil serta semangkuk kangkung rebus! Sungguh pengalaman baru bagi kami! Banyak di antara kami yang tidak sanggup menelannya, meski hanya satu butir nasi saja!

Sementara itu, para sipir penjara masih sibuk dengan orang-orang baru. saya melihat kedatangan orang-orang dari Paal-Merah, Tuan Lim Oh Hoa dan Oey Eng Tjoen, dan lain-lain.

Menjelang sore, setengah dari penjara Bukit Duri sudah ada penghuninya. Sel-sel sudah diisi dari ujung ke ujung dan orang-orang mulai mengisi kamar-kamar di seberang.

Mereka yang ditangkap terdiri dari anggota-anggota Kuo Min Tang, Tjoe Sian Hwee[13], Tjin Tjay Hwee[14], Chineesche Burgersfront-Organisatie (CBO)[15],

[13] Organisasi penggalangan dana untuk membantu Tiongkok dalam berperang melawan Jepang yang dipimpin Ang Jan Goan, direktur Sin Po.

[14] Organisasi pengumpulan dana bantuan untuk Tiongkok atas serbuan Jepang. Dipimpin oleh Oei Tjiaw Liong dan Liem Hwei

dua orang pengurus komunitas Tionghoa, dua anggota Volksraad Tionghoa dan para jurnalis Tionghoa pada media Tionghoa dan Tionghoa-Melayu. Semua dijemput mendadak tanpa pemberitahuan bagaimana nasib selanjutnya, hingga kami semua hanya membawa pakaian yang menempel di badan saja. Kalau di dada saya digantungkan tanda angka seperti barang dagangan, beberapa orang hanya dituliskan nomornya dengan pensil merah pada pakaiannya!

Tanpa terasa hari menjelang sore. Kami kembali mendapat makanan yang sama dengan makan siang. Sebuah rantang kayu besar dengan nasi yang sudah diisi dalam piring-piring dan ditumpuk bersebelahan dan satu rantang lain yang berisi kangkung rebus dibawa masuk. Menunya sama, hanya saja sekarang kami mendapat tambahan sepotong tempe direbus tanpa garam, begitu juga dengan sayur kangkung yang hambar rasanya.

Saatnya mandi, awalnya banyak yang maju mundur. Bisa dimaklumi, karena di rumah terbiasa mandi di kamar mandi tertutup, biasa memakai handuk. Namun di Bukit Duri mandi bukan di kamar mandi, tetapi di bangsal mandi. Kami harus mandi bareng-bareng dengan banyak orang dan dengan ... bertelanjang! Kalau ada yang tidak bisa mandi dengan cara ini, dia harus mandi dengan memakai celana.

Giap.

[15] Organisasi Front Sipil Tiongkok.

Dan ini susah dilakukan karena tidak ada celana lain sebagai gantinya.

Maka, meskipun awalnya agak malu-malu, akhirnya satu per satu mengikuti yang lain, berdiri di bawah salah satu dari 12 pancuran dengan pakaian Adam!

Kira-kira pukul 6, kami diperintahkan masuk ke sel masing-masing. Kami diberitahu besok pagi pukul 9, kalau tidak salah ingat, baru kami boleh keluar kamar lagi.

Banyak di antara kami pasti takkan bisa melupakan bunyi pintu-pintu sel Bukit Duri ditutup. Betapa sangat tak nyaman mendengarkan pintu besi diseret dan dibanting! Kemudian bunyi berderit pintu kayu yang ditutup, dan berakhir dengan suara "brak!" yang menggedor jantung! Setelah itu, slot-slot pintu dikunci. Suara anak kunci diputar menambah seramnya keadaan.

Peristiwa dalam hidup kami pada hari Minggu 26 April 1942 dengan begitu selesai sudah. Kami sudah disimpan dengan rapi. Kami boleh merasakan pahit manis malam dalam penjara.

Yang pertama saya lakukan adalah memeriksa tikar. Hati saya lega. Beruntung benda yang perlu dipakai di waktu malam itu tak ada penghuninya. Kalau sampai ada kutu busuk....

Suasana dalam sel sunyi senyap. Tak ada suara manusia. Tak ada orang yang bisa saya ajak bicara. Hanya pada saat-saat tertentu terdengar suara langkah yang berat sipir atau petugas di lorong yang meronda dan kadang-kadang melongok ke dalam sel dari lubang yang besarnya kira-kira 20 cm persegi di pintu kayu. Pengurus orang Jepang terkadang juga suka memeriksa dan mengintip masuk ke dalam sel.

Hanya berteman sunyi. Saya suka kesunyian, tetapi saya tidak menyangka kesunyian bisa begitu mencekam hingga rasanya menindih tubuh saya!

Hari masih terang. Saya berbaring dengan pikiran melayang. 1 September 1939 pecah perang di Eropa, dimulai dengan Jerman menyerang Polandia, disusul dengan menyerang Inggris dan Prancis pada tanggal 4 dengan satu maklumat perang dari Hitler. 7 Desember 1941, Pearl Harbour diserang Jepang tanpa pernyataan perang terlebih dulu, saat utusan Jepang masih melakukan perundingan dengan President Roosevelt. Indonesia turut terjun ke dalam peperangan. Dengan hati berdebar-debar kami mengikuti jalannya perang di Pasifik. Samudra yang namanya bermakna teduh ternyata bukan saja tak teduh, justru malah bergolak.

Kemudian perang di Pulau Jawa. Orang-orang mengungsi ke pedalaman. Pesawat-pesawat terbang Jepang melayang di atas beberapa kota dan menjatuhkan bom-bom. Pulau Jawa pun jatuh. Situasi berubah sepi. Banyak pemuka-pemuka Tionghoa dari Jakarta[16] masih berada di pedalaman. Sebuah iklan

---

[16] Pada tanggal 8 Desember 1942, Jepang mengubah nama Batavia menjadi Jakarta, sebagai akronim dari Jayakarta. Nama

atas nama tiga pemimpin Tionghoa, yuan Tan Hin Hie, Tjhung See Gan dan Hioe Njan Yoeng, muncul di dalam surat kabar berbahasa Tionghoa dan Tionghoa-Melayu: pemimpin- pemimpin Tionghoa boleh pulang ke kota, tanpa perlu khawatir ditangkap, sebab Jepang telah mengampuni "dosa-dosa" mereka.

Mereka pun pulanglah, dan ... sekarang berkumpul di Bukit Duri.

Apakah gara-gara Perang Dunia mereka menjadi korban? Tidak, saya tidak setuju dengan itu. Kendati mereka tinggal sedemikian jauh, di pelosok paling Selatan-Barat Lautan Teduh, merupakan peristiwa penting yang menenggelamkan seluruh dunia yang tidak melupakan mereka, satu tempat di jalannya, sekali pun tempat itu hanya bernama Bukit Duri. Ini merupakan satu kehormatan.

Terang siang berganti dengan remang senja. Lampu listrik mulai dinyalakan. Dalam sekejap hanya sinar lampu yang menerangi sel. Paling cepat 12 jam lagi baru bisa keluar kamar lagi. 12 jam dalam keadaan normal tidaklah lama, tetapi pada sore itu ... alangkah lama rasanya menanti datangnya sang fajar!

Segera pula hari berganti malam. Cahaya *sam wei cap ji*[17] menerobos masuk ke dalam sel, seakan-akan datang menemani si orang tahanan....

Saya bangun dan berjalan mondar-mandir sejauh

---

lengkapnya ialah 'Jakarta Tokubetsu Shi'. Sejak 30 Desember 1949, nama Ibu Kota Republik Indonesia resmi menjadi Jakarta.

[17] Tanggal 12 bulan 3 Imlek (Tahun Lunar Cina)

yang dimungkinkan dalam sel yang sempit. Setelah mondar- mandir, saya merebahkan badan.

Lelah lahir batin buntut dari kejadian hari itu akhirnya membuat saya tertidur pulas diiringi musik dengungan puluhan nyamuk yang tak kenal letih....

2. Hari-Hari Selanjutnya

PAGI-PAGI saya sudah terbangun, tapi bisa apa selain bergelung meringkuk di tempat tidur dengan mata nyalang menatap pintu?

Perlahan matahari mulai dari belakang sel saya menyorotkan sinarnya. Awalnya cahaya lembut kuning kemerahan dan semakin lama semakin cerah kuning keemasan di daun pintu atau ke manapun berbaring menghadap. Cahaya datang dari jendela yang cukup besar untuk ukuran kamar perlahan-lahan turun ke lantai menandakan bahwa matahari semakin meninggi.

Tak lama kemudian, sekitar pukul sembilan berbunyi kunci-kunci yang digantung di depan pintu oleh sipir-sipir dari salah satu ujung ke ujung lainnya. Disusul bunyi kunci masuk ke dalam lubang dan pintu dibuka dari kamar-kamar yang letaknya agak jauh. Bunyi pintu dibuka semakin dekat, sampai akhirnya giliran pintu sel no. 21.

Beberapa detik kemudian saya telah berdiri di depan kamar di dalam gang. Sudah bekumpul kawan kawan yang telah dibukakan pintu terlebih dulu.

"Satu hari sudah berlalu!" salah satu teman berkata sambil menghembuskan napas panjang.

"Betul, satu hari sudah lewat," saya membenarkan. Setidaknya menjadi satu penghiburan juga, penderitaan yang kami alami berkurang satu malam.

Tugas pertama yang harus kami lakukan ialah membawa tong malam ke luar dan membersihkannya di pekarangan dekat kakus dan menjemurnya sebelum dibawa masuk kembali.

Kami lalu mengamati orang-orang yang masuk tadi malam saat kami sudah dikunci dalam sel. Di antaranya saya melihat ada Tuan H. H. Kan, anggota Volksraad.

Kemudian kami mendapat sarapan pagi berupa satu piring nasi tanpa ada apa-apa.

Seperti kemarin, kami bergerombol di pintu untuk menyambut kawan-kawan baru, sebab penangkapan masih terus berlanjut berupa rombongan-rombongan dari tiga sampai enam orang yang dibawa ke Bukit Duri.

Tapi hari ini kami kecele, sebab setelah makan kami diperintahkan untuk segera masuk lagi ke dalam sel. Segera saya sendirian di dalam kamar dengan pintu kayu terkunci, sedang di luar burung-burung bernyanyi dan menari bebas merdeka, dan matahari terus melaksanakan tugasnya seolah-olah tak tahu apa yang terjadi di Bukit Duri, tak tahu kalau saat itu kurang lebih 100 keluarga tenggelam dalam lautan air mata.

Menurut perkataan seorang sipir, Barulah pada pukul empat sore kami dibolehkan keluar sel lagi.

Dan betul saja, saat makan siang kira-kira pukul

12, kami tidak dikeluarkan! Nasi dan sayur kangkung disodorkan melalui lubang di pintu oleh orang-orang tahanan dari penjara Cipinang yang dikirim ke Bukit Duri di siang hari untuk bekerja di sini.

Selera makan saya jadi berkurang ketika melihat jempol orang hukuman yang memasukkan mangkuk sayur itu berenang di dalamnya.

Hari itu kami kedatangan beberapa pembesar dari Kempei[18], polisi militer Jepang, yang setelah melihat bahwa pada siang hari kami dikurung lantas mengatakan bahwa itu bukanlah perlakuan yang layak untuk kami dan memerintahkan agar kami keluar lagi dari sel. Karena kunjungan ini, kami cuma merasakan dikurung siang hari hanya satu hari itu saja.

Penjara Bukit Duri hawanya panas. Tidak ada pohon yang tumbuh di pekarangan dalam. Tanahnya tertutup oleh kerikil tajam.

Tidak ada bangku sama sekali. Di depan kedua pintu gang terdapat beberapa peti berisi pasir, gunanya mencegah bahaya kebakaran. Inilah yang kami gunakan untuk duduk. Tentu saja masih jauh dari cukup.

Tak apa. Kami masih bisa duduk di tembok kaki pagar besi. Lebih jauh lagi ada got kering luar yang terletak di dalam pekarangan, cukup besar untuk kami duduk di kedua sisinya. Saat makan, pinggiran got menjadi kursi dan meja makan, sementara untuk

---

[18] Kempeitai: polisi militer Angkatan Darat Kekaisaran Jepang.

memasukkan nasi dan kangkung ke dalam mulut, kami menggunakan sendok garpu alami yang kita punya sejak lahir, yang tidak satu manusia pun mampu menyitanya. Ada juga yang makan sambil jongkok atau berdiri.

Karena tidak punya pakaian lain, kami memakai jas atau baju dalam. Sepatu tentu saja terus kami pakai.

Memang betul ketika baru sampai kami ditanya barang-barang apa yang kami inginkan dikirim dari rumah, tapi ternyata barang-barang tersebut tidak boleh dibawa masuk.

Topik utama yang kami bahasa tentu saja tentang penahanan kami. Apakah penahanan ini untuk satu masa tertentu? Ataukah ini pengasingan, *interneering*[19], yang akan berlangsung terus untuk semuanya selama perang masih berlangsung?

Berbagai macam pendapat diutarakan. Ada yang berpikir penangkapan ini untuk sementara waktu saja untuk menakut-nakuti kami dan orang-orang Tionghoa lain yang tidak ikut merasakan nasib seperti kami. Mereka berpendapat sampai satu batas waktu tertentu maka kami akan dibebaskan kembali. Buat saya sendiri sudah jelas, ini adalah *interneering* dan kami tidak akan dibebaskan selama masih ada perang.

Sampai saat itu, masih saja ada orang-orang baru yang diantar ke Bukit Duri. Kalau kemarin sesudah

---

[19] menunjuk suatu tempat yang harus didiami oleh seseorang dan tidak boleh meninggalkan tempat itu tanpa izin.

ditunjuk sel untuk ditempati, kami masih boleh berjalan ke sana kemari, sekarang setelah masuk ke dalam sel baru keesokan pagi boleh keluar.

Kira-kira jam 5 sore, sesudah mendapatkan nasi dan kangkung rebus, kami pun kembali dikurung. Sampai malam hari kedua, masih saja berdatangan tamu-tamu baru.

Saya mendengar suara mereka dibawa masuk. Saya mendengar pintu-pintu sel di seberang yang masih kosong dibuka. Saya mengenali suara Tuan Lee Soen Liang, dari sekolah Tiong Hoa Hwee Koan Bahoa (Batavia)[20] dan pindah bekerja pada Dienst der Chinese Zaken en Oost-Aziatische[21], meminta agar ember sengnya diisi air. Saya mengintip melalui lubang di pintu dan tampak sel di seberang saya sudah berpenghuni.

Orang Tionghoa yang bekerja pada Dienst der Chinese Zaken en Oost-Aziatische yang ditangkap ada lima, yaitu selain Tuan Lee Soen Liang juga Tuan Tso Ping Nan, Tuan Song Chong Sin, Tuan Khouw Siong Tjiang dan Tuan Tan Tjong Li. Yang terakhir pernah sekolah di Jepang, maka dia mengerti bahasa Jepang, hal yang kebetulan sekali bagi kami, sebab dengan begitu jadi ada orang yang bisa berbicara langsung dengan pembesar Jepang di Bukit Duri.

Pada hari ke-3 ada kejadian yang perlu dicatat.

---

[20] Sekolah Tiong Hoa Hwee Koan Batavia berlokasi di jalan Patekoan, Jakarta yang kini menjadi gedung SMAN 19.

[21] Dinas Urusan Tionghoa dan Asia Timur

Setelah makan sore, kami mendapat perintah untuk berkumpul dengan berbaris rapi di pekarangan dalam sebelah kanan.

Dua pembesar Jepang, satu berpakaian sipil dan yang lain mengenakan seragam militer datang dengan membawa satu orang penerjemah bahasa Tionghoa.

Pembesar yang berpakaian sipil berpidato, yang diterjemahkan ke dalam dialek Hokkian oleh penerjemah Tionghoa.

Antara lain, katanya "dosa" kami semua sudah diketahui hingga tidak perlu kami membantahnya. Tapi pemerintah Jepang bermurah hati. Seluruh "dosa" kami "diampunkan" dan kami boleh pulang. Hanya saja, kalau nanti perlu dimintai keterangan, kami akan dipanggil menghadap kepada pembesar Jepang.

Pengumuman ini tentu saja disambut dengan gembira. Kami pun lantas bertanya, kapan kami boleh pulang. Jawabannya melalui penerjemah Tionghoa itu, "sekarang juga".

Buru-buru kami bersiap-siap untuk berangkat. Kami memakai kembali setelan kami, menggulung bantal dalam tikar dengan rapi dan meletakkannya di ujung tempat tidur. Kami berpamitan dari sobat-sobat lama dan kenalan-kenalan baru. Tapi di pekarangan dalam, kami ditahan oleh pembesar Jepang yang berseragam militer. Kami ditanya, siapa antara kami yang mempunyai mobil. Semuanya dicatat.

Setelah selesai, lantas kami harus melaporkan

siapa yang menyimpan bensin di rumah. Ini semua juga dicatat.

Saat pencatatan sedang berlangsung, sipir penjara membawa masuk enam orang baru. Salah satunya saya kenali yaitu Tuan Lie Tjeng Houw, ekspeditur *Sin Po*. Mereka dijebloskan ke dalam sel dan kemudian pintunya dikunci.

Saya berkata dalam hati, tuan-tuan yang baru dibawa masuk lebih beruntung dari pada yang lain, sebab mereka tiba justru saat kita hendak dilepas.

Saya pikir mereka tentu akan dilepas juga bersama-sama kami.

Dalam benak kami semua, pembebasan ini ada hubungannya dengan peringatan Tennoheika, ulang tahun Kaisar Hirohito, 29 April, keesokan harinya.

Urusan bensin beres. Kami berkerumun di sebelah dalam pagar besi untuk menunggu pintu dibuka. Paling depan kami mempersilakan Mayor Khouw Kim An.

Akhirnya muncul penerjemah Tionghoa dari kantor penjara. Kedua pembesar Jepang telah pergi.

Kami tak percaya dengan apa yang telinga kami dengar! Apa betul penerjemah berkata begitu? Tak jadi dilepas! Kami semua harus kembali lagi ke dalam sel!

Ternyata penerjemah tidak salah kata. Ternyata benar pembebasan ditarik pulang dalam waktu kurang dari 15 menit dari saat diumumkan!

Pintu pagar besi tetap tertutup. Yang terbuka hanya pintu sel. Sedangkan beberapa orang sudah berlaku royal dengan membagi-bagikan barang-barang keperluan yang masih dimiliki, seperti Tuan Song Chong Sin yang telah membagi-bagikan biskuitnya. Atau Tuan Lie Ie Tjoeng yang meninggalkan sabun Lux yang masih baru di dekat keran air dan belakangan ternyata sudah terbang bagaikan tumbuh sayap!

Air mata mulai mengambang, termasuk di mata beberapa orang yang di luar penjara saya kenal berhati teguh. Siapa yang bisa menyangkal kalau kekeliruan pembebasan menjadi pukulan yang sakitnya berlipat ganda?

***

Malam itu kami dikumpulkan di dalam lorong di bagian yang berbelok, yang lebih lega. Orang Jepang pemimpin penjara Bukit Duri—*kami harus menyebutnya komandan*—akan berpidato yang kemudian diterjemahkan ke dalam bahasa Tionghoa oleh Tuan Tan Tjong Lim.

Kami diberitahu bahwa kami harus menjaga kebersihan. Mendapat kesempatan untuk mencuci pakaian. Pada Hari Raya Tennoheika diperkenankan menerima kiriman barang dari rumah. Keluarga kami sudah atau akan diberitahu melalui perantara Siang Hwee. Kami sendiri tidak boleh menulis surat untuk mengabarkannya ke rumah.

Tanggal 29 April, hari ulang tahun Mikado, tidak ada tahanan baru yang dibawa masuk, tapi sipir penjara Bukit Duri yang terdiri dari tiga orang Jepang, satu administratur kulit putih, beberapa sipir Indo-Eropa dan Indonesia dan beberapa mantri menjadi sibuk. Mereka harus menerima barang-barang yang diantarkan oleh sanak famili kami.

Menurut keterangan yang saya dapatkan kemudian—40 *bulan kemudian!*—tidak semua keluarga tahu bahwa pada Hari Raya Tennoheika kami boleh mendapat kiriman barang. Keluarga saya salah satu di antaranya. Istri saya tidak tahu bahwa hari itu saya boleh mendapat kiriman barang.

Saya tetap menerima pakaian yang saya pakai pada hari itu, makanya saya punya baju dan celana ganti sehingga pakaian tidak terlalu sulit untuk beberapa bulan pertama di Penjara Bukit Duri. Untuk ini saya harus berterima kasih pada dua ipar saya, Tuan Lim Eng Seng dan Lim Eng An di ... Paal-Merah! Mereka pontang-panting agar saya mendapat satu setel baju twikim[22] kiriman papa mertua saya, Tuan Lim Tjin Tjee, dan dua setel piama.

Barang-barang yang diantar dimasukkan ke dalam keranjang-keranjang besar dan dibawa masuk sampai pintu pagar besi, lalu dibacakan nama penerima. Yang dikirim berupa pakaian, handuk, selimut, selop, sandal, sabun, cerutu, rokok, geretan, obat nyamuk, biskuit, dan berbagai makanan kaleng

---

[22] Baju *tui-khim*, baju pria Tionghoa bukaan depan dengan lima kancing yang dipakai sehari-hari. Sekarang dikenal sebagai baju koko.

seperti seperti siesekcay[23], kacang hitam, dan lain-lain. Orang-orang kaya menerima banyak kiriman barang, sebagian besar berupa makanan kaleng yang lebih tahan lama.

Tatkala sedang dibacakan nama-nama yang ditempel di bungkusan barang-barang, banyak yang menjulurkan leher dengan wajah penuh tanda tanya, "Apakah ada juga untuk saya?"

Saat menerima barang kiriman dari rumah, membuat mereka jadi teringat rumah dan anak istri yang telah mereka tinggalkan sehingga meneteskan air mata, bahkan ada juga yang menangis tersedu-sedu.

Malamnya, sebelum sel-sel dikunci, komandan dan beberapa sipir berkeliling menanyakan satu per satu tahanan apa yang dia terima dari rumah dan apa yang disumbangkan oleh kawan-kawannya. Barang-barang kiriman dari teman, kalau komandan menganggap terlalu banyak, akan diambil sebagian.

Barang yang diambil dimasukkan ke dalam keranjang yang dibawa para sipir dan kemudian diberikan kepada yang tidak mendapat kiriman dari rumah atau yang cuma mendapat kiriman sedikit.

Ada orang-orang yang mendadak punya makanan kaleng, sebab beberapa orang yang mendapat banyak kiriman jenis itu khawatir barang-barang tersebut dirampas. Sebelum komandan sampai di sel mereka,

---

[23] Lobak acar dalam kaleng

mereka sudah mengambil tindakan sendiri dengan membagi-bagikan apa yang mereka anggap lebih kepada "tetangga-tetangga".

Yang mendapat kiriman makanan dalam rantang, keesokan harinya harus menyerahkan kembali rantang pada sipir penjara untuk diambil lagi oleh pihak keluarga.

Tanggal 30 April kembali sejumlah tahanan baru dimasukkan ke Bukit Duri. Di hari itu, kedatangan Tuan Khoe Woen Sioe, direktur *Keng Po*, dan Mr. Tan Po Goan dari *Sin Po*. Menjelang sore kawan-kawan kami bertambah pula dengan datangnya tamu baru, di antaranya Tuan Khoe Tjin Seng dari Cikampek.

Tentu saja, selain berduka, ada sebagian yang ketakutan. Ada juga yang menganggap bukan tidak mungkin kami dijejerkan di depan tembok dan kemudian senapan mesin mengambil peran...

Sementara terombang-ambing oleh keadaan, datang seorang pembesar Jepang di penjara Bukit Duri, yaitu Tuan Ohashi, pada awal hari-hari pertama. Beberapa nama dipanggil menghadap ke kantor penjara.

Katanya, pembesar ini telah membisikkan agar kami menyerahkan semua harta benda kami kepada Jepang, yang dikatakan tidak akan diambil semuanya, dan dengan begitu ada lebih banyak harapan untuk kami untuk dibebaskan. Dengan kata lain, ini sama juga dengan perintah.

Begitulah, sesudah kunjungan ini, oleh beberapa

pemuka masyarakat Tionghoa dibuat permohonan dalam bahasa Tionghoa yang diterjemahkan juga ke dalam Bahasa Melayu. Bunyi permohonan itu adalah kami menyerahkan seluruh harta benda kami pada Jepang dan meminta agar kami dibebaskan.

Tentu saja ada yang merasa keberatan untuk menandatangani surat tersebut, tetapi mereka tidak bisa berbuat lain selain menurut atas desakan orang banyak....

Malahan belakangan surat permohonan itu disusul oleh surat kedua ketika balasan tidak kunjung diterima. Harapan orang banyak terhadap keberhasilan surat permohonan tersebut baru pupus setelah pada suatu ketika pemuka-pemuka kami diperiksa lagi oleh pembesar Jepang, berhubung dalam surat permohonan terdapat tulisan dalam sepotong kertas beberapa huruf Tionghoa yang berarti, "Menteri yang setia tidak bekerja untuk dua Raja."

Setelah 30 April 1942, tidak ada lagi "pengiriman-pengiriman" besar. Jumlah kami waktu itu 136 orang, kira-kira 120 orang dari Batavia sendiri dan yang lain-lain dari Tangerang, Bekasi, Kedunggede, Karawang, Rengasdengklok, Cikampek dan Purwakarta.

Kurang lebih 40 hari kemudian, kami kedatangan dua sahabat lagi, yaitu Tuan Liem Hwie Giap dari *Kian Gwan*[24] dan Phoa Kian Sioe dari *Kong Hoa Po*[25]. Tak

---

[24] Perusahaan multinasional terbesar di Asia Tenggara yang didirikan oleh Oei Tjie Sien pada tahun 1863 dan diambil alih

lama kemudian Tuan Ang Jan Goan, direktur Sin Po pun diberi kesempatan berlibur di Bukit Duri. Agak lama, Tuan Lim Po Tjeng menambah jumlah kami. Dan lama berselang setelah itu, klub Bukit Duri menambah satu anggota, yaitu Tuan Lie Tjoen Gie, dan akhirnya, setelah yang lain bertapa di sini selama satu tahun satu bulan, muncul Tuan Injo Beng Goat dari *Keng Po*.

Penjara Bukit Duri hanya mampu menampung 122 orang. Maka ketika tanggal 30 April 1942 jumlah kami melebihi angka tersebut, kamar-kamar dimulai dengan sel no. 1, diisi dua orang: satu tidur di atas tempat tidur semen, yang lain menggeletak di ubin. Ada satu kamar kedua penghuninya saling mengalah sedemikian rupa untuk di atas yang berakhir dengan ... dua-duanya rebah di ubin!

"Keluarga" Bukit Duri akhirnya terdiri dari 142 anggota ketika semua "sanak famili" telah berkumpul.

---

oleh anaknya, taipan Oei Tiong Ham yang mengendalikan pasar candu dan gula di Jawa tengah, salah satu orang terkaya di Asia pada waktu itu. Dinasionalisaasi oleh Soekarno pada tahun 1961 dan pada tahun 1964 menjadi BUMN Rajawali Nusantara Indonesia (RNI)

[25] Klenteng Kim Tek Ie, disebut juga Vihara Dharma Bakti, Petak Sembilan, Glodok. *Hoa Kong* adalah putra Pangeran Bun dan merupakan saudara muda Kaisar Bu Ong. Hidup semasa Dinasti Ciu Barat (1027 - 771 SM). Merupakan orang suci pada masa itu dengan panggilan *Ciu Kong Tan*.

3. Penghuni Baru: Orang Belanda

Delapan belas malam masing-masing kami ditahan dalam satu sel sendirian. Tidak ada manusia lain untuk diajak berbicara selama jam-jam kami disekap.

Suatu hari kami diberitahu bahwa kami boleh—atau, mesti—tinggal berdua dalam satu kamar. Masing-masing harus mencari satu teman yang dirasakan cocok. Saya dan Tuan Lie Tjian Tjoen menemukan satu kamar untuk kami berdua. Kami sudah menyikat ubin, memindahkan tikar, bantal, pakaian, gayung, mug dan ember malam kami, tapi... malamnya kami diusir balik ke sel masing-masing oleh komandan.

Kami mendengar dari sipir bahwa perintah untuk mengisi satu sel yang besarnya hanya cukup untuk satu orang dengan dua orang tahanan karena ada rencana untuk menjebloskan lebih banyak orang lagi ke Bukit Duri. Meskipun sel lantas menjadi penuh, kalau satu orang tidur di lantai berselonjor di samping tempat tidur semen dan orang jadi tak bisa mondar-mandir, saya rasa banyak yang setuju tinggal berdua dalam satu sel dari pada pada sendirian saja.

"Sendirian saja" sebetulnya kurang tepat. Sel penjara Bukit Duri menyediakan teman bersayap lebih dari cukup. Banyak tahanan yang tidur dengan tutup muka dan memakai celana pasangan jas yang ditarik hanya sampai lutut, supaya telapak kaki bisa tertutup. Kalau ada orang Jepang yang melongok ke dalam kamar dari lubang di daun pintu, penghuni kamar tersebut akan mencak-mencak kalang kabut menghalau layanan teman-teman bersayap yang menerobos masuk, dan si Jepang ... tertawa!

Tapi pernah pada suatu malam kami mendapatkan hiburan. Kami mendengar orkes keroncong mengiringi penyanyi!

Di belakang "istana" kami ada yang sedang menggelar pesta yang diramaikan dengan orkes keroncong. Tuan rumah pasti tidak menduga bahwa musiknya selain menghibur para tetamu undangan, juga menghibur seratus lebih orang yang datang ke sebelah rumahnya melalui jalan panjang, yaitu jalan via Perang Eropa, Perang Pasifik, dan perang Pulau Jawa.

Tanggal 14 Mei 1942, hari ke-19 kami berada di Bukit Duri, kami mendapat perintah untuk mengisi satu kamar bertiga. Kami harus memulai dengan mengisi sel-sel yang terletak di lorong sebelah kanan. Karena masih tidak cukup juga, beberapa kamar di lorong dalam juga diisi.

Jangan ditanya soal kenyamanan tidur bertiga dalam kamar yang sebenarnya hanya untuk satu orang. Satu orang tidur di atas, di tempat tidur semen. Dua orang lagi rebah melintang dengan kaki masuk ke kolong tempat tidur. Tidur model begini sering membuat tulang kering terluka, karena saat tidur orang tak sengaja menendang pinggiran tajam tempat tidur. Atau salah satu tidur di lantai sebelah dalam dengan kaki selonjor ke kolong dan satunya ke pintu dengan kaki menempel pada jeruji besi. Bisa juga yang di bawah tidur sejajar dengan pembaringan, tapi akibatnya menjadi terlalu sempit.

Ember malam kami letakkan di tempat kosong yang masih tersisa di depan tempat tidur samping pintu. Sering terjadi saat ada yang buang air besar, orang yang tidur di lantai depan pintu harus bangkit agar tempatnya bisa dipakai untuk menaruh ember, supaya yang mau "setor" melakukan hajatnya dengan leluasa.

Saya waktu itu satu kamar dengan Tuan Oey Joe Sien dari *Keng Po* dan Tuan Oey An Siok dari *Siang Po* sebagai penghuni kamar nomor ... 100! Satu hal yang kadang-kadang disambut orang dengan tawa!

Sesudah kami tidur bertiga, pintu kayu sempat hanya ditutup beberapa malam saja. Pengurus penjara mengerti, jika pintu tersebut ditutup juga, udara dalam sel menjadi terlalu pengap dan panas, yang tidak baik untuk kesehatan. Dengan begitu, kami jadi bisa ngobrol dengan kawan-kawan yang ada di sel seberang.

Nyata sudah, kami akan mendapatkan teman-teman baru.

Saat kami tidak dikurung sampai terlalu siang, kami boleh berada di luar sampai pukul sembilan waktu Nippon. Dan pada suatu hari, sore-sore kami dimasukkan sel.

Kami mengerti, tak lama lagi akan datang orang-orang baru. Sebenarnya, kira-kira pukul 11 malam hari itu kita sudah mendengar suara gaduh.

Keesokan paginya, kami mendapatkan sejumlah orang Belanda sudah menjadi penghuni Bukit Duri. Mereka mengisi sel mulai dari lorong kiri. Beberapa hari sebelumnya, seorang Belanda sudah digiring masuk. Kedua tangannya diikat ke belakang dengan tali tambang kecil dikurung dalam sel yang menghadap pintu lorong kanan. Waktu itu, sel tersebut diisi oleh orang Tionghoa yang kemudian disuruh pindah.

Orang Belanda itu kemudian dipindahkan ke "*afdeeling*[26]" bangsanya.

Pada hari-hari berikutnya semakin banyak orang Belanda yang dibawa masuk. Mereka menjadi lebih banyak dari kami.

Masuknya orang Belanda ke Bukit Duri memberi pengaruh pada makanan yang diterima orang Tionghoa.

Selama ini, kami mendapat satu piring hanya nasi untuk sarapan, satu piring nasi dan satu mangkuk kangkung rebus di waktu siang, dan nasi satu piring satu mangkuk kangkung rebus di sore hari. Kira-kira dalam satu minggu mendapat tambahan dua kali,

---

[26] (Belanda) wilayah administratif

sepotong daging, telor asin setengah, dan satu biji pisang.

Namun, orang kulit putih mendapat roti untuk sarapan pagi yang diberikan sore sebelumnya, siang hari sup, dan sore juga nasi dengap sup, berikut tambahan beberapa hari sekali sama seperti orang Tionghoa.

Melalui Tuan Tan Tjong Lim, kami mengajukan permintaan pada komandan supaya orang Tionghoa mendapatkan makanan yang sama seperti orang kulit putih.

Jawaban yang kami dapatkan?

"Kau orang punya keadaan tidak bisa disamakan dengan keadaan orang kulit putih. Kau orang adalah orang-orang yang dimasukkan di dalam daftar sebagai musuh, tetapi mereka melulu ditangkap karena mereka adalah orang kulit putih."

Memang beredar kabar bahwa penangkapan orang kulit putih dilakukan bukan seperti yang dilakukan terhadap orang Tionghoa. Kami "dipilih", disusun dalam daftar, kemudian baru dijemput. Orang kulit putih dijaring di jalan dan stasiun. Siapa saja yang muncul tanpa ampun langsung diangkut ke Bukit Duri.

Ada seorang pemuda Belanda yang berangkat dari Surabaya ke Jakarta dengan menumpang kereta api. Sesampainya di stasiun Manggarai terjaring lantas kesasar ke penjara istimewa ini.

Makanan kami jadinya tetap seperti biasa, meski

akhirnya kami juga mendapat makanan yang sama seperti orang kulit putih. Kabarnya, ini terjadi berkat kunjungan Tuan Kanai, salah satu orang Jepang sahabat Tuan Lo Sian Bie, yang menganggap seharusnya tidak ada perbedaan soal makanan. Dengan upayanya, kangkung rebus diganti dengan sup.

Komandan pertama yang bernama Hasida, meskipun suka memukul, kelihatan menaruh simpati pada nasib kami. Atas pertolongannya kami boleh membeli obat nyamuk, rokok, sandal, handuk, dan lain-lain yang kami perlukan. Pernah suatu waktu dia marah. Orang Tionghoa banyak yang melongok ke jalan saat pintu besar dibuka untuk sipir keluar masuk atau membawa makanan, dan mengintip setiap kali jendela kantor yang berada di pinggir jalan raya terbentang. Sebabnya, dari awal di depan penjara memang berseliweran anggota keluarga kami yang dari luar mencuri lihat ke dalam.

Dia mengomel, tapi sorenya diumumkan... dia memberikan kami kesempatan untuk melihat sanak keluarga yang ada di luar melalui jendela kantor!

Yang anggota keluarganya datang akan dipanggil dan boleh berdiri di atas bangku untuk menampakkan diri dan melihat keluar melalui jendela dalam dan jendela luar kantor yang dibuka. Peraturan ini berlaku beberapa hari dan kemudian ... tamat.

Mengingat kebaikkan komandan tersebut, kami berniat memberikan tanda mata saat kami dibebaskan. Dari masing-masing orang Tionghoa dipungut urunan satu rupiah untuk itu. Tapi sampai dengan Komandan Hanida dipindahkan beberapa bulan kemudian, kami masih tetap berada di Bukit Duri. Niat menghadiahkan suvenir untuknya gagal, dan uang yang terkumpul sebesar 130 rupiah lebih menjadi modal awal suatu *kong*[27], yang belakangan memberi banyak manfaat bagi kami.

Orang kulit putih tidak berdiam lama di Bukit Duri. Setelah dua bulan lebih hidup bersama kami, mereka dipindah ke penjara Glodok.

Hari-hari pertama sesudah mereka berlalu alangkah sepinya yang kami rasakan!

Kepergian orang Belanda bukan berarti kami boleh menempati lagi sel-sel bekas mereka. Tidak! Sel-sel itu disediakan untuk tamu-tamu lain. Tamu-tamu baru ini mulai mengalir masuk beberapa hari kemudian. Mereka orang Belanda juga yang ditangkap di mana saja mereka ditemukan.

Akhirnya yang dimasukkan menjadi sangat banyak sehingga sel untuk orang Tionghoa kembali harus dikurangi jumlahnya.

Saat itu yang disediakan untuk kami hanya sel-sel kedua sisi lorong atau bagian sebelah kanan sebanyak 18 di sebelah kiri dan 19 di sebelah kanan lorong (36 kamar saling berhadapan dan satu menghadap pintu). Sel no. 18 yang dihuni Mr. Phoa Liong Gie dan Thong A

---

[27] Kong (Hjokkien): Kas umum.

Sie dan sel no. 100 yang diisi oleh saya, Mayor Khouw Kim An dan Tuan Oey Joe Sien yang letaknya berseberangan menjadi "batas negara" dengan bagian kulit putih.

37 kamar untuk kira-kira 140 orang Tionghoa, tentu terlalu sedikit. Kebetulan, beberapa antara kami ketika itu berada di *ziekenzaal*[28] penjara Cipinang dan di C. B. Z.[29] Meskipun demikian, beberapa sel harus diisi empat orang: 1 tidur di atas, 3 berbaring di lantai dengan kaki selonjor ke kolong tempat tidur. Sesudah pintu kamar dikunci, orang tidak bisa bergerak lagi selain berbaring atau duduk!

Rombongan kedua orang kulit, yang di antaranya terdapat satu pemain musik kebangsaan Swiss yang ditangkap karena paspornya hilang, berjumlah 300 lebih. Kamar besar pojok yang letaknya berselang satu sel dari sel saya yang sebenarnya untuk 3 orang, dihuni tidak kurang dari sembilan anak remaja Belanda yang kabarnya dijemput dari St. Vincentius Stichting[30].

Penghuni Bukit Duri menjadi 500 orang lebih. Terjadi beberapa perkelahian antara Tionghoa dengan

---

[28] ziekenzall: ruang rawat inap

[29] Central Bergelijk Ziekenin Rachting terletak di Jalan Diponegoro Nomor 71, Jakarta Pusat, yang saat itu bernama Oranye Bourlevaar. Kini menjadi Rumah Sakit Cipto Mangunkusumo (RSCM)

[30] St. Vincentius Stichting: Yayasan St. Vincentius, Panti Asuhan anak-anak kulit putih dengan masalah sosial, terletak di Jl. Kramat. Sekarang PSAA Vincentius Putra, Jl. Kramat Raya No. 134.

Tionghoa dan Belanda dengan Belanda, selain itu satu-dua pertengkaran mulut yang tidak berarti, tidak ada peristiwa yang mengganggu hubungan baik kedua bangsa. Seorang guru bahasa Inggris yang bernama Tuan Van Ijzeren, memberikan pelajaran bahasa Inggris pada beberapa orang Tionghoa. Sementara atas usul Mr. Tan Po Goan, diadakanlah semacam grup belajar untuk memahami bahasa Inggris di bawah pimpinan guru tersebut.

Tuan L. W. Pinchetti, pemuka golongan Belanda, juga banyak membantu orang Tionghoa.

Terkadang, ada juga tahanan Belanda yang dibebaskan.

4. Kehidupan Kami

Ketika kami masing-masing masih menghuni satu sel sendirian, setiap malam pada pukul sembilan kami mesti berdiri dengan sikap hormat di lubang pintu kamar kami. Sesudah komandan selesai memeriksa, baru kami boleh merebahkan diri. Lantas suara pintu besi dibanting, derit pintu kayu, dan bunyi anak kunci berputar dalam slot mulai terdengar, berlangsung dari satu ujung ke ujung lorong penjara.

Setelah penghuni Bukit Duri bertambah dan kami tidur bertiga atau berempat dalam satu sel, awalnya peraturan ini masih berlaku, dan kami dihitung saat berdiri berjejal di pintu kamar. Tapi belakangan peraturan ini diubah. Orang Tionghoa harus berdiri dua baris di gang kanan, orang Belanda berdiri dua baris dalam dua rombongan di gang kiri dan gang dalam.

Setiap pagi hari kami harus antre. Setelah mendengar suara bersiul, kami harus "Yosuke", yaitu berdiri dengan sikap menghormat, lalu komandan Jepang atau salah satu dari dua pembantunya (personil Jepang di Bukit Duri awalnya terdiri dari 3 orang, setahun kemudian diubah menjadi hanya satu saja), kadang-kadang dua orang Jepang datang menginspeksi dikawal oleh satu orang sipir penjara atau lebih.

Setelah komandan berada di depan kami, kami harus "ban go", yaitu berhitung. Yang berdiri di depan paling ujung harus berteriak, "Satu!". Kemudian disambung oleh orang di sebelahnya dengan teriakan, "Dua!" Lalu orang berikutnya menjerit, "Tiga", demikan seterusnya.

Sesudah selesai berhitung, kami diperintahkan "Yasumi!" (istirahat), artinya kami boleh berdiri dengan sikap seenaknya.

Belakangan penghitungan pagi tidak lagi dilakukan di dalam lorong yang sempit, tetapi di pekarangan dalam.

Suara resmi pertama yang kami dengar pada pagi hari adalah bunyi anak kunci kamar yang digantung di depan pintu, dan disusul suara sipir dan mantri yang membuka pintu-pintu. Dua orang mantri, satu di tiap-tiap pinggir lorong, kemudian kembali untuk mengambil kunci itu lagi. Malam hari, kalau anak kunci mulai ditaruh di depan sel, kami tahu sebentar lagi sel kami ditutup. Tidak lama kemudian akan terdengar teriakan, "Masuk!" dan kami lalu berbaris, berhitung dan masuk ke dalam kamar.

Setelah pintu-pintu dikunci, dua orang mantri kembali mengambil anak kunci.

Aturan resminya, kami dikeluarkan pagi hari pada pukul sembilan, tetapi kadang-kadang kalau orang-orang lagi sibuk, lewat pukul sepuluh kami masih mendekam dalam sel, yang dilihat oleh orang yang lalu lalang di lorong semacam tontonan harimau dalam kerangkeng. Ini terbukti karena suatu malam, seorang pembantu orang Jepang ketika meronda menggoda salah satu dari kami dengan panggilan "Macan!"

Malam hari kami kembali dikunci dalam sel pada pukul 8.30. (Semuanya Waktu Jepang yang lebih cepat 12 jam dari waktu Jawa).

Tugas kami setiap pagi yang pertama adalah membersihkan ember malam. Sedangkan yang tidak mendapat giliran untuk itu, balapan ke ... kakus!

Sarapan pagi kemudian dibagi-bagikan.

Untuk menjaga kesehatan dan kabersihan, kami berbagi tugas secara bergiliran menurut kamar. Awalnya atas perintah pengurus penjara, tapi belakangan kami lakukan atas kesadaran sendiri. Tugas-tugas tersebut tidak boleh diabaikan demi kebaikan kami sendiri.

Tugas-tugas tersebut:

1. Mengepel lantai gang dan kedua selokan di sampingnya,
2. Membersihkan selokan menyapu pekarangan dalam.
3. Membersihkan kamar mandi, dan
4. Membersihkan WC-WC.

Kamar mana yang pertama kali *harus* membersihkan WC? Dr. Kwa memutuskan bahwa kamar 13, yaitu kamarnya sendiri. Dengan demikian, dia bersama Tuan Loa Sek Hie, Tuan Liem Hwie Giap dan Tuan Loa Tjiong To menjadi yang paling dulu membersihkan WC!

Urusan mandi sering membuat kami kesal. Awalnya kami boleh mandi setiap saat. Belakangan diatur jam mandi untuk pagi dan sore.

Ketika pertama kali jam mandi ditetapkan, jam mandi pagi bentrok dengan—kalau saya tidak salah ingat—waktu mencuci pakaian. Ini kami protes. Hasilnya, kami boleh mandi sore saja, walaupun waktu mandi diperpanjang. Kami kemukakan bahwa ini tidak baik untuk kesehatan. Akhirnya kami kembali diperkenankan mandi dua kali sehari.

Awalnya ditentukan jam mandi antara 10-12 dan 4-6 baik untuk Tionghoa maupun Belanda. Kedua suku bangsa ini mandi bersama-sama di bangsal mandi. Orang Tionghoa menggunakan douches sebelah kanan dan orang Belanda douches di sebelah kiri. Namun, air leding datang dari kanan, sehingga hampir seluruh douches sebelah kiri tidak kebagian air kalau douches kanan dibuka. Akhirnya ditetapkan jam mandi yang berbeda bagi kedua bangsa, dengan demikian saat mandi masing-masing bangsa bisa memakai seluruh ruangan bangsal mandi.

Sepuluh menit sebelum keran air besar dibuka dan orang yang masuk ke dalam bangsal mandi akan merasakan seakan-akan sedang mengunjungi museum patung. Di bawah masing-masing douche telah berdiri dengan berbagai pose satu "patung" dengan tangan umumnya terangkat naek ke atas memegang putaran douche. Seperti sekian banyak Apollo yang bersiap untuk mandi dengan memamerkan lekuk tubuh tanpa ada yang ditutup-tutupi....

Dan ketika air sudah mengucur, terdengar seruan, "Air datang! Air datang!" dari luar masuk ke dalam, dan di lorong terdengar suara langkah kaki bergegas menuju ke bangsal mandi....

Ada juga yang mandi pada jam-jam terlarang, sebab pada waktu itu justru orang gampang mandi karena kamar mandi kosong.

Komandan sering mengomel karena pemakaian air terlalu besar. Setelah melihat rekening tagihan air leding tetap tinggi, diambil tindakan menutup keran besar, selain sebentar saat kami baru dikeluarkan dari kamar dan jam 10-12 serta 4-6. Pada saat keran besar dibuka kami semua sibuk mengisi gayung dan mug minuman, mandi, mencuci pakaian dan menyediakan air untuk WC, untuk mencuci piring dan mangkuk sayur setelah selesai makan. Orang-orang berkerumun di keran air yang untuk masing-masing bangsa hanya ada satu, dan berebut mengambil air atau mencuci tangan.

Untuk hal ini orang kulit putih lebih tertib. Mereka berbaris rapi dan masing-masing menunggu gilirannya masing-masing. Sementara di antara orang Tionghoa ada orang-yang berebut dahulu mendahului. Bukan hanya satu-dua kali terjadi satu orang yang tanpa ambil peduli menyodorkan tangannya yang masih kotor di bawah keran di atas tangan orang lain yang sedang dicuci dan sudah hampir bersih. Tangan orang tersebut menjadi kotor lagi. Saya sendiri tak suka berebut seperti itu. Kalaupun sebenarnya sudah sampai giliran saya dan ada orang lain yang mendahului, saya mengalah dan mundur memberi tempat. Tuan H. H. Kan pernah mengomel karena saya terlalu sungkan jadi orang.

Selain satu bangku panjang di kedua ujung gang, ketika hari-hari pertama ditempati sipir penjaga bui, di pekarangan Bukit Duri awalnya tidak ada tempat kami bisa bercokol. Tapi belakangan kami dibuatkan sejumlah bangku panjang dan diberikan satu meja besar berikut satu kain lebar yang kami bentangkan di atas meja, sehingga di luar sel kami punya tempat, untuk duduk-duduk di waktu siang yang terlindungi dari terik matahari.

Bangku-bangku itu kami terima dengan perasaan campur aduk. Ada rasa girang mendapat tempat duduk di pekarangan, tetapi juga ada perasaan kesal, sebab pengadaan bangku berarti keberadaan kami di Bukit Duri bukan hanya sebentar. Ditutupnya bagian atas bangsal mandi, tempat orang bisa mengintip ke luar saat pintu besar dibuka, juga menjadi petunjuk tentang ini. Tatkala belakangan kami mendapat meja pingpong yang istimewa, harapan banyak orang untuk bisa segera bebas pupus sudah....

Makanan di Bukit Duri, meskipun tidak enak, masih lumayan. Bulan pertama memang kami mendapat ransum narapidana, tapi setelah itu disamakan dengan makanan orang kulit putih. Kualitas "boleh juga".

Ada juga yang mengeluh soal nasi, tapi menurut Dr. Kwa, nasi yang kami peroleh lebih baik daripada nasi di C. B. Z.

Menu makanan sudah beberapa kali berubah.

Beberapa bulan lamanya kami mendapatkan sarapan pagi nasi berikut atau tanpa garam dan kopi satu cangkir penuh. Pukul 10 air panas. Pukul 11 nasi, tempe, sup daging kerbau, kadang-kadang sambal, dan pisang sebiji. Jam 3 teh, dan sore jam 5 nasi, sepotong daging kari atau goreng, sup, dan kadang-kadang sambal.

Sebagai ganti nasi di waktu pagi, kami pernah mendapat sepotong roti. Dari harga kira-kira 5 sen di waktu sebelum pecah perang, dan kopi. Roti dibagikan sore hari, makanya ada juga yang makan rotinya malam-malam. Beberapa orang Belanda menjual roti mereka kepada orang Tionghoa dengan harga 0,25 - 0,30 rupiah.

"Pasar roti" diadakan waktu magrib dan tempatnya di "perbatasan", yaitu sel bagian Tionghoa dan bagian kulit putih saling bertemu.

Setiap hari Selasa, kami mendapat sup kacang merah, bubur kacang ijo setiap hari Kamis, dan hari Sabtu *hutspot* kentang[31], awalnya dengan daging babi,

---

[31] Hutspot: makanan khas Belanda yang terbuat dari sayuran berupa kentang, wortel, dan bawang bombai yang direbus

belakangan diganti daging kerbau. Sayangnya kemudian menu ini dihapuskan.

Kadang-kadang sebagai pengganti daging kerbau, sore hari kami mendapat sepotong daging babi, sedangkan sup sering diganti dengan sayur asem atau bayam. Banyaknya makanan dari ada sampai mencukupi.

Hanya saja, saat mendapat *hutspot,* beberapa orang yang tidak biasa makan kentang malamnya merasa lapar.

Belakangan, orang Tionghoa sarapan roti lagi, tapi dengan cara membeli dari orang Belanda. Ada juga orang Tionghoa yang seterusnya makan roti.

Dan kemudian orang Belanda juga mendapat sarapan nasi, karena sulit untuk mendapatkan roti. Mulai sejak saat itu, sebagai teman nasi pagi bukan garam lagi, hanya sambal yang pada hari-hari pertama diganti-ganti bahannya, tapi belakangan berupa sambal kacang panjang melulu.

Ketika orang Belanda kembali mendapat roti, tersiar kabar sambal hendak diganti dengan garam saja, tetapi kalau ini terjadi berarti ada perbedaan antar bangsa, sehingga tidak dilaksanakan.

Kalau tidak salah, tanggal 8 Maret 1943, dirayakan oleh Jepang sebagai Hari Raya Jawa Baru. Kami masing-masing mendapat beberapa ... ikan peperek[32]

---

dengan kaldu hingga menyusut.

[32] Peperek: pepetek, atau petek adalah nama umum bagi jenis-jenis ikan yang tergolong dalam suku Leiognathidae. Ikan-ikan

asin kecil! Bukan main lezatnya kami rasakan. Namun, kalau di luar kami niscaya akan menganggap itu hanya layak untuk pesuruh saja. Ikan asin ini kami dapatkan beberapa hari berturut-turut. Beberapa waktu berselang kemudian terulang lagi untuk beberapa hari.

Sejak pertengah tahun 1943 makanan ditambah. Setiap habis makan sore, kami mendapat satu mug bubur kacang ijo yang hanya manis jambu, kira-kira 500 cc. Karena sudah kenyang, banyak orang yang tidak mengambilnya.

Banyaknya makanan di Bukit Duri sehingga tidak adalah untuk mengeluh kecuali untuk orang-orang yang terbiasa karena enak. Malah ketika kacang ijo hadir, menjadi sudah lebih dari cukup.

Bulan-bulan belakangan, kas umum kami bisa diatur sedemikian rupa sehingga semuanya bisa mendapat sebiji pisang Ambon atau sepotong pepaya pada siang hari, sementara orang sakit dengan keterangan dokter mendapat tiga macam buah-buahan satu piring setiap hari, yaitu pisang, pepaya, dan sawo.

Makanan dimasak di Penjara Cipinang. Dari sana memang tiap-tiap hari dikirim beberapa puluh orang narapidana yang disebut *tampin* ke Bukit Duri di

---

ini umumnya bertubuh kecil, pipih tegak, dan berwarna keperak-perakan, serta memiliki mulut yang dapat dijulurkan. Dalam bahasa Inggris, peperek dikenal sebagai *ponyfishes, slipmouths* atau *slimys/slimies*.

bawah perintah Penjara Cipinang untuk bekerja. Mereka datang pagi hari membawa makanan untuk sarapan. Makanan tengah hari dan makanan siang mereka yang bawa masuk dari luar penjara.

Ketika makanan sampai di depan penjara, ramai yang berkerumun di bangsal mandi untuk mengintip keluar melalui celah papan yang dipasang di atas tembok bangsal mandi.

Makanan dibawa ke dalam satu gudang yang dibangun menempel pada tembok gang sebelah kanan dan letaknya di luar pagar besi. Di sini juga disimpan piring dan mangkuk. Tugas menyendok nasi awalnya dilakukan oleh sipir atau mantri penjara, tapi belakangan setelah sejumlah orang Belanda menjadi buruh yang wajib bekerja, tugas ini dikerjakan oleh mereka.

Sup juga pada awalnya diisi ke dalam mangkuk di dalam gudang tersebut. Yang menggotong masuk semuanya ke dalam rantang-rantang besar ke sebelah dalam pagar besi awalnya para *tampin*. Belakangan dikerjakan oleh orang Belanda.

Pemandangan tak sedap biasa tampak saat rantang makanan digotong masuk. Orang Tionghoa berebut saling mendahului! Cara sebagian orang Tionghoa berlomba mengambil makanan sedemikian rupa sehingga suatu hari seorang tahanan yang ikut memikul rantang, berkata, "Lebih dari pada orang merah[33]!"

Sungguh memalukan! Dengan menyesal saya mengakui bahwa orang-orang ini tak pantas dibela! Mengapa harus berebut? Nasinya sama, supnya sama. Paling juga selisihnya hanya satu dua sendok kecil saja!

Orang-orang Tionghoa yang punya pikiran mengerti keadaan ini tidak bisa dibiarkan. Sebanyak 5-6 orang kemudian ditunjuk untuk membagikan nasi dan sup. Artinya selanjutnya tidak boleh ada yang mengambil sendiri nasi dan sup dari rantang, hanya menerima dari tangan tukang-tukang bagi. Belakangan karena drum sup dibawa masuk ke dalam pagar, dua orang diangkat hanya untuk menjadi penyendok sup.

Sebagai tukang bagi nasi dan sup ditunjuk orang-orang dari satu kamar, sedangkan yang paling dulu menerima makanan bergiliran adalah orang-orang dari kamar berikutnya. Besoknya, kamar berikutnya ini yang harus membagi-bagi nasi dan sup, sementara kamar berikutnya lagi bergiliran menerima paling dulu.

Pembagian kopi diatur menurut giliran serupa. Untuk menyendok sup ditunjuk Tuan Go Chin Koei (Karawang) yang berbadan besar dan Tuan Chong Soe Kim (Kedoenggede) yang gigih, sementara Tuan Liem Hwie Giap menjadi "tukang kopi".

---

[33] Orang Merah: Anggota Partai Komunis.

Beberapa orang awalnya setiap sore menerima kiriman satu rantang susun dari rumah. Di antaranya Tuan Tan Hin Hie, Tuan Lie Tjiauw Yo dan Tuan Nio Peng Long, tapi ini hanya berjalan sebentar saja.

Suatu sore Tuan Nio Peng Long menanyakan rantangnya yang belum dia terima. Dia dipukuli oleh komandan Jepang kedua yang bernama Koinu dengan dibantu dua pembantu Jepang sedemikian rupa membuat beberapa orang Tionghoa yang menyaksikan kejadian tersebut meneteskan air mata.

Tiga orang muda yang kuat mengeroyok satu orang tua, orang Tionghoa paling tua dari rombongan Bukit Duri yang umurnya kira-kira 70 tahun. Bukan pemandangan yang enak untuk dilihat!

Malamnya, sesudah kami dikurung, salah satu dari orang Jepang tersebut datang ke depan kamar Tuan Tan Tjong Lim dan bilang dia menyesal telah memukul orang tua seperti Tuan Nio Peng Long.

Pertama kali kami menerima kiriman makanan yaitu pada Hari Raya Tennoheika tahun 1942, beberapa hari sesudah kami ditangkap. Hampir dua bulan kemudian pada hari Peh Cun[34], Tuan Tan Hin Hie diperkenankan menerima bacang dan kue cang banyak sekali dari rumah. Saat itu Tuan Tan membuat

[34] Peh Cun: atau yang biasa disebut Ba Chuan adalah salah satu tradisi yang dilakukan oleh etnis Tionghoa yang jatuh pada hari 5 bulan 5 kalender Cina. Tradisi ini juga biasanya disebut dengan hari Bakcang. Dalam tradisi ini, biasanya diadakan festival makan bakcang dan balap perahu naga.

kami semua ikut merasakan bacang.

Kami girang sekali, ketika suatu hari kami mendapat kabar bahwa masing-masing boleh menerima makanan satu rantang susun sekali seminggu. Kami harus melapor ke kantor penjara bahwa kami ingin menerima rantang tersebut pada hari apa. Bersama-sama, kami kemudian menyusun satu daftar supaya orang-orang dalam satu kamar atau satu rombongan tidak mendapatkan rantang bersamaan pada hari yang sama, hanya pada hari yang berbeda. Dengan begitu, setiap hari ada teman sekamar atau serombongan yang menerima makanan yang bisa dinikmati beramai-ramai. Tapi rantang hanya bisa bisa masuk satu kali saja.

Saya gembira sekali, karena berbarengan dengan rantang saya dikirimi dua sendok panci. Yang satu saya berikan pada seorang teman. Dengan adanya sendok tersebut, saya tidak perlu makan dengan sendok garpu cap Lima Jari lagi, dan saya bisa menghirup kuah sup serta makan sup tanpa harus mengudap mangkuk sup seperti orang mencari anak kepiting.

Hanya pada Hari Natal 1942, Tahun Baru Imlek 2494 (5 Februari 1943), Hari Raya Jawa Baru (8 Maret 1943) dan Hari Raya Tennoheika (29 April 1943) kami mendapatkan biskuit, kue-kue, dan makanan lain dari rumah. Tapi dua hari kemudian semua kaleng biskuit dan sebagainya harus diserahkan ke kantor penjara. Artinya, dalam dua hari semua makanan harus sudah habis.

Pada hari Peh Cun Tahun 2494 (7 Juni 1943) kami boleh menerima bacang, masing-masing ... dua gelintir! Hari itu saya lebih beruntung dibandingkan hari-hari lain. Sampai semua bacang kiriman selesai dibagikan, saya masih belum mendapatkan apa-apa. Banyak sobat yang menawarkan bacang mereka pada saya, sedangkan Tuan Soe-to Tjan dan Tuan Lay Ie Thong malahan mengantarkan salah satu bacang mereka ke kamar saya. Jadi ketika seorang sipir berteriak memanggil saya dari luar pagar dan memberikan saya bacang kiriman dari rumah, tidak kurang dari enam biji bacang yang saya dapatkan! Bukan hanya bisa membalas sumbangan orang, tapi juga mampu memberikan kepada kawan-kawan yang tidak menerima apa-apa.

Awalnya, rasanya hari berlalu begitu lama. Tapi perlahan-lahan semua berubah. Apa lagi ketika belakangan kami boleh menerima kiriman buku dari rumah, meskipun masuknya buku agak lambat ke Bukit Duri.

Orang-orang yang rajin memanfaatkan peluang ini untuk belajar, terutama bahasa Inggris. Untuk golongan Tionghoa Peranakan[35], tentu saja Kuo-Yu[36]

---

[35] Tionghoa Peranakan: Orang Tionghoa kelahiran Indonesia yang memiliki garis keturunan orang pribumi dan lebih banyak mengadopsi budaya setempat.

[36] Kuo Yu: bahasa nasional Tiongkok, biasa disebut sebagai bahasa Tjeng Im atau bahasa Mandarin.

yang banyak digemari.

Beberapa orang menghabiskan waktu untuk bermain tiokie[37] atau catur. Ketika kami belum mempunyai bidak tiokie dan catur, beberapa orang membuat sendiri bidak-bidaknya. Belakangan banyak yang mendapat kiriman biji tiokie dari rumah. Permainan ini banyak membantu orang-orang melupakan kekesalan di dalam tahanan. Malah juga diadakan pertandingan tiokie dan damdas[38]. Juara tiokie Bukit Duri Tuan Tso Ping Nan, juara damdas adalah Tuan Kam Seng Kok.

Ada juga yang menghilangkan suntuk atau melupakan kekesalan dengan judi, seperti main poker, jie-it, maciok[39], ceki, domino, dan lain-lain. Kartu untuk permainan cukup tersedia dengan cara tahu sama tahu! Untuk pemainan maciok ada beberapa set. Begitu keluar sel, permainan dimulai, berhenti untuk makan dan mandi, kemudian kembali memegang kartu, lepas dulu untuk makan tengah hari, kembali menghadap meja permainan, tunda untuk mandi dan makan sore, lalu berjudi lagi sampai magrib dan sudah

---

[37] Tiokie (Hok.): atau Xiangqi (Mandarin): permain catur Cina yang artinya catur gajah.

[38] Damdas merupakan sebutan bagi salah satu jenis permainan tradisional Betawi yang dimainkan oleh dua orang. Dikenal pula dengan sebutan *dam-daman* di daerah Jawa Tengah, utamanya Yogyakarta dan Solo. Cara bermain damdas mirip seperti permainan catur, namun dengan peralatan dan cara yang jauh lebih sederhana.

[39] Maciok (Hok.): Mahyong (Mandarin)

dekat waktunya untuk dimasukkan kembali ke kandang.

Biasanya yang berjudi 2-3 rombongan, dan ada rombongan yang bermain dengan jumlah besar.

Begitulah, biasanya menjelang pintu sel ditutup dan saat baru dikeluarkan dari sel kami mendengar cerita si anu kalah sekian ratus atau sekian ribu dan si anu menang *kuiceng*[40] dan *kuiban*[41]. Tapi jumlah ratus atau ribu punya arti lain. Meskipun demikian, ada yang dalam tempo beberapa bulan kalah dari beberapa ratus hingga seribu rupiah!

Untuk main poker atau maciok, orang harus membayar sejumlah uang, yang awalnya menjadi penghasilan orang yang punya kartu atau permainan maciok. Tapi belakangan dimasukkan ke dalam kas umum yang dimanfaatkan untuk kepentingan bersama. Singkatnya, perjudian di "nasionalisasi"!

Sore hari setelah makan, ada yang membuat kelompok untuk menghabiskan waktu dengan mendengarkan cerita dari salah satu anggotanya. Ada grup yang berbagi cerita-cerita Tionghoa, dan ada juga yang membacakan pelajaran tentang industri dan lain-lain.

Untuk yang sakit, di Bukit Duri terdapat poliklinik yang diurus oleh seorang dokter Indonesia dan setiap hari ada seorang mantri obat. Untuk yang sakit gigi diadakan alat periksa gigi, satu dokter gigi

---

[40] *kuiceng*: beberapa ribu

[41] *kuiban*: beberapa puluh ribu

Belanda datang pada hari-hari tertentu.

Oktober 1942, bengkel tenun di pekarangan dalam diubah menjadi rumah sakit. Kalau ada yang berat sakitnya dibawa ke rumah sakit penjara Cipinang. Bila mana perlu, pasien dikirim ke C.B.Z. Kemudian, setelah bengkel tenun diubah menjadi rumah sakit, orang sakit yang memerlukan perawatan dokter masuk ke dalam rumah sakit ini terlebih dulu.

Rumah sakit dibuka awal Oktober 1942. Pasien Tionghoa pertama rumah sakit itu adalah ... penulis buku ini. Hari pertama dia terbaring di situ karena rematik akut bersama satu pasien orang Amerika dan dua pasien orang Belanda. Kami masing-masing mendapat satu kurungan besi. Bekas bengkel itu memang terdiri dari banyak kurungan, yang masing-masingnya dulu ditempati satu mesin tenun. Gang antar kurungan hanya ada satu meter. Sebagaimana yang sudah ditulis, penjara Bukit Duri untuk orang-orang yang divonis 18 tahun ke atas, yaitu narapidana kelas berat, yang antaranya berbahaya. Makanya tempat kerja untuk masing-masing dibuat kurungan. Untuk dijadikan rumah sakit, kurungan sedang dibongkar dan mesin-mesin dikeluarkan. Keesokan harinya pasien Tionghoa dan kulit Tionghoa dipisah, sehingga saya beberapa malam tidur sendirian di bangsal bagian Tionghoa. Sebenarnya tidak apa-apa. Yang tidak mengenakkan adalah pada hari kedua, siang hari kurungan saya ... dikunci! Saya protes keras. Saya katakan itu sama saja hukuman sel untuk orang sakit.

Sesudah protes lama, pintu kurungan baru dibuka kembali.

Dokter pertama di poliklinik adalah dr. Derwis. Dokter kedua dr. Moesa. Dia mengudang Dr. Kwa untuk ambil bagian dalam urusan kesehatan.

Obat-obatan pun disediakan oleh penjara, kecuali obat tertentu yang dibeli di apotek luar dengan resep dokter atas rekening orang yang bersangkutan.

Pada zaman komandan Koinu, salah satu pembantunya ada yang juling, dan karena itu kami menyebutnya "Si Jereng". Dia suka menganiaya orang sakit.

Si Jereng ini pada jam bicara dokter (ketika itu yang mengelola poliklinik Bukit Duri adalah dr. Derwis) sering bercokol di kamar periksa. Begitu ada orang Tionghoa masuk untuk meminta obat karena sakit, orang sakit tersebut dipukul oleh si Jereng. Yang mendapat perlakuan ini di antaranya Tuan Khoe Liong Hin, Tuan Khoe Kwet Kian dan Tuan Thong A Sie. Tapi orang Belanda yang datang berobat ke dokter tak dipukulnya.

Si Jereng memang terkenal sebagai orang yang suka memukul. Suatu hari dia harus mengantar beberapa orang Tionghoa yang sakit ke rumah sakit penjara Cipinang. Tuan Tee Koan Beng dari Paal-Merah yang sakit kaki minta izin agar dibolehkan naik delman dengan ongkos sendiri, sebab dia tak sanggup berjalan.

Permintaannya ditolak, sehingga terpaksa si sakit berjalan kaki. Sesudah sampai di Cipinang, si Jereng lantas mengomel ke Tuan Tee, "Kau toh, bisa jalan!" dan memukulnya. Sesudah itu, Yang lainnya, di antaranya Tuan Ang Jan Goan dan Tuan Ng Sim Kie pun mendapat persenan serupa Tuan Tee...

Tapi kawanan Koinu punya rasa humor juga. Suatu hari mereka menangkap basah Tuan Lie Tek Ho dan Tuan Ling Ying Chen mengintip keluar. Mereka lantas dipanggil. Kami menyangka keduanya akan dipukul. Ternyata tidak. Tuan Lie dan Tuan Ling disuruh berdiri menghadap pintu besi dan mengawasi keluar. Hanya saja ... pintu di depan di pintu besi ditutup!

Kira-kira setengah jam lamanya mereka diizinkan mengintip keluar dengan cara itu!

Untuk menjaga kesehatan jasmani dan rohani, kami diwajibkan untuk melakukan gerak badan di pagi hari. Di antara kami kebetulan ada Tuan Fang Ting Hsun, anggota redaksi Sin Po Tionghoa yang dulu pernah menjadi guru olahraga di sekolah T.H.H.K. di Batavia ini. Tuan Fang mengajarkan beberapa gerakan senam untuk kami, tapi orang-orang yang berusia 50 tahun ke atas dibebaskan dari kewajiban berolahraga. Senam dilakukan segera begitu kami berada di luar sel. Awalnya yang ikut ambil bagian banyak, tapi perlahan-perlahan jumlahnya berkurang.

Bulan-bulan belakangan, sesudah makan sore,

kami bisa mendengar orgel yang diberikan untuk penjara sehubungan dengan kegiatan keagamaan Komandan Koinu. Sudah beberapa tahun dia tak bertemu anak istrinya karena perang.

Tuan Ang lalu mengusap-usap punggung komandan seraya berkata bahwa komandan harus lebih dikasihani dari kami, sebab sudah terpisah dari anak istri lebih lama dari kami. Mata komandan berkaca-kaca. Kemudian dia tak pernah galak lagi....

5. Ramai di Bukit Duri

Sesudah "bertapa" sekian lama, akhirnya kami diberitahu bahwa setiap tanggal 5, 15 dan 25 kami boleh menerima kiriman barang dari luar, tetapi tidak boleh berupa makanan.

Saat "hari-hari paket" ini Bukit Duri menjadi ramai. Ramai di luar karena istri-istri datang mengantar barang-barang untuk suami atau sanak saudara. Ramai di dalam karena orang-orang berebut mengintip keluar dengan memanjat tong air di ruangan mandi, dan kemudian ramai dengan diserahkannya barang-barang tersebut pada kami.

Barang-barang kami terima dalam keadaan bungkusan sudah terbuka, sebab kami tidak boleh mempunyai kertas yang bisa digunakan untuk menulis surat keluar. Untuk yang menerima kiriman rokok harus menyediakan wadah berupa kaleng atau dus, karena diberikan dalam keadaan berantakan.

Cara-cara seperti ini membuat sejumlah barang menyasar. Yang jujur akan menyerahkan baju, sabun, dan lain-lain kepada yang berhak, kalau masih tercantum nama penerimanya.

Barang-barang dari rumah yang dikirim untuk kami banyak yang hilang.

Berkali lipat ramainya Bukit Duri ketika beberapa kali kami boleh menerima barang berupa makanan dari luar.

Meski berada di dalam penjara, semangat kami naik saat menjelang Hari Natal, Tahun Baru Yanglek[42] dan Tahun Baru Imlek. Hati menjadi ringan dan berbunga-bunga yang sulit untuk digambarkan dengan kata-kata, tetapi sesuatu yang dirasakan ketika hari-hari raya semakin dekat memenuhi sanubari kami. Dalam beberapa hari itu, perasaan jengkel dan kesal mengalah demi perasaan yang lebih baik, yang membuat hidup terasa berharga untuk dijalani.

Melihat rangkaian hiasan Natal dengan bunga-bunga dan dedaunan hijau segar, tanpa terasa lagi hati saya seperti sudah bebas dari Bukit Duri dan akan bermain di alam luas, dari Tuhan yang Penuh Kasih dan Belas Kasihan untuk sekalian makhluknya yang bahagia dan merdeka. Ya, terutama dengan merdeka!

Sorenya, kami mendapat kopi ekstra yang disambut oleh orang banyak dengan gembira, dan membuat orang-orang ... tidak bisa tidur malamnya.

Malam itu setelah pintu-pintu ditutup, dari beberapa sel saya mendengar orang-orang menyanyikan lagu *Stille Nacht, Heilige Nacht* yang membuat haru biru. Saya mencoba membayangkan berapa banyak keluarga di seluruh dunia pada malam itu tenggelam dalam lautan duka cita. Berapa banyak air mata yang mengalir dari mata istri-istri yang

---

[42] (Hok.) Tahun Baru Masehi.

awalnya beruntung tapi kini menjadi janda, oleh ibu-ibu yang bersedih karena putranya pergi dan tak kembali, oleh anak-anak yang kehilangan ayah tercinta?

"Perdamaian di dunia" adalah pesan dan semangat Hari Natal. Betapa kami haus akan itu!

Tanggal 31 Desember 1942 kami bersedia untuk menyambut Tahun Baru sebisa mungkin, sesuai dengan keadaan membolehkan kami. Datangnya Tahun Baru tentu saja memenuhi hati kami dengan harapan baru.

"Tahun sudah berganti! Berapa lama lagi, sih, harus bercokol di Bukit Duri?" kata saya dalam hati.

Tanggal 1 Januari 1943, terlebih dulu kami saling memberi ucapan Selamat Tahun Baru. Karena ini adalah Tahun Baru pertama yang kami habiskan di dalam tahanan, banyak mata yang basah karena terharu ketika saling berjabat tangan.

Tahun Baru Imlek 2494, 5 Februari 1943, perasaan haru lebih besar lagi.

Antaran kue lapis legit, bloeder marmer, kue semprot, nastar dan lain-lain malah membuat saya jadi lebih rindu pada mereka yang saya tinggalkan di rumah. Mama saya, istri dan anak-anak saya, saudara-saudara saya, terbayang-bayang di mata. Rasanya saya bisa melihat apa yang sedang mereka lakukan saat itu...

Karena kue dan biskuit tersebut diantar beberapa

hari sebelum Tahun Baru, pada malam *Jie Kauw Kauw*[43] kami sudah bisa mengundang teman-teman untuk ikut merasakan apa-apa yang kami terima dari rumah. Malahan beberapa orang dengan berkongsi sudah mengatur meja teh yang penuh dengan berbagai macam kue di tengah-tengah ruang rawat inap!

Hari itu saya merasakan beberapa macam kue yang belum pernah saya cicip di luar sebelumnya.

Ini gampang dimengerti. Kue-kue itu dikirim oleh 141 keluarga, sehingga kue yang ada sangat beragam.

Pada hari itu orang sibuk berbenah membersihkan "rumah". Ruang makan, kamar tidur dan kamar kecil, semua menjadi satu. Mencuci pakaian dan lain-lain sedemikian rupa, seperti berada di rumah saja.

Pada Malam Natal dan Malam Tahun Baru Imlek yang ada dalam pikiran hanyalah perjalanan pulang ke rumah secepat kilat.

Pulang! Pulang!

Setiap tahun menjelang Tahun Baru, kalau kita berada di tempat lain, keinginan kita cuma tertuju untuk pulang. Pulang untuk merayakan pergantian tahun bersama seluruh keluarga di rumah. Pulang!

Hari-hari biasa saja kami ingin pulang, apalagi pada malam-malam itu!

O, malam Tahun Baru Imlek pertama dalam bui!

---

[43] Jie Kauw Kauw (Hokkien), Chuxi (Mandarin): tanggal 29 bulan 12, malam tahun baru Imlek.

Saya rasa banyak yang tidak bisa tidur pulas malam itu.

Keesokan paginya, kembali kami saling mengucapkan selamat satu sama lain. Sesudahnya orang-orang bermain. Saya sendiri tidak banyak waktu untuk melamun sebab kewajiban telah menanti. Hari itu giliran kamar 1 dengan satu kamar lain untuk mencuci lorong dan selokan dalam, dan saya adalah salah satu dari empat orang penghuni kamar 1.

Berhubung Hari Raya *Peh Gwee Capgouw*[44] 2493 yang jatuh pada tanggal 24 September 1942, kami diperbolehkan membeli kue tiong chiu pia, satu orang satu.

Pemesanan kue ini, sebagaimana juga pemesanan barang-barang lain seperti rokok, tembakau, handuk, pensil, buku tulis (pensil dan buku tulis waktu itu masih diperbolehkan untuk keperluan tulis menulis) dan lain-lain diurus oleh Tuan Liem Hwie Giap yang mengeluarkan banyak tenaga untuk ini. Belakangan ada satu ahli kacamata Tionghoa, Tuan Fie Lien, bersama pembantunya, boleh datang ke kantor penjara Bukit Duri untuk orang-orang yang memerlukan kacamata baru, atau memperbaiki kacamata, dan lain-lain.

Peh Gwee Tjapgouw malam itu, kami

---

[44] Peh Gwee Capgouw: tanggal 15 Bulan 8 kalender Imlek, dikenal sebagai Tiong Chiu (Zhong Qiu Jie), perayaan pertengahan musim gugur.

diperkenankan berada di luar lebih lama, yaitu sampai pukul 11. Begitu juga pada beberapa hari raya lain seperti Tahun Baru, kami boleh boleh tidak masuk sel pada jam hari-hari biasa.

Peh gwee Tjapgouw malam itu kami berkerumun duduk di bangku atau berdiri di sepanjang pinggir selokan dan dengan penuh perhatian menanti hadirnya Sang Putri Malam, yang di dalam kungkungan empat tembok penjara terlihat lebih ayu dan sinarnya lebih lembut meski tampak lebih terang.

Semua mata tertuju ke langit di atas depan penjara, sebab dari situlah Putri Malam tak lama lagi akan menampakkan diri. Rasanya seperti dia datang menjenguk kami, karena dia akan mucul di sebelah atas pintu masuk Bukit Duri.

"Itu dia!" terdengar ucapan beberapa saat kemudian.

Semua leher menjulur sepanjang mungkin untuk menyaksikan rembulan terbit perlahan-lahan di atas genteng. Cahaya perak di langit yang biru terang, di sana-sini beberapa awan bermain petak umpet satu sama lain, menjadi pembuka jalan. Betul saja, Putri Malam sudah menunjukkan senyumnya dengan kecantikan dan keanggunannya.

Karena di Bukit Duri tidak ada pemandangan yang mampu menghibur hati, tidak ada bunga warna-warni cerah untuk menghibur kami, tidak ada pohon yang bisa menyegarkan kami dengan hijaunya daun, sang rembulan yang tampak luar biasa pada malam itu bagai memompa semangat baru pada kami dan membisiki kami dengan perantara benang-benang peraknya, "Jangan bersedih! Jangan marah! Setiap yang masuk pasti akan keluar."

Ada masuk, mesti ada keluar!

Pesan dari Putri Malam ini bergema kencang di telinga Tuan Liem Hwie Giap. Maka setiap kali ada yang meminta tulisan atau tanda tangannya, dia tak pernah lupa menulis "Ada masuk, mesti ada keluar".

Malam itu kami puas memandangi rembulan. Hari-hari biasa, saat dia baru mulai naik, teriakan "Masuk!" dengan tidak mengenal rasa kasihan dan kemudian dinding sel menelan kami lagi.

Namun ada juga orang-orang yang tidak dilupakan oleh Sang Putri. Saya termasuk salah satu di antaranya yang beruntung. Ketika saya sudah berselonjor di tikar dengan alas selimut, tak bisa bergerak dengan leluasa lagi tanpa melanggar Tuan Ang Jan Goan di sebelah kanan dan Tuan Chang Ming An di kiri, dan tidak bisa angkat kaki yang berada di kolong pembaringan Tuan Oey Giok San, tak lama kemudian tembok di hadapan saya tampak cahaya bulan menerobos masuk dari jendela. Cahaya di tembok semakin lama menjadi semakin besar. Kemudian perlahan-lahan cahayanya mengecil dan akhirnya lenyap.

Saya tahu, Putri Malam sudah berlalu untuk menghibur orang lain.

Selama di penjara, barulah kami bisa menghargai

keberadaan benda-benda di langit. Sewaktu di luar, kami belum pernah menatap bintang gemintang sesering dan sebanyak seperti di Bukit Duri.

Sore sebelum kami dikurung dan dikunci dalam sel, bintang-bintang sudah muncul. Kami sering menatapnya. Kami jadi lebih mengenal jadi lebih kenal Zuiderkruis[45], Venus dan lain-lain.

Di luar banyak di antara kami yang jarang sekali 'menonton' permainan awan. Tapi di Bukit Duri seringkali langit menjadi pigura hidup. Awan-awan putih menjadi berbagai bentuk dan rupa, melayang dengan tenang dan agung bagai filsuf-filsuf di udara, tak ambil pusing dengan segala yang terjadi di bawah. Awan-awan punya tujuan sendiri dan ke sanalah mereka pergi, dengan perlahan tapi pasti.

Di sore hari, saat matahari hendak tenggelam melontarkan ciuman selamat tinggal pada awan-awan, dan disambut dengan warna-warna terang mengkilap dan sedemikan indahnya, membuat manusia jadi terpana.

"Every cloud has a silver lining", peribahasa Inggris yang sangat tepat. Di Bukit Duri, kami sering memandang awan mendung yang besar bergulung-gulung, tepinya berpendar bagai perak. Lapisan perak membuat awan itu mendung, semendung nasib kami.

Suatu siang di dalam lorong terdengar suara orang ramai. Banyak orang, termasuk saya buru-buru

---

[45] Zuiderkruis (Southern Cross, Salib Selatan) Konstelasi bintang di hemisphere langit Selatan.

masuk. Apa sebab? Ada ... Pah Wongso[46] sedang menjajakan tengteng kacang di atas nampan kertas kembang pada orang-orang. *Pah Wongso?* Saya memperhatikan dengan lebih teliti. Ternyata bukan Pah Wongso, bukan! Tapi ... si nakal Liem Hwie Giap!

Suatu sore, orang-orang mendadak gempar. Dekat pintu klinik orang-orang berkerumun melihat ke samping depan penjara. Di bagian luar pekarangan penjara tumbuh satu pohon ceri. Saat itu pohon ceri tersebut berbuah banyak sekali ... perempuan dan anak-anak! Ternyata beberapa wanita dan anak-anak nekat memanjat pohon tersebut dan mengintip masuk ke dalam penjara untuk melihat suami dan bapak mereka!

Hal ini terjadi berkali-kali. Akhirnya sipir penjara merasa heran mengapa banyak orang memandang ke bagian itu saja. Tak lama kemudian mereka tahu penyebabnya. Tanpa ampun, pohon ceri itu dihukum tebang....

Tapi para wanita tidak putus asa. Tak lama berselang, mereka menemukan cara lain. Sekarang mereka memanjat ke jendela salah satu kamar depan

---

[46] Louis Victor Wijnhamer: (lahir di Tegal, Hindia Belanda, 11 Februari 1904 – meninggal 13 Mei 1975, pada umur 71 tahun) atau yang lebih dikenal sebagai Pah Wongso (Hanzi: 伯王梭; Pinyin: Bó Wángsuō), dulu adalah seorang pekerja sosial yang terkenal di kalangan masyarakat Tionghoa di Hindia Belanda (sekarang Indonesia). Setelah menempuh pendidikan di Semarang dan Surabaya, Pah Wongso lalu memulai kariernya sebagai pekerja sosial pada awal dekade 1930-an

dengan menggunakan tangga. Dari sini mereka bisa melongok ke dalam. Tempat mereka memanjat di sebelah kamar mandi penjaga Jepang. Tak heran kalau ini juga segera ketahuan. Kabarnya karena komandan mendengar suara berisik ketika sedang di dalam kamar mandi.

Saya angkat topi untuk para wanita itu yang dengan tabah tanpa takut akan bahaya sudah berusaha mencoba melihat ke dalam dari sebelah kamar mandi penjaga Jepang hingga anak-anak yang telah menunjukkan cinta yang demikian besar pada ayahnya.

Pernah satu kali kami menikmati semacam pameran lukisan. Saat itu personil Jepang sudah dikurangi dari tiga menjadi satu orang saja. dan dia merupakan bawahan komandan Jepang penjara Cipinang.

Sesudah dilakukan pengurangan, yang pertama menjadi komandan Bukit Duri adalah Tuan Fukusaki, yang ternyata seorang pecinta seni. Dia memerintahkan Tuan Chang Ming An untuk membuatkan salinan pemandangan Danau See Ouw[47] dengan cat air. Setelah selesai, lukisan itu kemudian dipamerkan dulu di hadapan penghuni penjara. Sebagai hadiah, Tuan Chang Ming An mendapat satu dus cat air, segulung kertas gambar, dan lain-lain

Tuan Fukusaki ternyata juga pecinta puisi dan

---

[47] See Ouw (Hok), Xi Hu, Danau Barat (Hanzi: 西湖) ; danau air tawar di Hangzhou, Tiongkok.

tulisan kaligrafi. Pada suatu hari dia menulis sebuah puisi dalam bahasa Tionghoa. Dia diberitahu bahwa tuan Kwee Bie Sin bisa menulis bagus. Maka dia meminta Tuan Kwee untuk menulis puisinya di atas dua lembar kertas. Puisinya dalam aksara kanji, sebagai berikut:

籌謀未成穴中夢
八州庶民泣秋風

Mimpi di dalam gua yang belum direncanakan

Orang-orang di delapan negara bagian menangis karena angin musim gugur

Rakyat jelata delapan benua meratapi angin bisu.

Puisi yang sedih dan pesimis.

Kami lantas tahu, pengarangnya tak lagi punya harapan Jepang akan memenangkan perang. Orang Tionghoa penghuni Bukit Duri lantas gempar.

"Ini pertanda baik!" menyebar dari mulut ke mulut.

Hasta karya, meskipun seperti buatan anak-anak, ada juga muncul di Bukit Duri. Misalnya Tuan Lay le Thong dari *Keng Po* membuat bidak catur dari karton, sementara Tuan Tan Hian Lay, *Star Magazine*, adalah orang Tionghoa pertama yang membuat koper dari kotak bungkus rokok Dieng!

Keadaan menjadi ramai dalam arti lain adalah ketika hendak dibagikan makanan turun hujan. Saya masih ingat betul satu hari yang begitu. Terjadinya di sore hari.

Biasanya makanan dibagi di meja besar di bawah layar di depan pintu gang. Lantaran hujan, hari itu pembagian makanan dilakukan di dalam gang dekat pintu. Hujan semakin deras disertai angin. Sesudahnya, sepiring nasi semangkuk sup milik saya tidak bisa dibawa masuk ke dalam sel. Apa boleh buat, saya terpaksa lompat naik ke atas meja dan makan di tengah-tengah meja sambil berdiri di bawah naungan layar, sementara di sekeliling saya air hujan turun dengan derasnya!

Sungguh luar biasa, sesudah hujan besar dan awan gelap mencair menjadi sekian banyak air yang tumpah, udara menjadi terang dan permainan warna yang paling indah terlihat, yang tadinya awan gelap membuat hati kami bertambah ciut.

6. Gempar

Ketika kami baru dijebloskan ke Bukit Duri, kami sama sekali tidak diperiksa lagi, cuma ditanya nama dan setelah itu kita mendapatkan hak untuk pemondokan dan makanan gratis.

Sesudah menjadi tamu kurang lebih satu bulan, datang pembesar Jepang. Secara berombongan yang terdiri dari enam sampai sepuluh orang, kami dipanggil ke kantor penjara untuk diinterogasi satu per satu tentang ... politik? Bukan! Tetapi tentang ... harta benda kami!

Pemeriksaan berlangsung 2-3 hari, barulah rampung. Lalu Bukit Duri kembali sunyi senyap.

Tak lama kemudian kami mendapat kabar tentang penyitaan harta benda kami.

Hari itu Bukit Duri gempar. Seseorang menangis membuat beberapa teman dengan tergopoh-gopoh menghiburnya.

Bagaimana kabar itu bisa sampai ke dalam? Dengan mengintip keluar dari kamar mandi, sanak famili di luar memberi tanda dengan menyilangkan kedua tangan, menyatakan bahwa rumah ditempel "azimat" alias ditutup. Dengan meletakkan kepala di atas lengan yang menghadap ke atas dan menggoyang-goyangkan tangan, disampaikan juga bahwa ranjang pun ikut disita.

Pikiran kami semua melayang ke rumah. Kami membayangkan apa yang akan terjadi dengan anak dan istri kami. Orang yang berhati keras sekali pun pada hari itu air matanya berlinang. Beruntung belakangan kabar yang kami terima, tempat tidur dan peralatan dapur dikembalikan, sehingga kami menjadi sedikit lega.

Beberapa waktu kemudian pembesar jepang datang lagi. Kami kembali dipanggil secara berkelompok yang terdiri dari 6-10 orang.

Kali ini kami ditanya ... mengapa kami ditangkap! Pertanyaan lain adalah: siapa istri kami, berapa anak, saudara, saudara istri, alamat mereka, dan lain-lain lagi.

Satu bulan kemudian, kami kembali diperiksa. Pertanyaannya kira-kira sama seperti sebelumnya. Pemeriksaan ini boleh dibilang dilakukan sebulan sekali.

Seseorang ditanya bagaimana pendapatan keluarganya saat itu. Selama kami ditahan, kami tidak diperkenankan bertemu atau bicara dengan sanak famili—kecuali beberapa orang 'besar' dengan pertolongan petinggi Jepang—hingga jawabannya tentu saja tidak bisa lain dari "Saya tidak tahu sebab tidak boleh terima kabar apa-apa dari rumah."

Mendengar ini, pembesar Jepang bilang, "Tembok penjara memang tebal, tapi masih belum cukup tebal."

Belakangan dilakukan pemeriksaan oleh pengurus penjara sendiri tentang pendidikan kami.

Pada suatu hari, kira-kira lebih dari setahun, kami dibuat gembira dengan kabar kami akan diperkenankan bertemu dan bicara beberapa menit dengan sanak keluarga di kantor penjara. Persiapan untuk itu sudah dilakukan. Pintu besi sudah ditutupi kain supaya anggota keluarga kami waktu bicara dengan kami tidak bisa melihat ke dalam dan orang di dalam tidak melihat keluar. Begitu juga jendela ditutup dengan kain. Kain yang dipakai adalah kain belacu, sampai ada yang bilang kantor mirip rumah duka.

Hari pertemuan hanya tinggal beberapa hari lagi. Jantung kami semakin berdebar kencang.

Lalu datang kabar pertemuan itu diurungkan. Percuma saja segala persiapan. Kain pembatas dilepaskan. Harapan sia-sia. Perasan kami kembali menciut.

Awalnya kami boleh memegang uang, belakangan dilarang. Semua uang harus diserahkan pada administratur penjara. Kalau kami membeli barang, harganya dibayar oleh pengelola dengan cara memotong saldo. Dari luar kami cuma boleh menerima jumlah terbatas, sehingga uang kami pada administratur paling banyak hanya ada 10 rupiah.

Tentu saja masih ada orang yang memegang uang dengan cara disembunyikan.

Maka setiap kali diterima kabar akan diadakan penggeledahan, mereka jadi repot mencari tempat untuk menyembunyikan uang itu, juga barang-barang makanan yang terlarang yang kami miliki, seperti garam, gula, dendeng, dan lain-lain. Makanan kawan nasi dari luar sama sekali tidak boleh kami terima. Ada beberapa orang yang waktu itu boleh menerima barang makanan dari luar dikirimkan juga kawannya nasi seperti abon babi, dihukum tiga bulan tidak boleh menerima apa-apa pada hari kami boleh menerima barang (tanggal 5, 15 dan 25 tiap bulan).

Untuk menolong orang-orang yang memegang uang kontan, Tuan Liem Hwie Giap dan Tuan Tan Tjong Lim membuat uang-uangan. Orang boleh menyetor uangnya pada mereka bersua dan mendapat karcis seharga jumlah uang tersebut. Uang-uangan ini dikeluarkan dengan bermacam-macam harga, antara 5 dan 0,01 rupiah, dan dibubuhi tanda tangan Tuan Lim dan Tuan Tan.

Selain "uang Liem Hwie Giap - Tan Tjong Lim", beredar pula "uang Tuan Tjoe Tiong", direktur permainan poker. Berjudi dengan uang dilarang, maka Tuan Tjoe sejak awal sudah mengadakan sistem karcis uang. Yang hendak ikut bermain, boleh menukar uangnya dengan "uang Tjoe Tiong" dan Jepang lantas menyangka orang-orang "main bohong-bohongan" belaka.

Uang-uangan itu punya "deking". Penjamin uang Liem Hwie Giap - Tan Tjong Lim disimpan di tempat yang aman (pada ... administrator penjara!), tapi deking uang Tjoe Tiong dipegang oleh Tuan Tjoe sendiri. Jadi kalau uang ini ditemukan sewaktu penggeledahan dan disita, pemegang-pemegang uang Tjoe Tiong menjadi kelabakan, sebab "uang" yang mereka pegang tak punya deking lagi...

Pernah saat penggeledahan ditemukan uang pada tujuh orang tahanan yang lantas disita, sementara pemiliknya dipukuli sampai babak belur dan dihukum kurung dalam kamar masing-masing seminggu lamanya. Akibatnya, teman-teman sekamar mereka selama satu minggu itu pun kena "hukum" tidak bisa masuk ke dalam kamar sendiri waktu siang.

Karcis uang ada juga yang disita dan dilempar sana-sini dalam penggeledahan itu, sehingga banyak yang hilang. Dari yang didapatkan kembali sulit untuk ditentukan punya siapa. Akhirnya dibuat keputusan yang kehilangan uang Liem Hwie Giap - Tan Tjong Lim diberikan karcis baru senilai 50% dari jumlah yang mereka laporkan hilang.

Bagaimana bisa kami mempunyai barang makanan kawan nasi yang terlarang? Barang-barang ini masuk dengan cara yang cerdik. Masuknya bagai kapal selam, menyelam dalam sup, atau seperti pesawat terbang dengan melayang secepat kilat melintasi pagar besi yang tinggi, atau dengan akrobat menerobos dari jendela sel. Barang-barang ini tentu saja ada yang tersasar dan tetap tersasar, kalau orang yang tertabrak barang tersebut menganggapnya sebagai rezeki tak terduga. Belakangan, malah saat magrib sering masuk "kapal" dengan muatan "untuk umum".

Pada kegiatan ini tentu saja surat kabar dan surat-surat tak terlupakan.

Saat penggeledahan, kami semua harus berkumpul di dalam pekarangan. Sesudah selesai, kami baru boleh masuk dan membereskan barang kami yang tak seberapa yang telah dibuat berantakan seperti kapal pecah.

Satu kali kami digeledah dengan cara yang luar biasa. sesudah pemeriksaan di dalam kamar beres, kami harus berbaris dua-dua di pekarangan dengan membuka baju lalu disuruh masuk ke dalam. Di muka pintu kami harus melepas celana dan "tengteng". Melewati pintu tubuh kami diperiksa dan kami harus angkat sebelah kaki. Sesudah itu baru boleh pakai celana lagi.

Penggeledahan ini dilakukan dengan bantuan sejumlah murid dari sekolah pendidikan personil istimewa khusus penjara yang diselenggarakan di penjara Cipinang. Seperti pada penggeledahan-penggeledahan selanjutnya, didatangkan banyak polisi dari luar untuk melakukannya.

Pada suatu penggeledahan disita biskuit dalam kaleng yang masih belum dibuka. Banyaknya berbilang puluhan, mungkin juga lebih dari 100 kaleng. Biskuit ini kami terima sewaktu boleh menerima kiriman makanan dan belum dibuka oleh yang menerima karena diniatkan untuk menjadi semacam stok makanan.

Sebagian dikembalikan dengan perintah untuk

dibuka dan dimakan saat itu juga. Hari itu banyak orang yang sudah tidak punya atau belum pernah dikirim biskuit jadi bisa merasakan beberapa macam biskuit bersamaan. Orang kulit putih hari itu juga disuguhi biskuit.

Sisanya dibagikan setiap hari sejumlah kaleng yang harus dibuka segera. Beberapa pagi kami jadi minum kopi dengan biskuit, tapi kalengnya harus diserahkan lagi ke kantor.

Bagaimanapun juga, akhir setiap penggeledahan berbeda-beda.

Saat penggeledahan ini dilakukan, pada sejumlah orang Belanda ditemukan surat-surat dari luar. Saat pemeriksaan mereka menunjuk seorang Belanda sebagai orang perantara untuk itu.

Orang perantara tersebut diperiksa. Salah satu pertanyaannya, apakah dia juga memberikan pertolongan untuk pengiriman surat-surat orang Tionghoa. Jawabannya adalah, "Orang Tionghoa mempunyai perantara sendiri."

Gara-gara ini, Tuan Liem Hwie Giap yang dipandang sebagai kepala kaum Tionghoa dan Tuan Tan Tjong Lim yang dianggap sebagai penerjemah dipanggil. Mereka dituduh menjadi perantara orang Tionghoa untuk kirim-mengirim surat dan mereka disuruh untuk menunjuk siapa yang sudah mengirim dan menerima surat-surat.

Kedua orang ini menyangkal tuduhan tersebut. Jawab mereka, orang Tionghoa tidak melakukan kontak surat dengan dunia luar.

Lalu keduanya diberi waktu berpikir sampai esok hari.

Pagi-pagi, mereka berdua sudah dipanggil menghadap komandan Fukusaki. Jawaban mereka tetep seperti kemarin: orang Tionghoa tidak ada melakukan yang disangkakan.

Kami lantas disuruh berbaris dua-dua saling berhadapan. Kami tidak tahu apa yang akan terjadi dengan kami, tapi itu tak lama. Kami harus saling gampar dengan menggunakan kedua tangan! Saling tabok ini berlangsung cukup lama juga, sekitar 20 menit.

Karena saat itu komandan ikut menyaksikan, ada juga orang yang menggampar kawannya dengan sungguh-sungguh.

Beberapa orang yang tidak tahu kalau komandan ada di belakangnya, dan karena memukul partnernya dengan pelan, mendapat pentungan keras hingga mau tidak mau terpaksa menggunakan tenaga terhadap kawannya. Ada yang memprotes pada temannya, "Jangan pukul keras-keras!" Dia tidak tahu kalau komandan ada di belakangnya sehingga kawannya terpaksa harus sungguh-sungguh melakukan tugasnya!

Saya sendiri berpura-pura menggampar dengan sekuat tenaga, padahal "tabokan keras" itu tidak menyentuh pipi kawan saya. Hanya kalau komandan berada dekat saya, saya kenakan juga dengan mengayunkan tangan yang keras, tapi hasilnya hanya towelan saja.

Tuan Tan Tjong Lim tak punya "pasangan", maka komandan yang menjadi pasangannya dan beberapa saat lamanya sepuluh jari komandan bermain pada ke dua pipinya.

Sebagai akhir dari saling gampar ini beberapa orang rebah tergeletak dengan muka bengap.

Pagi itu awan kelabu turun meliputi Bukit Duri. Biasanya pada waktu seperti itu orang sudah asik bermain poker, maciok dan sebagainya. Pagi itu banyak orang duduk dengan mulut cemberut. Kegembiraan berjudi lenyap, sampai-sampai "kiauwkeng"—meja besar di bawah tenda tempat kelompok main kartu, namakan "kiauwkeng" atau sositet[48]"—harus ditutup.

Peristiwa itu kemudian terkenal di antara kami dengan sebutan yang dipinjam dari permainan poker, yaitu "gouw peh kik gouw peh—lima ratus dibalas dengan lima ratus".

Tapi orang sakit yang ada di ruang inap klinik tidak ikut menjadi aktor di dalam permainan "gouw peh kik gouw peh". Mereka hanya jadi penonton dengan kuping, sebab tidak berani datang ke pintu untuk menyaksikan, hanya mendengar ramainya suara "plak- plok plak-plok", dan kadang-kadang bak-buk bak-buk", kalau ada yang digebuk komandan

---

[48] dari societeit (Belanda): perkumpulan, klub

lantaran tidak menjalankan kewajibannya dengan cukup memuaskan.

Hari itu tanggal 19 Mei 1943. Hari yang tak mudah bagi kami dilupakan!

Selagi orang-orang duduk dengan wajah cemberut, terdengar beberapa yang berseru, "Ada orang baru! Ada orang baru!"

Semua perhatian lantas ditujukan pada orang baru tersebut yang masih berada di kantor penjara. Dia adalah Tuan Injo Beng Goat. Datangnya Tuan Injo tepat ketika selesainya lakon "Gouw Peh Kik Gouw Peh", membuat orang-orang sejenak melupakan pengalaman yang dianggap "*sweesiauw*[49]" di pagi hari. Orang-orang berebut mendengar kabar dari orang tersebut, yang masuk satu tahun satu bulan belakangan dari kami di hotel Bukit Duri.

Sorenya, dr. Kwa kembali dari tertirahnya " di C. B. Z. Dia tidak ikut mengalami drama "lima ratus dibalas lima ratus".

Perasaan tak enak kami rasakan ketika pada suatu hari dr. Kwa dipanggil ke kantor. Tangannya dibelenggu dengan borgol sepuhan perak! Dia lantas dibawa dengan mobil ke kantor Kenpei dan hari itu tidak pulang. Kami mengkhawatirkan terjadi sesuatu yang buruk padanya. Betapa leganya kami ketika beberapa hari kemudian dokter kembali dengan selamat.

---

[49] Nahas, sial

Kalau pembesar luar akan datang untuk melakukan inspeksi, Bukit Duri sibuk. Pada bulan-bulan pertama kami harus berpakaian rapi. Satu kali kami disuruh berbaris di dalam gang, tapi sampai sore tidak ada yang muncul.

Kehebohan lain disebabkan oleh perintah bahwa kami harus menyerahkan semua buku yang akan diberikan satu tempat di perkantoran penjara dan kami boleh menunjuk satu orang untuk mengurusnya.

Belakangan, kira-kira pada akhir Juni 1942, berita tentang kami akan dipindahkan santer terdengar. Seorang fotografer Jepang dengan beberapa asisten, salah satunya gadis Indonesia, datang. Kami semua dipotret, begitu juga orang kulit putih dari rombongan pertama.

Apa maksudnya? Kami akan dipindahkan?

Ternyata portret itu dibuat untuk kartu registrasi. Sesudah berkuasa di Jawa, Jepang mengharuskan orang kulit putih, Tionghoa, dan mendaftar diri dengan tarif untuk kulit putih 150 rupiah utuk pria dan 75 rupiah untuk wanita dan untuk bangsa-bangsa lain. Orang Tionghoa 100 rupiah untuk laki-laki dan 50 rupiah untuk perempuan. Saat ditangkap, sebagian besar dari kami tidak punya kartu pengenal, hanya sekitar 30% saja yang mempunyainya. Untuk yang tidak punya, tanggal 22 Juli 1942 datang sejumlah - pegawai pendaftaran kantor *gemeente*[50] yang

[50] kotamadya

membuatkan kami kartu registrasi, yang untuk itulah kami dipotret. Tapi kartu pendaftaran itu tidak diserahkan pada kami, tapi ditahan. Sebagai gantinya kami diberikan "surat izin untuk menunda pembayaran uang pendaftaran penduduk bangsa asing untuk sementara". Sebagai alasan memohon penundaan disebut, "karena dipenjara".

Kami boleh menunda pembayaran 30 Juni 2603[51].

Kembali orang-orang menjadi ribut soal kapan dibebaskan. Orang-orang heboh, *bagaimana kita bisa melakukan pembayaran pendaftaran yang diperkenankan untuk ditunda sampai 30 Juni 1943?*

Dalam hati saya tertawa. Saya anggap itu bukan bukti kami akan dibebaskan. Itu artinya di tahun depan kalau Jepang masih berkuasa di sini dan mau capek-capek, kami akan mendapatkan ... penundaan pembayaran lagi!

Malah setelah tiga bulan kurang satu hari kami mendekam, perkumpulan membuat perhitungan "tutup buku", sebab "kita besok esok akan pulang".

Ketika komandan pertama dipindahkan, dia memberi harapan kami akan segera dibebaskan, dan ketika belakangan dia ditempatkan kembali di Bukit Duri dan bertemu kami lagi, dia katakan dia menyesal telah mengeluarkan pernyataan itu.

Lucunya, setiap kali paduan suara pembebasan sedang tinggi-tingginya, lalu masuk orang baru,

---

[51] Tahun Kaisar Jepang

hingga harapan dibebaskan turun sampai nol kembali. Satu kali orang-orang repot berbenah dan bersiap-siap untuk berangkat, sebab katanya hari itu pasti dilepas. Tapi kemudian ternyata dilepas ... ke sel masing-masing!

Sampai akhirnya, kira-kira pertengahan pertama tahun 1943, mengisi kartu-kartu Roode Kruis Internationaal[52], dengan dicatat nama kami, nama istri, dan orang tua kami dan juga sejak kapan kami ... diasingkan!

Jelas sudah, kami menjadi interniran atau orang tawanan! Kami akan dilepas setelah perang berhenti tak muncul-muncul lagi!

Latihan siaga serangan udara diadakan beberapa kali. Setiap kali beberapa hari lamanya, membantu kehidupan sehari-hari kami mendapatkan warna lain.

Apa lagi kalau dalam latihan tanda "ada bahaya" diberikan di waktu malam. Kalau saat itu kami masih berada di luar, maka harus segera masuk. Dari dalam sel kami bisa mendengar betapa repotnya sipir penjara. Belakangan lagi kami mendengar dari penjara Cipinang dikirim personil tambahan. Penjagaan dilakukan dengan lebih ketat dibandingkan siang. Saat-saat demikian bukan main ramainya.

Waktu latihan paling belakang, jendel-jendela sel ditutup. Apa hendak dikata, ketika latihan menjelang berakhir terjadi pemboman kota Surabaya, hingga

---

[52] (Belanda) Palang Merah Internasional

tutup jendela beberapa sel yang letaknya dekat lampu di dalam gang tidak dibuka lagi. Orang-orang yang "berumah" dalam kamar-kamar itu jadinya siang dan malam berada dalam kegelapan.

Setelah kemungkinan pemboman pulau Jawa menjadi lebih besar, di Bukit Duri didatangkan tahang-tahang buatan Cipinang untuk diisi air.

Kalau murid-murid sekolah calon personil penjara Cipinang datang, Bukit Duri gempar. Barang-barang terlarang lantas disembunyikan.

Suatu hari mereka datang saat tengah hari. Kehebohan seperti biasa pun terjadi.

Kami semua, Tionghoa dan kulit putih, harus berkumpul di halaman. Tidak bisa lain, tentu akan dilakukan penggeledahan lagi!

Ternyata keliru. Kali ini tidak!

Kami harus berbaris di bawah teriknya matahari, harus berdiri di atas kerikil yang tajam. Bukan sekaligus semua, tetapi dibagi menjadi beberapa rombongan. Kami harus ... *"tayso"!* Harus melakukan gerak badan!

Kami menjadi lega, meskipun berolahraga di tengah hari, di teriknya matahari, dan di atas kerikil yang tajam tidak bisa disebut menyenangkan, tapi biar bagaimana pun juga, ini lebih baik daripada penggeledahan.

Hari itu kami mendapat pelajaran seri pertama gerak badan umum sistem Jepang. Petunjuk diberikan dalam bahasa Jepang, yang diterangkan terlebih dahulu apa artinya, dan karena juga diperagakan, tidak sulit bagi kami untuk ikut.

"It, ni, san, si, go, rok, chi, ha. It, ni san si, go, rok, chi, ha".

Hasilnya, sejumlah orang sakit kepala karena kepanasan.

Satu minggu kemudian murid-murid itu datang lagi dan gerak badan terulang. Setelah seri pertama, diberikan juga pelajaran seri kedua yang lebih berat. Namun setelah diprotes dr. Kwa, orang-orang lansia diperkenankan untuk tidak ikut ambil bagian.

Semenjak itu, gerak badan di waktu pagi memakai seri pertama yang enteng dari gerak badan umum sistem Jepang.

Sipir penjara juga melakukan gerak badan. Kamar saya letaknya dekat kantor. Setiap pagi sebelum kami dikeluarkan, saya bisa mendengar "it, ni, san, si, go, rok, chi, ha". Lebih jauh lagi, mereka harus mempelajari lagu kebangsaan Jepang.

Pada suatu hari, seorang pembesar Jepang datang. Dia bertanya apakah kami punya ... potret cabul! Atau tahu di mana potret itu bisa di dapatkan di luar.

Salah satu dari kami mengatakan bahwa dia tahu satu alamat di luar. Kesudahannya dia diajak ke luar, bisa mampir dan makan siang di rumah keluarganya dan balik sore.

Kehidupan di Bukit Duri umumnya berjalan normal bagi kami. Makan, mandi, tidur, semua dilakukan pada waktu-waktu yang tetap. Untuk kesehatan ini memberi dampak baik. Sudah pasti kesehatan beberapa orang di dalam tahanan menjadi lebih baik daripada kalau dia berada di luar terus!

Kejutan-kejutan yang kita alami sebab satu dan lain hal mempunyai kebaikan juga. Itu mejadi bumbu untuk kehidupan kami yang tawar...

7. Pindah

Tanpa terasa, kami sudah "bersemayam" di "astana" Bukit Duri lebih dari satu tahun.

Ketika Tuan Liong Jauw Tjioe dari Karawang menempelkan sepotong kertas di mulut gang, meminta agar buku *Hong Sin* jilid pertama miliknya yang dipinjam *setengah tahun yang lalu* dikembalikan, saya kaget juga.

Setengah tahun yang lalu!

Betul ternyata. Berdiam di Bukit Duri tidak bisa dihitung dengan hari lagi, tapi dengan tahun.

Berapa banyak malam sunyi yang saya lewatkan dengan tidur berbaring tergeletak di atas ubin tanpa kasur? Betul bulan Desember 1942 kami diperkenankan meminta kasur dari rumah, tapi saya tidak memasukkan nama saya dalam daftar orang-orang yang minta dikirim, sehingga ketika istri saya membawakan juga kasur dua kali ditolak oleh sipir penjara, biarpun ada kasur-kasur yang masuk tanpa diminta.

Malam-malam itu di Bukit Duri!

Bagaimana inginnya saya tetap di luar saat terang bulan untuk memandang Putri Malam! Bagaimana kenangan pada hari-hari yang telah berlalu muncul dalam hati saya. Kalau ada pasar malam dan Cap Go Meh di kota saya mendengar peluit trem yang melakukan layanan malam! Seperti datang dari dunia lain tetabuhan dari tontonan yang mengadakan pertunjukan di dekat situ!

Berapa banyak siang sudah saya lalui dengan memandang bendera Jepang di atas perkantoran, yang selama keberadaan kami sudah diganti 3-4 kali dengan yang baru. Menatap empat pohon kelapa yang menjulang dari belakang penjara dan dalam pandangan saya segitu-segitu saja tingginya, dengan mendengar teriakan burung gagak yang bersarang di salah satu pohon di belakang penjara.

Perlahan-lahan terdengar kabar selentingan bahwa kami akan dipindahkan.

Kabar angin pertama tentang ini membuat jantung banyak orang berdebar. Salah satu teman sekamar saya tak bisa tidur karenanya, yang bisa dimengerti. Dari 142 orang Tionghoa, yang disekap di sini, sebanyak 120 lebih berasal dari kota ini, hingga pemindahan bagi mereka berarti meninggalkan rumah tempat tinggal, meninggalkan keluarga. Memang benar mereka tidak boleh bertemu sanak keluarga. Memang benar Juli 1943 baru diperkenankan menulis kartu pos untuk pertama kalinya ke rumah, sementara dari pengiriman kedua kalinya di bulan Juli 1943 balasannya tidak disampaikan kepada kami, biarpun ada yang diterima di Bukit Duri, tapi dipindahkan ... berarti semakin terpisah jauh dari orang tua, istri, dan anak-anak tercinta.

Sebenarnya memang ada alasan untuk

memindahkan *interniran* dari Bukit Duri.

Interneering bukan berarti dipenjarakan. Orang yang di-*interneerd* bukan kriminal yang kemudian dijebloskan ke dalam penjara. *Interneering* berarti pengasingan. *Interneering* di dalam penjara menjadi tidak sesuai dengan sifat *interneering*.

Ada lagi alasan lain.

Penjara luar biasa Bukit Duri terletak dekat dengan stasiun Manggarai. Di belakang terdapat sekolah pembuatan senapan. Di sebelah kanan depo lokomotif. Mudah dimengerti bahwa stasiun, sekolah, dan depo lokomotif mudah sekali menjadi sasaran pemboman. Dari sudut pandang letak penjara Bukit Duri, orang-orang interniran tidak akan selamat. Menurut undang-undang internasional, mereka harus ditaruh di satu tempat yang jauh dari bahaya perang, sehingga keselamatan mereka terjamin.

Itulah yang menjadi hari-hari yang heboh, bulan Agustus dan awal September 1943.

Kemudian pada suatu pagi, orang-orang Tionghoa diperintahkan agar pukul 11 sudah selesai makan siang. Yang mengurus makanan mendapat perintah untuk menyiapkan makanan siang yang biasanya pukul 12 siang menjadi lebih pagi, yaitu pukul 10.

Tidak bisa lain, orang-orang berpikir, *hari itu niscaya kami akan berangkat!*

Apa lagi tak lama kemudian terdengar kabar di luar sudah tersedia truk pengangkut!

Dengan terburu-buru kami berbenah. Pakaian dibungkus. Barang-barang lain seperti rokok, tembakau, dan sabun dikemas.

Hampir pukul sebelas terdengar suara bersuit.

Kami harus berbaris dua-dua di pekarangan dalam.

Matahari panas. Jantung kami berdebar. Saya berpikir, di mana sang malam nanti akan menemui kami.

Matahari mulai condong ke Barat. Bayangan memanjang dan semakin panjang, belum juga ada aba-aba. Orang-orang Belanda mengawasi kami dari jauh.

Akhirnya terdengar ramai-ramai dari kantor. Dari luar, masuk murid-murid sekolah calon sipir dari penjara Cipinang. *Momen penting yang kami tunggu sudah tiba,* pikir saya. Hari sudah jauh dari tengah hari..

Orang-orang masuk ke dalam sel-sel kami dan ... menggeledah.

Tidak ada kejadian apa-apa pada hari itu, kecuali beberapa orang kehilangan uang. Disebabkan pikiran akan segera berangkat, mereka mengeluarkan uangnya dari tempat persembunyian. Maka dengan begitu jadi tertangkap basah.

Cepat juga tampak tanda-tanda bahwa kami benar-benar akan dipindahkan, dan bahwa sanak keluarga di luar pun tahu.

Pembelian barang-barang dengan perantara

administratur penjara dihentikan. Pengiriman barang-barang oleh keluarga setiap tanggal 5, 15 dan 25 setelah 5 September 1943 tidak diperbolehkan lagi. 5 September menjadi "hari paket" yang terakhir.

Barang-barang yang dikirimkan dari rumah pada hari itu luar biasa jumlahnya. Ada yang mendapat kantong lagi, ada juga yang terima ransel. Ini menunjukkan bahwa kami akan berangkat.

Pada 7 September 1943, kami berbaris malam untuk dihitung, kita mendapat kabar bahwa besok kami akan mendapat pengumuman resmi tentang pindah.

Kami mengira, begitu diberitahu, kami lantas segera berangkat. Waktu itu kita sudah saling pesan, kalau melihat sanak keluarga di luar, jangan beri tanda apa-apa dan jangan menampakkan wajah yang sedih.

Tanggal 7 September malam, banyak yang tidak bisa memejamkan mata, saya tidak terkecuali.

Esok paginya, selagi kami berolahraga senam di pekarangan dalam, komandan memberitahu kami bahwa kami akan dipindah. Ke mananya, dia tidak bisa memberitahu. Kami akan berangkat besok paginya. Kasur kami boleh dikemas seperti barang-barang lain, dan pengirimannya akan diurus oleh sipir penjara. Kami sendiri hanya diizinkan membawa satu bungkusan kecil saja.

Bukit Duri menjadi riuh.

Sebelum barang-barang kami dikemas, terlebih dulu harus diperiksa oleh sipir penjara dengan pertolongan murid-murid sekolah calon sipir Cipinang, yang hari itu sudah datang pagi-pagi. Karena harus dilakukan dengan cepat dan buru-buru, banyak yang tidak sempat mengambil makan pagi yang justru dibagi-bagikan saat itu juga.

Di luar sanak keluarga kami gempar dan banyak yang datang.

Tengah hari, kami sudah beres berbenah dan orang menghabiskan waktu dengan duduk-duduk atau mengucapkan selamat berpisah dengan kenalan-kenalan kulit putih.

Kata-kata "Jangan putus asa" diucapkan kepada satu sama lain.

Hari itu murid-murid sekolah calon sipir Cipinang tinggal di Bukit Duri sampai keesokan paginya.

Ke mana kami akan dibawa?

Sudah beberapa hari nama kota Serang bermain di ujung lidah banyak orang di antara kami.

Kita akan dipindahkan ke Serang!

Pada saat itu boleh dibilang sudah pasti.

Yang jadi pertanyaan bagi kami adalah, *di manakah di Serang kami akan ditempatkan?*

Ada yang berharap untuk ditempatkan di Gedung Sekolah Pendidikan Ambtenaar-Ambtenaar Indonesia[53], tapi ada yang memberitahu bahwa kami

---

[53] Gedung OSVIA (Opleiding School Voor Indische Ambtenaren) di Serang yang didirikan pada tahun 1900. OSVIA merupakan

akan kembali dimasukkan ke dalam penjara! Hal ini membuat kami sangat kecewa. Apalagi kami mendengar bahwa penjara Serang lebih kecil dan jauh lebih baik Bukit Duri.

Hal lain yang membuat orang berpikir panjang dengan disebutnya Serang sebagai tempat kami akan dibawa, adalah: apakah Serang ditunjuk karena ada niat membawa kami menyeberang lautan, misalnya ke Pulau Formosa[54]? Serang memang terletak di salah satu ujung Pulau Jawa, dengan gampang orang bisa menyeberang ke Soematra, dan dari sini orang bisa berlayar lebih jauh.

Malam itu saya mengucapkan selamat berpisah kepada Bukit Duri di waktu malam. Untuk terakhir kalinya saya turut senda gurau belasan ekor cicak di pojok tembok dekat pancuran. Untuk terkahir kalinya saya mendengar bunyi salah satu lokomotif kembali ke depo untuk beristirahat yang berbunyi "bos-bos-bos", yang teramat aneh, awalnya terdengar seperti suara derap langkah para tentara.

Malam itu, orang-orang yang mempunyai kasur hampir seperti pada malam pertama, berbaring di atas tempat tidur atau ubin yang keras. Hanya selmut yang

---

sekolah untuk mendidik para calon pegawai pangreh praja seperti Bupati (Ambtenaar). Sekarang sebagai kantor Kepolisian Resort Kabupaten Serang, di Jl. Ahmad Yani, Serang.

[54] Taiwan.

membedakan, karena pada malam pertama kami tidak mempunyai selimut.

Tak lama kemudian, Bukit Duri tenggelam dalam samudra sunyi sang malam seperti biasa, hanya diselingi bunyi-bunyian yang lebih sering menunjukkan bahwa penjagaan telah diperketat.

***

Kamis, 9 September 1943!

Ketika pintu sel kami dibuka, cuaca masih remang-remang. Kira-kira baru pukul 6. Banyak yang sudah berpakaian rapi, sudah bersiap-siap untuk berangkat.

Untuk pertama kalinya setelah 1 tahun 4 bulan 14 hari kami bisa berada di udara yang terbuka, bisa menghirup udara di waktu pagi! Alangkah bungahnya hati saya menyongsong fajar hari itu!

Biasanya, kami memang baru dikeluarkan setelah matahari naik tinggi. Cahaya fajar remang-remang menyingsing selama 501 hari hanya bisa intip dari lubang jendela yang tinggi, sampai kemudian dari situ tampak hanya langit semata.

Hanya beberapa orang saja yang pergi ke bangsal mandi untuk menyiram badan dengan air dari *shower* untuk terakhir kalinya.

Sebagaimana biasa, begitu dilepas dari kamar, banyak yang balapan ke kakus. Kali ini tidak punya banyak waktu untuk menunggu. Supaya bisa cepat, ada orang yang angkat mengangkat tutup semen dari bak kotoran dan lantas jongkok di atasnya....

Penjara telah menyediakan sarapan pagi-pagi. Sebagai kawan nasi, kami mendapat sambal istimewa pakai kentang. Makanan dibagi-bagi seperti biasanya.

Rantang-rantang yang berisi makanan ditaruh begitu saja di atas meja di bawah layar. Siapa mau boleh ambil sendiri.

Kami dipecah menjadi rombongan-rombongan yang terdiri dari 20 orang, masing-masing dengan satu pemimpin. Selanjutnya kami diberi nomor.

Kemudian kami menunggu dan menunggu.

Sudah sampai waktunya jam buka yang biasa, yakni pukul 9. Tapi orang Belanda tidak dikeluarkan. Sel mereka baru akan dibuka sesudah kami semua berangkat. Dari beberapa kamar di belakang kadang-kadang terdengar teriakan kenalan-kenalan kulit putih yang mengucapkan selamat jalan.

Di depan terdengar bunyi mobil-mobil berdatangan.

Beberapa pembesar Jepang berikut kepala Cipinang masuk, juga beberapa polisi Indonesia. Mereka memakai seragam seperti dulu, hanya topinya yang berbeda, yaitu di tengah-tengahnya terdapat satu bintang. Inilah untuk pertama kalinya saya melihat polisi dengan topi demikian, sehingga sangat menarik perhatian saya.

Beberapa saat kemudian pintu pagar besi dibuka. Kami dibariskan di depan perkantoran di sebelah luar pagar.

Seorang pembesar Jepang berbicara. Dia

memberitahu antara lain kami tidak boleh berbicara dengan para pengantar.

Kemudian ditunjuk rombongan pertama untuk berangkat, sekitar beberapa puluh orang. Saya termasuk di dalamnya.

Akhir pintu depan dibuka.

Selamat tinggal, Bukit Duri! Biarpun Bukit Duri hanya satu penjara, perpisahan dengannya tak kurang membuat hati ini terharu juga.

Tepat di depan pintu sudah menunggu sebuah truk. Begitu juga truk-truk lain dan sebuah mobil van berada dekat situ.

Dari tengah-tengah rombongan—saya terjepit di tengah-tengah melihat ke depan. Di seberang penjara terdapat satu restoran yang mempunyai loteng. Lotengnya penuh dengan para istri yang telah menunggu lama di sana untuk melihat suaminya—*meski hanya sekejap mata*—saat diangkut pergi.

Istri saya juga berada di antara mereka yang meneteskan air mata. Tetapi saya tidak sempat melihatnya, sebab dengan berbaris lima-lima harus segera naik ke atas truk dan saya mendapat tempat di tengah, tempat saya duduk di atas bungkusan selimut dan sedikit pakaian yang saya bawa, sementara istri saya pun tidak bisa melihat saya karena dari empat penjuru saya terkurung kawan-kawan.

Di dalam cerita-cerita *interneering* orang Tionghoa, wanita-wanita Tionghoa memegang peran yang harus dihargai. Ketika tersiar kabar bahwa kami akan dipindahkan, banyak istri-istri yang tidak peduli lagi rasa letih—*dan bahaya*—untuk bergadang di depan pintu penjara sampai lewat tengah malam. Sebagian malah pulang jam 2 pagi.

Hari kami dipindahkan, saat sebagian waktunya langit masih gelap, sudah berjaga-jaga di sepanjang jalan dari penjara Bukit Duri ke stasiun Manggarai, yang dengan satu dan lain cara mencari tahu lewat mana kami akan dibawa. Bangsa Tionghoa boleh merasa bangga dengan sikap istri orang-orang *interniran* Tionghoa umumnya.

Setelah kami masuk ke dalam truk, dua orang polisi dengan pistol di tangan siap menarik pelatuk melompat naik dan berdiri di kedua sisi, di papan.

Truk bergerak dan membawa kami menjauh dari Bukit Duri. Jalanan dari sini sampai stasiun Manggarai di beberapa bagian penuh dengan orang: ibu-ibu dan istri-istri yang saling berkabar berangkatnya orang-orang *interniran*, anak-anak yang mernjulurkan leher untuk melihat sang ayah, penonton-penonton...

Di staisun Manggarai kami diturunkan di samping sebelah kanan, juga dengan berbaris lima-lima, kami digiring ke dalam.

Ketika baru turun dari truk, saya lihat di stasiun terdapat 2 kereta kelas 3 yang penuh dengan orang perempuan. Ada yang memakai rok dan ada yang mengusap air mata. Ternyata mereka adalah istri-istri orang kulit-putih yang di *interneerd* dan seperti kami sedang diangkut. Kami sendiri dimasukkan ke dalam gerbong kelas 3 yang digandeng dengan gerbong mereka.

Gerbong-gerbong yang disediakan untuk kami ada tiga gerbong, jendelanya semua ditutup. Tak perlu diceritakan lagi bagaimana panasnya yang kami rasakan selama menunggu.

Di dalam kereta api, kami diberi nasi sebungkus berisi telur separuh dan lain-lain.

Sesudah menunggu lama, kira-kira pukul 12 atau lewat, kereta berangkat. Setiap gerbong dijaga polisi dan satu orang Jepang di kedua pintu. Di gerbong saya ada inspektur polisi Cabin Yoe. Saya beruntung karena orang Jepang yang menjaga gerbong kami baik hati. Dia mengizinkan jendela-jendela dibuka kalau kereta sedang melaju. Hanya saat mendekati stasiun di tempat kereta akan berhenti, jendela harus ditutup lagi. Dengan begitu selama perjalanan orang-orang di dalam gerbong saya tidak kepanasan.

Kereta melintasi jalur Mampang dan Karet. Tak lama kemudian kami sampai di stasiun Tanah-Abang.

"Mana untuk Tangerang, mana untuk Serang?" saya mendengar pegawai kereta api di Tanah-Abang yang harus memutuskan sambungan gerbong bertanya. Istri-istri kulit-putih di bawa ke Tangerang, jadi kami sudah pasti ke Serang!

Kini gerbong saya terletak paling belakang, hingga saya bebas melihat keluar lewat pintu kalau pintu dibuka, tapi di stasiun Tanah-Abang ini ditutup karena peraturan keamanan. Di sini pun telah banyak anggota keluaga kami yang menunggu, yang setelah kami berangkat dari Bukit Duri dengan terbirit-birit memburu ke Tanah-Abang. Kami tidak boleh melihat mereka, sebagaimana mereka tidak boleh melihat kami. Di stasiun ini kami boleh minta air minum.

Kira-kira pukul 2, kereta kami berangkat.

Segera setelah kereta berangkat, kami boleh membuka jendela lagi.

Tak lama kemudian kami melewati halte Paal-Merah. Di sini berkerumun banyak orang. Orang Paal-Merah yang ditawan memang lebih dari 10.

Di halte Kebajoran seperti di halte Paal-Merah. Dari tempat ini pun di-*interneerd* sejumlah orang, maka keruan saja di sini banyak orang menunggu kereta orang interniran lewat.

Kereta terus berjalan.

Sawah, kebun, sawah. Sungai dengan air menguning. Sementara di Bukit Duri: tembok, batu kerikil tajam yang membikin umur sepasang sandal bakiak baru paling lama 2 minggu, batu kerikil tajam, tembok. Di tengah-tengah alam yang luas dan hijau, biarpun hanya untuk sekian jam saja, sungguh menyegarkan jiwa!

Saya teringat kepada Bukit Duri. Teringat pada kehidupan di sana selama 501 hari. Teringat bagaimana kami saling mencukur rambut, dengan alat cukur yang dibeli perlumpulan kami yang harus diserahkan ke kantor kalau sedang tidak dipakai, seperti juga tang catut. Teringat bagaimana orang di sana bertaruh sampai 500 rupiah, apakah sebatang pohon yang masih kecil adalah pohon ceri atau bukan, teringat betapa lucunya penampakan Tuan Kam Seng Kok memberi pelajaran Bahasa Tionghoa kepada Tuan Phoa Kian Sioe, Keduanya nongkrong di atas bangku panjang dan Tuan Kam dengan sebelah lengan baju digulung yang di belakangnya bersulamkan 2 anak-anak seperti *"tong-lam-lie"*.

Herannya, sesudah saya pergi, pengalaman pahit di Bukit Duri yang harus saya tinggalkan hilang dan yang rasakan hanyalah harunya sebuah perpisahan.

Ketika saya melongok ke depan, tepat saat kereta sedang menikung.

Sungguh panjang kereta kami! Di depan tiga gerbong yang memuat "penghuni Bukit Duri masih banyak gerbong lain! Waktu itu saya tidak berpikir siapa penumpang-penumpang dari gerbong-gerbong lain.

Di sebuah halte kereta berhenti. Tukang gerbong saya ditanya oleh salah satu temannya, ke mana dia mau pergi. Jawabnya, "Ke Serang."

Lokomotif kembali berjalan. Di Rangkasbitung kereta berhenti sebentar, lalu kembali melaju.

Dan sang matahari semakin rendah bergulir ke Barat...

Bagian II.

SERANG

(9 September 1943 - 15 Februari 1944)

1. Tiba

Kereta berhenti. Stasiun Serang! Kami harus turun.

Karena gerbong saya yang paling belakang, rombongan saya turun paling terakhir. Kami dibariskan lima-lima di peron. Jam di stasiun menunjukkan pukul 4 lewat.

Di peron sudah menunggu beberapa orang Jepang dari Kenpei. Begitu juga di luar stasiun, dan juga beberapa orang polisi Indonesia. Beberapa truk dan mobil van sudah disediakan.

Di salah satu rumah di seberang stasiun yang awalnya terdengar ramai dengan suara orang mendadak sunyi. Beberapa orang tampak di warung kopi di seberang stasiun yang duduk berbalik membelakangi jalan raya. Jelas mereka mendapat perintah untuk berbuat demikian. Beberapa orang yang sedang berjalan di depan stasiun diusir pergi oleh polisi.

Pengangkutan dimulai.

Gerbong-gerbong di sebelah depan ternyata membawa orang-orang interniran Tionghoa juga! Mereka adalah yang telah disekap di tempat-tempat lain di pulau Jawa. Kereta api yang membawa kami bukanlah kereta api biasa, melainkan disambungkan dengan gerbong-gerbong orang *interniran*. Kereta api istimewa yang dibuat di Manggarai untuk orang *interniran* dan barang-barang mereka.

Akhirnya sampai juga giliran saya dibawa dengan mobil van yang diisi sekali jalan 20 orang. Saya jadi tidak bisa melihat keadaan di sepanjang perjalanan.

Tak lama kemudian mobil berhenti. Saya melompat turun. Di pinggir jalan, di seberang, banyak orang menonton. Saya menatap "gedung" yang selanjutnya akan menjadi tempat tinggal kami. Benar-benar penjara lagi! Penjara Serang!

Di antara "penonton" di Serang, terdapat juga istri dan sanak keluarga beberapa anggota rombongan Bukit Duri, yang demi dapat menengok suami dan keluarga yang tercinta telah berangkat terlebih dahulu dengan kereta api ke Serang untuk berjaga-jaga mereka lewat di pinggir jalan raya kota ini.

Saat sedang digiring masuk, seragam pegawai penjara Serang menarik perhatian saya. Di Bukit Duri, sipir memakai seragam penjara biasa, tapi di Serang sipir-sipir memakai seragam militer Jepang.

Sesudah melalui pintu masuk, kami tiba di sebuah pekarangan yang diapit dua kamar dan seberang-menyeberang dengan pintu masuk terdapat satu pintu lain yang besar dan tinggi terbuat dari kayu. Melalui pintu itu, kami dibawa ke satu pekarangan dalam yang di tengah-tengahnya ada sumur besar dengan dua tiang tembok untuk kerekan timba, yang dari jauh sudah kelihatan. Di kanan dan kiri terletak pintu kedua kamar yang mengapit, di sampingnya satu tembok yang saling berhadapan ada satu pintu kecil untuk orang bisa sampai di ruangan-ruangan di belakang tembok tersebut. Di sisi lain pekarangan dalam yang menghadap keluar, terdapat 3 buah kamar. Di pojok sebelah kanan, di depannya terdapat satu kamar, memanjang sampai di dekat pintu di tembok kanan satu bak air. Panjangnya kira-kira 4 meter dengan lebar kira-kira 2 meter.

Di sebelah kiri pekarangan dalam duduk beberapa orang Jepang. Salah satunya adalah Tuan Fukusaki yang 2 bulan sebelumnya masih menjadi komandan Bukit Duri.

Kami disuruh jongkok dengan berkumpul menurut tempat kami berasal, yaitu menurut masing masing "syu", sebagaimana kata orang Jepang. Kami diberitahu bahwa yang masih memegang uang bisa menyerahkannya pada saat itu tanpa dihukum. Uang kami memang dititipkan pada administrasi penjara dan dikirim ke Serang untuk diserahkan pada pembesar penjara di sini bersama-sama kami. Kesempatan menyerahkan uang ini digunakan oleh beberapa orang.

Saya melihat pada serombongan orang dari tempat lain yang berjongkok dekat sumur. Saat itu saya mengenali Tuan The Goan Tjoan dari Bandoeng dan kemudian Tuan Tan Tek Ho, seorang kolega dari kota pegunungan itu juga.

Ada satu orang yang sangat menarik perhatian saya. Badannya tinggi besar, memakai baju lengan pendek putih, celana kutung putih dan bakiak, sementara kepalanya gundul. Sebagai mana sipir penjara berseragam, dia juga sibuk "menyambut". *Apakah dia adalah seorang anggota sipir penjara?* Saya bertanya dalam hati. Dia kelihatan seperti orang Tionghoa tapi tidak memakai pakaian orang tahanan! Belakangan baru saya tahu, dia seorang *interniran* juga yang bernama Tuan Liem Sie Hian dari Tegal.

Dari belakang lubang-lubang pada bagian atas tembok pembatas kiri pekarangan dalam mengintip banyak wajah. Seorang sipir penjara berjalan ke arah tersebut dan mengusir mereka.

Rombongan Bukit Duri dibagi menjadi tiga kelompok. Masing-masing kelompok mempunyai pemimpin yang belakangan menjadi "kepala kamar". Sebagai pemimpin ditunjuk Dr. Kwa Tjoan Sioe, Tuan Liem Iwie Giap dan Tuan Tan Tjong Lim. Kelompok Tuan Liem dan Tan terdiri dari 50 orang, dan sisanya sebanyak 42 orang termasuk saya dalam kelompok Dr. Kwa.

Bungkusan yang kami bawa harus ditinggalkan dan tubuh kami digeledah sebelum kami ditempatkan.

Mendadak Tuan Tan Hin Hie jatuh pingsan lantaran kecapaian dan panasnya udara selama perjalanan. Dr. Kwa dengan segera memberikan pertolongan. Begitulah, kami berjalan dengan Tuan Tan Hie Hie digotong masuk ke dalam.

Kami digiring melewati pintu tembok kanan. Di belakangnya terdapat gang, tempat pintu-pintu ruangan berada. Kami harus belok ke kiri. Pintu berjeruji dari salah satu ruangan dibuka. Kita masuk, dan pintu dibanting....

Cuaca remang-remang. Lampu listrik di dalam ruangan telah dihidupkan.

Ketika masih berdiri di depan pintu besi selagi dibuka. Saya tengok di sebelah kiri dan kanan dalam ruangan tersebut terdapat semacam rak papan. Setelah berada di dalam, ternyata "rak" itu ada di sebelah atas tangga semen tempat tidur. Di tengah-tengah, saling berseberangan terdapat tangga tanpa pegangan untuk orang naik ke atas. Ternyata "rak" papan tersebut adalah "loteng" atau "tingkat kedua" di dalam ruangan yang disediakan untuk orang tidur!

Menurut besarnya pembaringan semen, ruangan itu hanya bisa menampung 20 orang lebih, tapi sekarang diisi 50 orang. Supaya bisa ada tempat lagi, maka dibuatlah "loteng" tersebut yang tingginya kira-kira 2 meter dari lantai.

Kami ke atas "loteng" dan mencari tempat. Ada yang lebih suka tidur di "kolong", yaitu pembaringan semen. Ada yang lebih tertarik dengan "loteng".

Tidur di bawah lebih gampang, tapi karena di atasnya ada loteng, maka menjadi pengap dan gelap, dan selain itu orang gampang terkena rematik. Tidur di atas lebih segar, tapi lebih berabe dibandingkan dengan di bawah. Saya tidak kebagian tempat di atas dan harus puas dengan tempat tidur di bawah.

Salah satu dari dua tangga pembaringan tidak

sampai ke tembok pintu, hingga ada satu bagian kosong yang lebarnya 1 meter lebih. Di sini ditaruh tong air untuk kami minum dan satu tangki besar untuk keperluan malam. Di sini pun, di salah satu pojokan tempat tidur semen diletakkan perabotan keperluan makan. Kami masing-masing mengambil 1 stel yang terdiri dari 1 piring, 1 mangkuk dan 1 cangkir kaleng.

Sewaktu di Bukit Duri saat kami masuk, kami mendapatkan antara lain 1 tikar dan 1 bantal kecil dari merang. Di Serang dalam ruangan tersebut cuma ada sejumlah tikar yang cukup untuk kami semua, hingga kami mengambil keputusan tikar dipakai oleh orang-orang yang tidur di "kolong".

Tidak ada bantal.

Dalam ruangan sudah ada 5 orang: 1 dari Batu, Tuan Tan Ping Tjiat, *wijkmeesters*[55], 1 dari Lumajang dan 3 dari Madura, hingga isi ruangan menjadi 47 orang.

Tak lama kemudian pintu dibuka. Kami disuruh mengambil makanan di dapur. Untuk itu, kami harus keluar sampai di bagian kiri dari dapur. Dan untuk itu lagi, kami harus keluar sampai di bagian kiri pekarangan depan.

Di sini sejumlah orang-orang Tionghoa berbaris

---

[55] Wijkmeesters/bek dalam birokrasi pemerintahan menduduki posisi yang paling bawah, yang mempunyai tugas untuk menarik pajak, menjaga keamanan dan ketertiban serta-kebersihan wilayahnya.

menunggu, yang menyendokkan nasi ke dalam piring yang kami bawa, memberikan sayur pada nasi kami, menuang sup ke dalam mangkuk kami.

"Jangan malu-malu, saudara. Kalau kurang mintalah lagi," satu satu dari mereka berkata pada kami.

Hati kami menjadi hangat mendengar kata-katanya itu, yang memang sedang letih dan lapar. Dengan membawa makanan kami kembali ke dalam ruangan.

Cuaca sudah gelap. Di bawah sorotan lampu yang tidak begitu terang, saya makan dengan merasakan sayurnya yang teramat lezat. Saya tidak bisa melihat jelas sayur enak apa yang saya dapat. Makanan itu pun dimasak oleh orang Tionghoa.

Tentu saja pintu jeruji besi sudah dikunci kembali.

Tidak lama kemudian kami dihitung–oleh Tuan Liem Sie Hian dengan didampingi oleh salah satu sipir. Untuk itu, "orang-orang bawah" harus berdiri dengan sikap hormat, sementara orang atas boleh duduk bersila di pinggir papan.

Saya mengamati dengan lebih teliti tempat tinggal baru kami.

Di tengah-tengah di antara dua tangga tempat tidur terdapat lorong yang lebarnya hanya 1 meter, cukup untuk 2 orang saling berpapasan. Di tangga semen tersebut, di kolong papan tingkat, orang hanya bisa duduk, tidak bisa berdiri. Lantai terbuat semen, sementara sel-sel di Bukit Duri dari ubin.

Plafon melengkung. Ada 3 lobang ventilasi persis di tengah-tengah lorong. Di langit-langit terdapat satu lampu listrik.

Pintunya terbuat dari jeruji besi, tempat kami bisa melihat ke luar menembus ke gang sepanjang tembok yang memisahkan ruangan dengan pekarangan dalam. Kalau dari dalam kami memandang keluar, pandangan kami membentur tembok ini. Pintu besi di Bukit Duri ada lebih kuat dan lebih "bagus".

Di atas pintu terdapat jendela. Berhadapan dengannya, di tembok belakang pun ada jendela. Kalau saya berdiri di dekat pintu dan memandang ke belakang, langit-langit yang melengkung dan jendela yang bagian atasnya juga melengkung, membuat saya merasa seolah-olah sedang berada di dalam gereja.

Tapi ketika kami baru dijebloskan ke situ dan yang kelihatan cuma "rak" papan dan lorong sempit.

Oh..., seram!

Kemudian saya tidur dengan memakai setelan jas sebagai bantal. Beruntung gangguan nyamuk tidak ada.

Di luar, rembulan 10 Peh Gwee melanjutkan perjalanannya dan tak lupa mengintip ruangan kami dari jendela di atas pintu....

2. Hari-Hari Pertama

Cuaca masih gelap dan sinar lampu listrik masih berkuasa penuh di dalam kamar ketika keesokan paginya kami mendengar suara anak kunci berputar di dalam slot dan kami boleh keluar. Inilah untuk pertama kali sejak 1 tahun 4 bulan lebih saya keluar pagi-pagi saat hari masih gelap saat di sana-sini lampu listrik masih menyala. Lampu yang bersinar di tengah suasana gelap di empat penjuru terlihat alangkah indahnya.

Kami tidak dihitung lagi.

Dengan membawa cangkir, saya keluar untuk berkumur-kumur dan menyikat gigi. Air bisa didapatkan di keran air leding satu-satunya di dalam penjara tersebut, adanya di sebelah kiri pintu masuk, di dapur.

Di gang sempit antara barisan kamar-kamar kami dan tembok pemisah pekarangan dalam, ramai orang keluar masuk. Pekarangan dalam pun penuh orang yang bersikat gigi dan yang mengobrol dengan membentuk kelompok besar dan kecil. Di bawah cahaya lampu, waktu itu kira-kira pukul 5 lewat, pekarangan dalam dengan sekian banyak orang memberikan pemandangan layaknya satu pasar saat menjelang fajar.

Saya menuju ke halaman depan. Di sini, sebab

terlarang, tidak begitu banyak orang. Orang yang bekerja di dapur sudah sibuk.

Tak lama kemudian cuaca menjadi terang. Kami disuruh mengambil kopi dan kue sebagai sarapan pagi kami.

Dengan membawa cangkir, kami pergi ke dapur melalui jalan seperti kemarin: setelah sampai di pekarangan dalam, kami masuk dari pintu tembok kiri ke dalam gang antar ruangan sebelah kiri dan tembok, keluar ke sebelah halaman depan, melewati dapur, menerima kue bika ambon sebiji, mendatangi drum kopi di tengah-tengah pekarangan depan, mendapatkan kopi, melewati pintu sampai ke halaman dalam, masuk ke pintu tembok kanan, berjalan di gang antara tembok dan deretan kamar-kamar dan sesudah melakukan perjalanan panjang dan berliku yang membuat pekarangan dalam terlihat dua baris antrean pergi dan antrean pulang, kami sampai di ruangan kami, tempat kami merayap masuk ke kolong papan atau merambat naik ke atas "loteng" untuk minum kopi.

Beberapa orang membersihkan tong malam.

Kepala-kepala kamar ketika itu dipanggil ke pekarangan depan, dan di sini bungkusan kami diperiksa oleh Komandan Ouimura, Komandan No. 2 Fukusaki, dan sipir penjara. Karena tidak semua orang boleh pergi ke sini, oleh masing-masing kamar ditunjuk beberapa orang untuk bersama kepala kamar menerima barang-barang dan kasur-kasur, membawanya ke dalam kamar dan menyerahkannya ke pemiliknya. Semua kaleng biskuit, kaleng mentega, dan lain-lain, yang menjadi "lemari" penyimpanan kami, ditahan dan isinya dituang ke dalam selimut kami atau lainnya. Tidak heran banyak barang yang hilang. Pekerjaan ini menghabiskan waktu lebih dari setengah hari.

Sesudah mendapatkan barang kami, kami menengok kawan senasib dari lain-lain tempat. Saat itu orang-orang berkumpul tidak jauh dari kamar masing-masing. Dekat pintu kamar saya berdiri dua orang. Saya datangi mereka dan berkenalan. Mereka adalah Tuan Yap Wie Hing dari Blitar dan Tuan The Ping Boen dari Kediri, penghuni dari kamar pojok di sebelah kamar saya.

Kemudian saya bertemu dengan ... Tuan Pang In Liong dari Bandung! Sulit untuk dilukiskan bagaimana perasaan saya saat itu. Tuan Pang, seorang sahabat dan sanak saya adalah salah satu tamu di rumah saya pada hari Minggu 26 April 1942. Tamu yang menyaksikan tuan rumah di-"bawa" Jepang dan sang tuan harus meninggalkan tamunya, bertemu pula di penjara Serang!

Saya tidak tahu apakah saya harus senang atau bersedih. Senang karena bertemu dengannya, sedih karena dia juga mengalami nasib seperti saya.

Lebih jauh lagi, saya bertemu Tuan Lie Fet Lin dari Serang, dengan siapa saya pernah sekelas di sekolah rendah dan yang saya tidak menyangka akan bertemu di dalam penjara! Saya bertemu Tuan Lauw Tek Siang, Ketua Tiong Hoa Hwee Koan di Garut, dan adiknya, Tuan Lauw Tek Hay, ketua Tjin Tjay Hwee di kota itu. Saya sudah mendengar mereka ditangkap ketika saya masih di luar. Mereka "dijemput" pada tanggal 14 April 1942, 12 hari lebih dulu dari saya.

Yang juga sama sekali tidak saya duga akan bertemu adalah Tuan Ong Tjiang Kie dari Jakarta. Saat masih di Bukit Duri saya sudah mendengar dia ditangkap karena tersangkut perkara organisasi penjagaan keamanan. Dia ditangkap dengan tuduhan-tuduhan telah melakukan pelanggaran yang kasusnya berbeda dengan kami hingga ditahan. Maka saya tidak mengira akan bertemu lagi dengannya. Yang serupa dengan Tuan Ong Tjiang Kie adalah seorang pendeta dari Cicurug, Tuan Tjoa Tek Swat. Ketika ditahan di dalam penjara Bogor, kedua orang ini disekap bersama-sama 20 lebih tahanan Tionghoa dari Bogor, Sukabumi dan Cianjur. Bersama-sama mereka kemarin diangkut ke Serang sehingga tiba berbarengan dengan kami di tempat ini. Perbedaan kasus ini kemudian disadari oleh pembesar Jepang, sebab beberapa hari kemudian sore hari datang Kenpei, dan Tuan Ong Tjiang Kie dan Tjoa Tek Swat dibawa pergi lagi.

Dari Tuan Ong Tjiang Kie dan Tuan Pang In Liong dan yang ditangkap beberapa bulan sesudah saya, saya mendengar untuk pertama kalinya apa yang telah terjadi di rumah sesudah saya ditangkap. Keluarga saya selamat, ini yang terpenting. Kabar pertama bahwa keluarga saya tidak kurang suatu apa telah disampaikan kepada saya oleh Tuan Phoa Kian Sioe sewaktu dia masuk ke Bukit Duri, 40 hari sesudah saya. Kabar dari Tuan Ong dan Tuan Pang dalam rentang waktu yang lebih panjang.

Belakangan, di Serang, Tuan Lie Tjoe Tjay (Pekalongan) pun melegakan saya dengan kabar bahwa dia telah bertemu dengan istri saya yang menuntun seorang anak lelaki yang baru bisa berjalan di kantor pembesar Jepang di Gambir dan keluarga saya selamat. Tak perlu dikatakan lagi rasa terima kasih saya kepada mereka ini.

Di Bukit Duri, kami memang sudah boleh menulis kartu pos ke rumah, tapi kami mengerti untuk pertanyaan kami, tidak ada jawaban lain selain "semua selamat." Persis sebagaimana kami juga mengabarkan "saya sehat dan tidak kurang apa-apa," meskipun saat menulis itu kami sedang tergeletak tak berdaya lantaran sakit.

Tengah hari kami dipanggil untuk mengambil nasi. Makan siang terdiri dari satu piring nasi, sedikit sayur dan semangkuk sup. Kembali tercipta antrean panjang yang keluar masuk gang sampai akhirnya bubar dengan sendirinya untuk turut ambil bagian masuk ke kamar masing-masing.

Sore kira-kira pukul 5, sesudah mandi, kembali kami harus mengantre keluar masuk gang dan melewati sumur dua kali untuk mengambil makanan.

Kami mendapat 1 piring nasi, sayur yang berbeda dari yang tadi siang, dan 1 mangkuk sup. Makanannya lebih enak dari yang kami dapat di Bukit Duri.

Satu masalah yang juga penting bagi kami adalah: bagaimana kami harus buang air.

Berbeda dengan Bukit Duri, di Serang, tempat tawanan yang masuk kira-kira sama banyak, seperti tidak ada kakus biarpun satu saja!

Ya, ada juga! Di salah satu pojok pekarangan dalam, di kiri belakang, ada got dikurung tembok rendah. Tidak bisa lain itu dimaksudkan untuk orang jongkok untuk melepas hajatnya. Tapi itu hanya ada untuk satu orang saja!

Demikianlah, tidak ada jalan lain selain buang air di got sepanjang kedua tembok pekarangan dalam, di got di sebelah dalam tembok kanan dan di got dekat dapur. Berderet-deret, yang satu di sebelah yang lain, pagi dan sore di sini penuh dengan manusia.

Untuk mandi dan buang air orang perlu kaleng. Di Serang hari itu kaleng-kaleng kami disita. Beruntung kaleng beberapa orang tidak turut ditahan, sementara beberapa orang sudah berhasil meminta kembali kaleng milik mereka. Pada merekalah kami meminjam kaleng. Tidak usah dibilang lagi, kaleng mandi dan kaleng keperluan lain ... cukup satu saja!

Bagi saya sedikitnya masih menjadi hiburan. Semalam saya masih mendengar orang berkata, lantaran tidak ada kakus orang harus buang air dengan jongkok di atas tong kotoran yang disediakan di dalam kamar, siang dan malam. Hal ini sebelumnya sudah membuat saya amat jengkel. Selama hampir satu setengah tahun di Bukit Duri, saya telah biasa mengatur kebutuhan itu sedemikian rupa hanya di sore hari, sehingga saya tidak pernah harus menggunakan tong malam. Bisa mengerti betapa girang hati saya diperkenankan melakukan keperluan itu di luar kamar biarpun dengan cara yang ideal: buang air di depan umum!

Di depan mata saya masih terbayang nyata hari Jumat, 10 September 1943 keesokan hari setelah kami sampai. Ramai, ramai, ramai. Ramai di halaman dalam dengan orang-orang yang menunggu barangnya. Di gang kiri dan gang kanan di belakang tembok pembatas dengan orang-orang yang wara-wiri. Di dalam kamar dengan orang-orang yang sibuk menerima barang atau berbenah.

Suara berisik di empat penjuru. Berisik karena begitu banyak orang berbicara berbarengan. Berisik karena yang satu berteriak pada yang lain, dan orang harus berteriak, sebab kalau tidak suaranya niscaya lenyap dalam lautan yang mengaung...

Betapa jantung kami berdebar pada hari itu!

Begitu banyak kawan-kawan senasib dari berbagai tempat di pulau Jawa, malahan juga dari Madura. *Apakah ada teman-teman kami di antara mereka? Pengalaman apakah yang mereka telah peroleh?*

Pada hari itu banyak orang mencari teman.

Segera kami menemukan di antara kawan- kawan

kami yang baru seorang dokter, yaitu Dr. Kwee Tat Tjhong yang berasal dari Semarang dan ditangkap di Magelang.

Belakangan kami menemukan lagi satu dokter Tionghoa lainnya di lautan manusia di Serang: Dr. Oei Swie Poen dari Bandung.

Selain mencari dan bertemu sobat-sobat lama, pada hari itu, setelah sempat sedikit orang berkenalan dengan kawan-kawan senasib dari tempat lain, yang sebagian besar telah di-*interneerd* lantaran menjadi anggota Tjoe Sian Hwee, Tjin Tjay Hwee atau Fonds Amal Tiongkok, sementara beberapa lagi ditahan karena ikut *Algemeene Vernielings Corps* (AVC)[56].

Hari itu memberikan cukup banyak sensasi yang membuat kami seperti hidup dalam mimpi! Jalan ke sana bertabrakan dengan orang Anyer, ngobrol di sini dapat berbicara dengan orang Semarang, bercampur di rombongan ini lantas ada di tengah-tengah orang Bandung, nimbrung di lain grup berhadapan dengan orang Cirebon, berkenal dengan satu orang yang ternyata datang dari Bondowoso, berpapasan dengan orang lain lagi kiranya kami berhadapan dengan seorang prajurit dari Bogor, Cianjur, Batu, Tuban, Kudus, Yogya, Wonosobo, Kebumen, Kediri, Banyuwangi dan lain-lain lagi! Penjara Serang bagi

---

[56] Algemene Vernielengs Corps (AVC) adalah pasukan perusak umum yang ditugaskan untuk menjalankan politik bumi hangus bila Tentara Jepang datang (ke Banjarmasin) pada Perang Dunia II.

saya saat itu seperti satu "gudang manusia" besar yang isinya masih belum beres pengaturannya. Kamu hanya perlu menetapkan "orang apa", yaitu, "orang Banjarsari", "orang Pekalongan", "orang Babat", "orang Ngunut", "orang Besuki" atau yang lain yang kita inginkan, dan kita boleh "menggulung lengan baju"... eh, bukan, tapi menggerakkan langkah untuk mencarinya di tumpukan dan susunan manusia dan kita mendapatkan apa yang kita cari!

Setelah makan sore, isi seluruh kamar seperti ditumpahkan menjadi satu ke pekarangan dalam dengan sumur, yang kerekan timbanya dipanggul dua tiang tembok yang menjulang naik di atas pundak dan kepala lautan manusia. Pekarangan memang tidak seberapa besar, hingga menjadi sesak dengan begitu banyak manusia. Tidak bisa disangkal lagi, pekarangan itu terlalu kecil untuk sekian banyak orang! Dan itu juga masih semua orang keluar dari kamar. Biasanya orang keluar kamar dengan tujuan menghirup udara segar. Tetapi di pekarangan dalam jangan harapkan mendapat udara segar. Yang ada hanyalah debu, dan ini tidak perlu dihirup lagi, karena meski tidak diundang sudah menyerobot masuk ke dalam tenggorokan.

Orang berkumpul di pekarangan dengan berkelompok-kelompok. Ramainya seperti di sebuah pasar malam! Suara orang-orang begitu berisik dan ribut, sehingga kalau berada di situ orang yang hendak berbicara harus mengencangkan urat leher dan bersuara dengan setengah berteriak. Kalau tidak, suaranya tidak akan kedengaran!

Suara bergaung itu seharusnya bisa terdengar oleh orang luar yang akan merasakan seperti sedang berada di dekat sarang tawon yang disodok!

Malam itu kami bisa tidur dalam keadaan yang lebih baik, sebab yang memiliki kasur sudah menerima kasurnya dan yang tidur di atas selimut pun sudah mendapatkan punyanya.

Tapi jangan dibayangkan bahwa keadaan seperti dalam bangsal-bangsal lain, seperti di rumah sakit, yang meskipun tidur beberapa orang masih cukup lega dan orang bisa tidur dan berjalan dengan leluasa. Orang harus tidur berdesak-desakan sedemikian rupa, hingga banyak kasur saling berhimpitan. Dalam keadaan paling baik antara dua kasur hanya ada jarak kosong 10 cm. Tidak heran, kalau malam ada orang berbalik memakai selimut, ketika menarik selimut terlalu keras orang sering kena "sabet" selimut tetangga. Kadang hawa napas saling beradu.

Di "loteng", kalau kasur sudah digelar, yang pada siang hari digulung, hanya menyisakan untuk orang lewat kalau hendak menuju tangga. Saya sungguh khawatir nanti akan ada "orang atas" yang terpeleset dan jatuh terpelanting ke bawah!

Malam itu telinga saya menangkap suara gemericik air. Saya menyangka turun hujan. Ternyata itu adalah suara air selokan dari luar yang melimpah untuk bisa melewati lubang saringan ke dalam bak dan tumpah ke got, justru di depan pintu kamar saya. Suara gemericik air di waktu malam menjadi penawar bagi saya ketika hati terasa datar. Air yang mengalir mencari tempat yang lebih lebar seolah-olah turut mengajak jiwa saya ke satu tempat luas yang tidak dibatasi oleh empat dinding...

Pintu ditutup pukul 8.30 dan kembali dihitung Tuan Liem Sie Hian dengan disaksikan seorang sipir penjara.

Pada hari-hari berikutnya, beberapa hal yang masih gelap bagi saya menjadi jelas.

Ternyata sebelum kami sampai dengan kereta api istimewa pada tanggal 9 September bersama-sama tawanan Tionghoa dari beberapa kota-kota lain di Pulau Jawa dan Madura, pada 3 September, 6 hari lebih dulu, di Serang sudah sampai satu rombongan lain, besarnya lebih dari 100 orang. Tawanan-tawanan ini berasal dari tempat-tempat di utara pulau Jawa, seperti Cirebon, Tegal, Pemalang, Pekalongan, Banjarsari, Limpung, Juwana, Demak, Semarang, Kudus, Bojonegoro, Babat, Lamongan dan lain-lain.

Sebelumnya di penjara Serang selama 10 bulan sudah ada tahanan 10 interniran Tionghoa dari seputaran Banten[57] di dalam 2 kamar yang mengapit jalanan yang menghubungkan pekarangan depan dengan pekarangan dalam, yaitu kamar 27 dan 28. Sebelum kami sampai, mereka dikurung terus

[57] Dahulu disebut Bantam

menerus dan satu hari hanya dikeluarkan 2 kali untuk mandi, tapi boleh menerima makanan dari luar.

Rombongan tawanan 3 September yang ditempatkan di bangsal 3 dan 4 sebelah kiri, begitu sampai langsung dikurung. Pada hari pertama mereka mendapat makanan penjara berupa masakan narapidana yang memang ada beberapa di penjara Serang.

Kemudian urusan dapur diserahkan kepada mereka. Dari mereka dipilih sejumlah orang untuk memasak.

Sebagai kepala para tawanan itu kemudian dipilih Tuan Liem Sie Hian. Itulah sebabnya dia yang menyambut kami dan kawan-kawan senasib dari kota lain-lain saat kami sampai.

Jumlah orang tawanan begitu besar sehingga penjara Serang tidak muat. Maka orang-orang dari Surabaya dan sekitarnya dan beberapa tempat di Jawa Timur dan Madura dimasukkan ke dalam bengkel workshop penjara, hingga mereka terpisah dari kami. Jumlah mereka kira-kira 70 orang dan mereka kami sebut "orang Afdeeling Soerabaja".

Belakangan di "Afdeeling Soerabaja" saya bertemu dengan ... Tuan Go Tiauw Goan, redaktur kepala pengganti *Sin Po – Melajoe.* Dia yang memang berasal dari Kediri, ditangkap di sana dan dimasukkan di tempat interneering Ngawi, hingga terpisah dari teman-temannya dan di Serang masuk ke "Afdeeling Soerabaja". Di sini juga terdapat seorang dokter

Tionghoa, dr. Theng Sioe Hie dari Surabaya, begitu juga seorang pengacara Tionghoa, Mr. Oei Jong Tjioe (Surabaya), dan satu insinyur Tionghoa, Ir. Loa Wan Kiong (Bondowoso).

Pada awal keberadaan kami di Serang, setiap hari kami bisa membuat satu atau beberapa ... "penemuan"!

Kami semua seperti Columbus modern, asal mau membuka mata dan pasang telinga!

3. Arti Serang

Dengan 2 kali pengangkutan pada tanggal 3 dan 9 September 1943, maka semua tawanan Tionghoa di Pulau Jawa dan Madura dibawa ke Serang. Jumlah mereka 500 lebih, termasuk 6 orang dari Madura (Pamekasan, Sumenep dan Bangkalan).

Sebelum dipindahkan ke Serang, mereka ditahan di berbagai ibu kota, misalnya Bukit Duri ditahan orang-orang dari Jakarta, Tangerang, Kedunggede. Bekasi, Karawang, Rengasdengklok, Cikampek dan Purwakarta. Di Bandung orang-orang dari Bandung sendiri, Garut, Tasikmalaya dan Ciamis dan ditempatkan di dalam penjara Sukamiskin yang terkenal bagus keadaannya sebab memang menjadi penjara untuk kaum intelektual. Di Bogor tawanan dari Bogor sendiri, Sukabumi dan Cianjur. Di Semarang yang senasib kami dari Semarang sendiri. Di Ngawi orang-orang dari Surabaya, Malang dan lain-lain.

Serang berarti menjadi tempat pemusatan tawanan-tawanan Tionghoa dari seluruh pulau Jawa dan Madura.

Di dalam sejarah orang Tionghoa di Indonesia, mungkin juga di dalam sejarah pulau Jawa, kota Serang yang kecil itu belum pernah mendapat perhatian yang begitu besar seperti yang didapatkannya dengan tibanya kereta api istimewa pada pukul 4 sore tanggal 9 September 1943.

Serang! Perhatian seluruh orang Tionghoa di Pulau Jawa dan Madura tertuju ke kota ini.

Serang! Lebih dari pikiran 500 keluarga melayang ke sana!

Serang! Berapa banyak ibu-ibu yang membayang-bayangkan tempat ini dengan hati duka?

Serang! Menjadi incaran linangan air mata sekitar setengah dari seribu istri ke Barat!

Serang! "Kembalikan papa kami!" sekian banyak anak- anak meratap.

Serang menjadi penting dalam sejarah pergerakan Tionghoa di Nanyang. Dan tanpa sadar Jepang telah memberikan pada kota di pojok paling barat pulau Jawa satu kehormatan besar! Mana pernah terjadi di kota itu berkumpulnya begitu banyak pemimpin orang Tionghoa ternama dari seluruh pulau ini?

Sebuah konferensi pun saya rasa belum pernah dihadiri oleh begitu banyak utusan seperti yang terwakili di Serang.

Kota Jakarta mempunyai bagian yang paling besar, kira-kira 120 orang (di Bukit Duri ditahan 142 orang, di antaranya 20 lebih berasal dari luar kota). Di kota Jakarta, sesudah ditangkap tidak ada yang dilepas lagi, tidak seperti yang terjadi di beberapa tempat seperti Bandung. "Wakil-wakil" Priangan, tempat penangkapan pertama dilakukan pada 14 April 1942 ada yang sudah dilepas, ada yang ditangkap lagi, 49 orang. Surabaya, kota terbesar kedua di Pulau Jawa, ketika orang-orang ditangkap pada tanggal 15 Mei 1942, hanya 26 orang! Bintang-bintang pergerakan Tionghoa di Semarang, ketika penangkapan terakhir terjadi pada tanggal 20 Desember 1942, yang mendapat pemondokan dan makan gratis di Serang ada 26.

Dibandingkan dengan kota-kota tersebut, berdasarkan persentase jumlah penduduk, maka dari Kota Udang Cirebon yang paling besar orang yang "berlibur" di Serang, tidak kurang dari 53! Kabarnya di kota ini telah dilepas 26 orang yang ditahan sebelum tanggal 20. Tetapi sebagai gantinya ditangkap 26 orang lain lagi pada tanggal 20 Desember 1942, supaya jumlah tawanan kembali genap 353 orang.

Adanya perubahan tempat, meskipun jelek, selalu ada hal yang menarik. Dikurung dalam bangsal dibanding dengan dikunci dalam sel sempit seperti di Bukit Duri, saya rasa lebih "menyenangkan". Di Bukit Duri, begitu pintu sudah ditutup, orang boleh dibilang tidak bisa berkutik lagi. Tapi di kamar besar di Serang, biar pun dimasukkan orang terlalu banyak, setidaknya kami masih bisa jalan mondar-mandir di tengah-tengah lorong atau di pinggir loteng, ketika pintu sudah diselot. Selain itu, kami bisa tidur jauh dari tong malam, sementara di Bukit Duri, dengan tong malam kami bisa dikata tidur sebelah-menyebelah.

Tapi untuk rombongan Semarang, perubahan

karena pemindahan ke Serang seperti langit dan bumi.

Di Semarang, tawanan bukan ditahan di dalam penjara. Mereka ditahan di gedung Protestantsch Weeshuis yang luas bersama-sama sejumlah orang Amerika dan Inggris dan juga wanita kulit putih. Malam mereka tidak perlu mendengar bunyi pintu besi dihempas, dan mereka tidur di atas ranjang, di atas tempat tidur lipat.

Di sana, siang hari orang memakai setelan jas. Hanya memakai piama saja orang tidak berani menampakkan diri di luar. Coba bandingkan dengan Bukit Duri. Kami memakai baju kutung, celana pendek dan bakiak! Pakaian mereka dicuci dengan listrik, yang mereka bayar 10 sen per potong.

Makanan yang mereka dapat dari panti asuhan itu enak-enak dan lebih dari cukup! Tapi makanan ini boleh dibilang hampir tak mereka sentuh, sebab... masing-masing mendapat kiriman makanan dari rumah setiap hari sedikitnya 4-5 macam! Demikianlah mereka tiap-tiap hari makan nasi dengan sayur tidak kurang dari... 12 macam! Babi panggang tidak pernah ketinggalan! Setiap hari mereka berpesta!

Mereka bukan dijaga oleh polisi. Yang mengurus mereka bukan seorang administratur penjara, tapi seorang direktris panti asuhan, Nyonya M. van Baarsel. Dan bukan dengan bantuan opsir dan sipir penjara, hanya ... gadis-gadis kulit putih!

Sore hari sesudah bersantap, pemuda-pemuda

memancing lele di selokan yang mengalir di halaman panti asuhan dengan ditemani masing-masing seorang gadis!

Kunjungan untuk orang-orang *interniran* di Semarang pun bebas. Apa lagi saat Tahun Baru Cina, bukan main ramainya. "Resepsi" diadakan dari pagi-pagi sekali sampai malam hari. Antrean dan barisan sanak keluarga dan sobat-sobat mereka tidak ada putusnya!

Ketika mereka berangkat ke Serang, direktris rumah piatu mengizinkan mereka membawa kain layar ranjang lipat, piring dan mangkuk porselen, sendok, garpu, pisau dan lain-lain yang mereka suka.

"Manis budinya Nyonya van Baarsel membuat kami berterima kasih padanya," kata Tuan Oei Kie Hok dari Mataram.

Setibanya mereka di Serang pada tanggal 3 September 1943, mereka dijebloskan ke dalam satu kamar besar yang pintunya kemudian dikunci. Di waktu makan, pintu besi tidak dibuka dan makanan dimasukkan ke dalam melalui jeruji pintu besi oleh orang hukuman. Makanannya juga makanan penjara biasa.

"Banyak di antara kami yang tidak bisa makan pada hari-hari pertama," kata Tuan Tjan Gwan Soen dari Demak.

Orang-orang Semarang merasa seolah-olah mereka ditendang dari surga ke dalam neraka.

Di dalam tahanan di Semarang, Tuan Thio Thiam

Tjong sudah mendapatkan pengalaman yang mengejutkan. Pada suatu hari dia diperintahkan untuk menulis surat perpisahan untuk keluarganya!

Serang juga berarti bagi kami: masak sendiri.

Di Bukit Duri sudah pernah muncul usul masak sendiri. Di sini sudah ditanya-tanya, siapa yang bisa masak untuk diangkat menjadi koki. Tapi kesudahannya makanan tetap disediakan oleh leveransir.

Beberapa hari sesudah kedatangan pertama 3 September tiba, tawanan diatur untuk masak sendiri. Tapi saat itu, kecuali yang harus bekerja di dapur, yang lain tetap hanya dikeluarkan sehari dua kali, pagi dan sore untuk mandi.

Kemudian sampai kedatangan yang kedua dan penghabisan pada tanggal 9 September. Keesokannya semua tawanan boleh keluar, termasuk 10 orang *interniran* dari wilayah Banten. Hanya untuk mereka, termasuk kami mendapat akibat juga: mereka boleh keluar, tapi tidak diperkenankan menerima makanan tiap-tiap hari lagi dari rumah!

Dengan masak sendiri, makanan bisa diolah ke dalam berbagai rupa masakan yang lebih cocok dengan lidah kami.

Pada hari-hari kami masuk tidak mendapat cukup sayur—apa yang belakangan terkenal dengan sebutan "sup kuncup" dan di Cimahi naik pangkat menjadi "sup Serang" —yang terbuat dari air dan beberapa potong sayuran.

Pernah juga kekurangan beras dan sebagai ganti nasi kami mendapat bubur atau bihun.

Tapi beberapa kali dapur sudah berhasil menyuguhkan ... nasi goreng! Nasi goreng dengan daging dan bumbu yang tidak kalah enaknya dengan nasi goreng buatan restoran nomor satu di luar penjara!

Soal makanan kami umumnya tidak punya alasan untuk mengeluh.

Pagi kami mendapat kopi dengan satu kue bika ambon Serang yang manis. Ya, terlalu manis. Menurut giliran, kami kadang-kadang mendapat satu kue ekstra. Belakangan kue bika ambon dihapuskan, karena orang-orang bosan. Sebagai gantinya, kami mendapat 5 biji kue lain yang lebih kecil dan setiap hari berbeda-beda, yaitu kue cente manis, kue pisang, kue mangkok, ketimus, dan lain-lain. Kadang-kadang juga ketan. Kue-kue ini tentu saja didatangkan dari luar. Siang dan sore kami mendapat nasi dengan sup dan sayur, kadang-kadang berikut sambal. Untuk beberapa waktu kami mendapat ikan bandeng kecil goreng.

Satu hal yang juga penting berhubung dengan makanan kami adalah setiap tanggal 5, 15 dan 25 selain barang-barang, juga foto yang biasa kami terima di Bukit Duri, kami juga boleh menerima barang makanan: kue, biskuit, buah-buahan, kawan nasi yang matang maupun mentah seperti cumi asin dan dendeng, dan lain-lain. Lantaran makanan ini, di

Serang malah seperti merayakan pesta, hingga umumnya bisa dibilang, meskipun serba sedikit, kami turut merasakan masakan yang kawan-kawan kami dapat: bebek panggang, ayam goreng, dan lain-lain.

Serang juga berarti: kami mengurus diri sendiri.

Di Bukit Duri kami tidak punya pemimpin. Di Serang, tatkala kami tiba, Tuan Liem Sie Hian menjadi pemimpin. Belakangan Tuan Liem Hwie Giap menggantikan Tuan Liem Sie Hian jadi "kaptoa"[58], sementara Tuan Liem Sie Han menjadi kepala kedua.

Tuan Liem Hwie Giap dibantu oleh "kepala-kepala kamar" yang banyaknya 12 orang, salah satunya dari "Afdeeling Soerabaja", bengkel *workshop* penjara.

Kalau dari luar masuk ke penjara, di sebelah kiri terdapat dapur dan di sebelah kanan terletak "kantor kaptoa". Dengan melintasi pekarangan depan dan kamar-kamar 27 dan 23 yang digabung jadi satu–*sebab keseluruhan hanya dihuni 10 orang*– yaitu kamar 12, orang sampai di pekarangan dalam yang menghadap tembok batas. Sebelah kiri terdapat 4 bangsal. Paling depan, letaknya di seberang dapur, kamar 1 yang dihuni 30 - 40 orang Indonesia yang telah ditahan dari sebelum pecah Perang Pasifik dan setelahnya kamar 2, kamar 3, dan kamar 4, tempat tinggal tawanan-tawanan dari Cirebon, Tegal, Pekalongan, Semarang, Kudus, Lasem dan Bojonegoro.

---

[58] *Kapiten Tionghoa*, pemimpin orang Tionghoa di Batavia, jabatan yang diciptakan oleh Gubernur Jenderal JP Coen pada tahun 1619.

Menghadap ke luar di bagian belakang pekarangan dalam terdapat 3 kamar: kamar 5, kamar 6, dan kamar 7. Lebih kecil dibandingkan dengan kamar-kamar di sebelah kiri dan kanan. Dengan begitu bukan diisi 50 orang, hanya 30 orang. Ini ada "kamar 5", ",kamar 6" dan "kamar 7". Di sini antara lain ditempatkan orang dari Bandung, Bogor, Sukabumi, Cianjur, Garut, Magelang, Parakan, Wonosobo, Temanggung dan Muntilan.

Setelah masuk pintu tembok batas kanan, kita berhadapan dengan pintu dari kamar 10. Di kirinya terdapat kamar 9 dan kamar 8, sementara di kanan kamar 11.

Penghuni kamar 8 berasal dari Cirebon, Pekalongan, Blitar, Kediri, Besuki, Bondowoso dan Banyuwangi. Kamar 9, kamar 10, dan kamar 11 diisi orang-orang dari Bukit Duri, kecuali 5 orang di kamar 9. Satu berasal dari Batu, satu dari Lumajang, dan tiga dari Madura.

"Afdeeling Soerabaja" dianggap sebagai satu kamar, jadi hanya punya seorang kepala kamar saja.

Kaptoa bersama-sama 12 kepala kamar, seperti kepala kampung, menjadi kaum pengurus kami. Kalau ada masalah penting, maka diadakan "rapat kaum pengurus". Rapat acapkali diadakan setelah makan sore, maka sering terjadi rapat harus ditunda, sebab lonceng tanda harus masuk kamar sudah berbunyi dan orang-orang yang turut ambil bagian dalam rapat harus tergesa-gesa "masuk kandang".

Penghitungan jumlah orang kami lakukan sendiri, yaitu oleh kepala-kepala kamar dengan disaksikan oleh satu sipir. Jadi bukan lagi oleh pengurus Jepang seperti di Bukit Duri.

Serang lebih jauh berarti: perawatan kesehatan dipegang oleh kami sendiri.

Di Bukit Duri untuk orang sakit didatangkan dokter Indonesia, dibangun poliklinik dan ruang rawat inap dengan satu mantri obat, sementara obat-obatan disediakan oleh penjara. Namun di Serang tidak didatangkan dokter dari luar dan juga tidak disediakan obat-obatan.

Di antara kami sendiri ada empat orang dokter yang boleh dibilang cukup untuk kami (kira-kira 520 orang dan dua tawanan orang Ambon, Tuan Thenu dan Tuan Dakota, yang awalnya ditahan – *kalau tidak keliru* – di Poerwokerto dan bersama-sama kami sampai di Serang pada tanggal 9 September. Dua orang ini menempati bagian depan kamar 28 yang pintunya menghadap pekarangan depan (yang rupanya ditempati juga oleh narapidana seperti juga bagian depan kamar 27).

Tak lama kemudian, diatur sebuah poliklinik di kantor kaptoa setiap pagi, tempat Dr. Kwee Tat Tjhong dan Dr. Oei Swie Poen menolong orang sakit. Dengan pembagian pekerjaan sedemikian rupa sehingga masing-masing dokter mendapat sejumlah kamar sebagai tanggung jawabnya.

Perawatan kesehatan "Afdeeling Soerabaja"

berada di bawah Dr. Theng Sioe Hie yang memang ada di sana.

Kemudian atas usaha Dr. Kwa, salah satu hanggar di Afdeeling Soerabaja dijadikan semacam rumah sakit.

Dengan adanya ini, orang sakit berat seperti pengidap radang paru-paru bisa mendapat semacam perawatan. Mereka juga mendapatkan ranjang seperti ruang rawat inap Bukit Duri.

Tuan Oei Hwie Khing menjadi "perawat" poliklinik, sementara Mr. Tan Po Goan dan Tuan Lim Kiang Lian menjadi "mantri" di rumah sakit.

Kami kekurangan obat-obatan, maka semua obat-obatan yang ada dan yang dikirimkan pada kami "disita" dan diserahkan pada dokter untuk dipakai menolong orang sakit. Yang dipakai oleh dokter-dokter bukan melulu obat-obatan kedokteran, juga obat-obatan Tionghoa, seperti Souwhap dan Pouwliong, dan ... jamu!

Kami berterima kasih pada Jang Seng Ie[59], sebab di Serang pun, sebagaimana beberapa kali di Bukit Duri, kami menerima dari rumah sakit perkumpulan tersebut bermacam-macam jenis obat. Jang Seng Ie sangat berjasa dalam mempertahankan kesehatan

---

[59] poliklinik (Sekarang menjadi RS. Husada) yang didirikan Dr. Kwa Tjoan Sioe, oleh perkumpulan Jang Seng Ie (sekarang *Perkumpulan Husada*) pada tahun 1924, dan diresmikan penggunaannya pada tahun berikutnya. Terletak di Jl. Raya Mangga Besar No.137-139, Jakarta Pusat.

tawanan-tawanan Tionghoa di Bukit Duri, di Serang dan kemudian juga di Cimahi.

Di Serang kami sulit mendapatkan sayur yang cukup, terutama bayam dan kacang ijo, yang cukup banyak dalam menu Bukit Duri. Tidak heran, lantaran kekurangan vitamin B, beberapa orang kakinya bengkak.

Pada suatu malam, sesudah pintu kamar ditutup, Dr. Kwa selaku kepala kamar melaporkan bahwa sampai hari itu sudah ada tiga orang yang kakinya bengkak. Dia menyebut nama-namanya. Mereka adalah Tuan Go Chin Koei (Karawang), Fung Kuo Ping (Jakarta) dan... Kwa Tjoan Sioe! Orang keempat yang pada suatu pagi datang ke poliklinik dengan kaki membengkak adalah ... penulis buku ini.

Karena sangat kekurangan vitamin B, maka diambil keputusan oleh kaum pengurus kami untuk masing-masing kami setiap bulan menyumbang "uang dapur" beberapa rupiah, yang belakangan ditetapkan 3 rupiah per bulan supaya kami bisa mendapat lebih banyak vitamin B. Uang tersebut terutama dipakai untuk membeli buah-buahan, yaitu pisang. Dengan adanya peraturan ini, setiap hari kami bisa mendapatkan pisang 4 atau 5 biji.

Waktu itu Dr. Kwa mengemukakan suatu pendapat luar biasa yang berhubungan dengan kacang tanah. Kita tahu, kacang ijo mengandung banyak vitamin B. Kacang tanah, yang disebut juga kacang suuk, tidak banyak mengandung zat penting itu. Tapi dokter-dokter di dalam penjara belakangan terheran-heran setelah diberitahu bahwa kalau digodok atau direbus kacang tanah memiliki kandungan vitamin B lebih banyak daripada kacang ijo! Tapi kalau digoreng kandungan vitamin B kacang tanah hilang.

Orang-orang tahanan Indonesia dari kamar 1 juga dibawa ke poliklinik kami kalau sakit.

Serang juga berarti: tidak banyak pemeriksaan.

Sebagian besar dari kami tidak pernah diusik Jepang. Pernah satu kali Tuan Toyoshima datang dari Jakarta dan beberapa orang dipanggil menghadap. Tapi ada yang hanya disuruh tulis nama dalam huruf kanji saja!

Serang lebih jauh berarti: perpustakaan.

Buku-buku kami disita di Serang. Hanya buku-buku pelajaran dan buku bahasa yang diserahkan pada kami, yang lain-lain dikumpulkan atas perintah komandan dan dijadikan isi perpustakaan. Sebagai pengelolanya diangkat Tuan Fang Ting Hsün dan Khouw Siong Tjiang.

Terakhir, Serang berarti: tidak terlalu gersang!

Di depan pintu antara pekarangan depan dan pekarangan dalam terdapat satu "taman bunga" kecil. Di tengahnya terdapat rumput hijau. Sepanjang tepinya bunga lili merah dan di salah satu pinggiran pohon kembang pagi sore. Beberapa ekor kelinci peliharaan bermain-main di sini. Di pekarangan depan terdapat tanaman pipa[60]. Dengan memandang itu sering saya merasakan jiwa saya mendapatkan kesegaran baru. Bukan seperti di Bukit Duri: tembok kuning gundul di belakang, tembok kuning gundul di depan, tembok kuning gundul di kanan dan di kiri!

[60] Dutchman's pipe (Aristolochia macrophylla): sejenis tanaman merambat.

4. Minta Perhatian!

Minta Per-ha-ti-aaan!"

Jam buka di Serang lebih pagi dari pada di Bukit Duri. Di Serang, malah jam 8 kami sudah mendengar suara pintu dibuka. Tapi orang-orang yang bekerja di dapur pernah dipecah dari 17 orang menjadi 3 rombongan, masing-masing dikepalai oleh Tuan - Loa Tjiong To, Tuan Theng Koen Jauw dan Tuan The Tjoe Siang (Joana, *sekarang Juwana*), keluar lebih pagi. Untuk mereka, pintu besi dibuka pukul 5.

Begitu pintu dipentang, kamar-kamar dibuka paling dulu menurut giliran seperti di Bukit Duri secara bergantian, dimulai dengan kamar- kamar di kanan dan di kiri. Lantas terjadilah balapan. Bukan balapan ke kakus seperti di Bukit Duri, tetapi ke ... bak air untuk mandi.

Sebagian beradu cepat memilih posisi di got, tempat orang buang hajat, sementara beberapa orang mengambil air leding di pekarangan depan untuk berkumur dan menggosok gigi.

Orang-orang yang pada itu hari berkewajiban "kerja bakti" membersihkan kamar mulai melaksanakan tugas mereka, antara lain: membawa keluar dan membersihkan tong kotoran. Di dalam kamar 9 untuk "kerja bakti" ada 7 tim, 1 tim untuk 1 hari.

Untuk menjaga kesehatan, kami melakukan senam gerak badan di pekarangan dalam di antara sumur dan kamar 5, 6, dan 7, di bagi menjadi beberapa rombongan. Kalau semua sekaligus berbarengan, maka orang yang turut ambil bagian terlalu banyak.

Setelahnya, untuk pertama kali pada hari itu akan terdengar, "Minta perhatian! Minta per-ha-ti-aaan!"

Itu adalah suara Tuan Liem Sie Hian yang berdiri di depan sumur dengan "pengeras suara" kepunyaannya. Sebagai "loudspeaker" adalah sebuah gayung seng untuk air yang dasarnya sudah dipensiunkan alias bolong. Meskipun begitu, dengan corong "radio" primitif tersebut, toh, cukup sempurna, sebab pengumuman-pengumuman Tuan Liem terdengar sampai ke segala penjuru "istana".

"Minta perhatian! Minta per-ha-ti-aaan! Kamar 6 boleh mulai ambil kopi!"

Memang selalu digilir kamar mana yang mengambil kopi dan makanan lebih dulu. Memang jadinya seperti "anak kecil", tapi, apa mau dikata. Hal ini perlu untuk mencegah orang-orang berebut!

Berbarengan dengan itu, masing-masing kamar mengirim orang-orang—apa mau dikata, ini perlu untuk mencegah orang dahulu mendahului—mengambil kue. Memang belakangan kue dibagi-bagi di kamar-kamar sendiri.

Waktu itu pun orang yang tidak minum kopi dan lebih suka bubur beras diberi bubur. Awalnya diberikan di dapur, di mana orang yang makan bubur membawa karcis bubur dengan harus mengantre di jalanan panjang untuk mengambil makanan. Belakangan, bubur diambil dari dapur oleh masing-masing kamar dan dibagi-bagi oleh pengurus bubur kamar.

"Afdeeling Soerabaja" pagi-pagi sudah mengirim beberapa orang ke bagian penjara untuk menerima kopi, kue dan bubur.

Setelah selesai minum kopi dan makan bubur, orang-orang yang berkewajiban melakukan "pekerjaan kamar" sibuk. Mereka harus mencuci dan mengepel lantai kamar. Kemudian mereka harus memikul tong air untuk megambil air minum di keran air leding. Pekerjaan ini biasanya dilakukan 3-4 kali sehari, pertama pagi, kemudian pada tiap-tiap kali mendekati waktu makan, dan, kalau airnya hampir habis menjelang pintu dikunci.

Pada jam 9.30, kembali terdengar, "Minta perhatian! Minta per-ha-ti-aaan!"

Disusul dengan maklumat, "Tuan-tuan sekalian diminta masuk ke dalam kamar, sebab kamar 1 hendak keluar."

Ini berarti kami tidak boleh berada di pekarangan dalam, sebab orang-orang tahanan Indonesia dari kamar 1 hendak keluar untuk mandi dan menghirup udara segar. Bak air yang sudah dikeduk hingga kosong di waktu pagi, saat itu sudah kembali terisi. Setelah mandi, para tahanan kadang-kadang mendapat pelajaran menyanyi oleh salah satu sipir penjara.

Kemudian penghuni "kamar 1" masuk, 1 jam kemudian terdengar lagi, ""Minta perhatian! Minta per-ha-ti-aaan!"

Kabar ini disambut dengan gembira. Pintu kamar-kamar lantas dibuka. Pekarangan dalam kembali bebas digunakan. Orang-orang melakukan pekerjaan masing-masing. Ada yang mencuci pakaian, ada yang belajar, ada yang main maciok, dan lain-lain sebagainya.

"Minta perhatian! Minta per-ha-ti-aaan! Seluruh kamar diminta datang ke dapur untuk mengambil pisang!"

Kabar ini disambut dengan gembira. Dari kamar-kamar, orang-orang yang berkewajiban mengambil barang-barang dari dapur berbaris keluar dengan menggendong bakul, baskom, keranjang, ember, dan apa saja yang bisa diisi pisang.

Barang-barang untuk dapur oleh penyedia barang diantar sampai ke depan pintu penjara, lalu dibawa masuk oleh orang dapur. Untuk mengurus barang-barang keperluan dapur diangkat semacam manajer gudang, jabatan yang dipegang Tuan Lo Sian Bie (Jakarta) dengan beberapa pembantu.

Di dalam kamar, pisang ditumpuk sama banyak dengan penghuni kamar. Sesudah ini selesai—*menurut cara kamar 9*—kemudian ditentukan dari mana, yaitu dari kanan atau kiri, depan atau belakang, dimulai pembagian. Ini untuk mencegah "korupsi", supaya tidak terjadi persoalan "menguntungkan sobat sendiri". Sebab kalau orang tidak tahu tumpukan akan mulai dibagikan dari mana, tidak ada yang bisa mengatur supaya sobat atau diri sendiri mendapat buah yang lebih bagus. Benar-benar seperti anak kecil. Tapi cara ini terbukti bisa menghindari kerewelan-kerewelan masalah makanan, yang bukan tidak pernah terjadi sebelumnya.

"Minta perhatian! Minta per-ha-ti-aaan!"

Ternyata telah datang dokter poliklinik untuk kamar-kamar yang disebutkan.

Tak lama kemudian, Tuan Liem kembali ke pekarangan dalam dan terdengar lagi, "Minta perhatian! Minta per-ha-ti-aaan!" untuk memberitahu poliklinik untuk kamar-kamar selebihnya sudah dibuka.

Kadang-kadang ada juga "pengumuman istimewa" pagi. Misalnya:

"Minta perhatian! Minta per-ha-ti-aaan! Diminta beberapa orang muda yang kuat untuk angkat beras dari luar ke dalam!"

"Minta perhatian! Minta per-ha-ti-aaan! Kamar 9 harus melakukan kerja bakti kayu!" yang artinya kamar 9 harus mengirim orang-orang untuk menggotong kayu dari depan penjara ke dapur.

Pekerjaan ini diatur bergiliran antar kamar. Cikar pengangkut kayu diizinkan masuk ke sebelah dalam pagar penutup dari gedek di depan penjara. Dari sini, tawanan- tawanan, karena adanya pagar gedek tersebut jadi tidak bisa melihat ke jalan raya, mengangkut kayu itu ke dalam.

Mengangkat beras tidak dikenakan peraturan bergilir menurut kamar, sebab bukan pekerjaan enteng yang bisa dilakukan oleh semua orang. Makanya, hanya diminta pertolongan orang-orang muda yang bertenaga besar saja.

Satu pekerjaan lain yang dikenakan bergiliran untuk semua kamar adalah "kerja bakti memilih beras".

Beras yang kami dapat ada begitu banyak gabahnya, sehingga diambil keputusan untuk memisahkannya sebelum dimasak. Pekerjaan ini dilakukan oleh kamar-kamar besar sendirian, oleh kamar-kamar kecil dengan bantuan kamar kecil lain. Banyaknya beras yang harus dipisahkan gabahnya tiap-tiap hari 1½ sampai 2 karung. Awalnya, setelah minum kopi lantas terdengar suara Tuan Liem Sie Hian, tapi kemudian, "Minta perhatian! Minta per-ha-ti-aaan!" tidak diperlukan lagi, karena masing-masing kamar tahu dengan sendirinya jika gilirannya tiba. Memilih beras dilakukan di dapur. Umumnya menjelang makan siang pekerjaan itu sudah selesai.

Memilih beras dilakukan dengan gembira. Orang -orang bekerja sambil membanyol, hingga suara tertawa riuh terdengar. Di telinga saya masih berkumandang suara Tuan Tan Hin Hie, "Lekas-lekas, sobat-sobat, lekas-lekas tinggal sedikit lagi!"

Di mata saya masih terbayang mayor Khouw Kim An jongkok di pojok dan Mr. Ewjong Fa Sen, yang oleh kamar 9 diangkat menjadi "mandor" pekerjaan ini, repot menyapu lantai sesudah orang-orang selesai memilih beras.

"Afdeeling Soerabaja" tidak terkena kewajiban mengerjakan pekerjaan memilih beras.

Kira-kira pukul 12, kembali terdengar, "Minta perhatian! Minta per-ha-ti-aaan!" disambung dengan kabar bahwa, misalnya, "Kamar 6 boleh mulai ambil nasi dan sup!"

Orang-orang dari kamar 6 lantas menuju ke dapur melalui jalanan yang sudah terkenal itu. Di belakangnya menyusul kamar 7, kamar 8, dan lain-lain.

Kira-kira pukul 2, Tuan Liem Sie Hian dengan corongnya menyerukan kabar, "Minta perhatian! Minta per-ha-ti-aaan! Kamar-kamar diminta datang ke dapur untuk ambil *kun cui*[61]!"

Untuk mengambil air panas, kamar-kamar hanya mengirim 2 orang. Mereka ini kemudian balik dan melakukan pembagian.

Tengah hari, sering juga terdengar, "Minta perhatian! Minta per-ha-ti-aaan! Kamar-kamar diminta kirim orang ke dapur untuk ambil pisang!"

Di waktu ini pun acapkali disiarkan "berita radio" untuk memanggil kamar yang bertugas mengeluarkan

---

[61] Air panas

pasukan pengangkut kayu.

Sore pukul 4 disebarkan perintah, "Minta perhatian! Minta per-ha-ti-aaan! Tuan-tuan semua diminta masuk ke dalam kamar, sebab kamar 1 mau keluar."

Ini saatnya untuk mandi orang kamar 1.

Sesudahnya mereka dimasukkan lagi, dan kembali terjadi perlombaan mandi. Dari segala penjuru tampak orang membawa timba, kaleng mentega atau kaleng biskuit buru-buru ke bak air. Dalam tempo paling lama 15 menit, dasar bak air kembali terlihat, dan orang-orang yang datang belakangan boleh menunggu sampai air sudah bisa diciduk lagi!

Tidak lama kemudian terdengar pula suara nyaring penyiar:

"Minta perhatian! Minta per-ha-ti-aaan! Mulai kamar 6 boleh ambil makanan!"

Seluruh penjuru penjara lantas bergerak. Antrean panjang keluar masuk gang pun tercipta.

Tidak semua pengumuman disambut dengan gembira.

"Minta perhatian! Minta per-ha-ti-aaan! Air leding tidak keluar. Maka untuk keperluan dapur gunakan air sumur."

Bukan "Hura!" tapi "Waaah" panjang yang menyambut....

Air sumur oleh sebagian kami biasanya dipakai untuk mencuci piring mangkuk sesudah makan. Ada juga yang memakainya untuk mencuci pakaian atau untuk membilas setelah mandi.

Tugas penyiar bukannya gampang. Tidak mudah untuk berbicara di depan mikrofon, meskipun yang terbuat dari gayung bolong. Untuk itu orang harus suara lantang dan bisa berbicara dengan jelas supaya bisa terdengar di seluruh penjuru. Tuan Tan Wan Tiong (Cirebon) dan Tuan Liem Hwie Giap pernah menggantikan Tuan Liem Sie Hian saat berhalangan, tapi penerimaannya banyak salah tangkap. Tuan Liem Sie Hian sendiri sering "diputar pegasnya" dari belakang oleh beberapa orang yang melucu.

Teriakan "Minta perhatian! Minta per-ha-ti-aaan!" punya kedudukan penting dalam sejarah tawanan Tionghoa di Serang, memberikan arahan dalam kehidupan mereka. Di luar penjara, niscaya terdengar di telinga itu 520 lebih tawanan Tionghoa dan 2 tawanan Ambon, di kemudian hari, tentu akan masih sering menderu:

"Minta perhatian! Minta per-ha-ti-aaan!"

***

Pukul 8.30 lonceng berbunyi tanda kami harus dikurung. Hanya orang dapur yang boleh masuk lebih akhir, sebab mereka harus berbenah terlebih dulu.

Setelah semua penghuni pulang karena sudah harus pulang, di dalam kamar menjadi ramai. Ada yang ngobrol, ada yang main mahyong, kartu remi, domino, tiokie, catur, dan sebagainya. Ada juga yang belajar. Suara bergaung berputar naik dari seluruh penjuru bagai dalam pasar. Orang berbicara dengan suara nyaring dan berbarengan.

Situasi seperti ini berlangsung sampai pukul 11, saatnya jam tidur. Tapi lewat jam itu pun, masih ada yang bicara, hingga akhirnya muncul gerakan "pssst!". Setiap kali masih ada yang bicara terlalu keras hingga mengganggu orang yang hendak tidur, maka terdengar dari kanan dan kiri, dari atas dan bawah: "pssst!".

Begitulah selesainya hari untuk kami.

5. "Engkoh, Sudah Mandi?"

Kebiasaan orang Tionghoa kalau saling bertemu adalah menanyakan "Sudah makan?".

Ucapan antar orang Tionghoa ini mempunyai kedudukan yang sama seperti "Selamat pagi" dan "Selamat malam" antar orang Barat.

Di dalam majalah Amerika Asia, Pearl S. Buck, penulis wanita terkenal, pencipta *The Good Earth* dan menerjemah Shui Hu Chuan dalam bahasa Inggris *All Men Are Brothers*, pernah mengutarakan pendapat bahwa pertanyaan "Sudah makan?" merupakan gambaran kondisi masyarakat di Tiongkok yang membuat makan menjadi penting. Inilah sebabnya antara orang Tionghoa timbul kebiasaan menanyakan "Sudah makan?" Satu pertanyaan yang akhirnya bukan diajukan karena si penanya memang ingin tahu apakah yang ditanya sudah makan atau belum, tapi sebagai menandakan hormat saja, persis seperti orang kulit putih mengucapkan "Selamat pagi" atau "Selamat malam" satu sama lain.

Dengan perkataan lain, pertanyaan "Sudah makan?" menunjukkan satu keadaan bahwa tidak gampang untuk mendapatkan makanan.

Di penjara Serang, kami saling bertanya, "Engkoh sudah mandi?"

Ini berarti, dengan menerapkan teori dari

kebiasaan bertanya "Sudah makan?", bahwa mandi ... bukannya gampang!

Benar. Tidak mudah untuk orang bisa mandi di Serang!

Ada satu hal penyebab tawanan Tionghoa di Serang suka menyapa dengan, "Engkoh sudah mandi?"

Penjara Serang mendapatkan air dari tiga sumber: dari selokan yang mengisi air dalam bak, dari sumur, dan dari air leding. Selokan bukan menyediakan air melulu untuk penjara, sebab ia juga berkewajiban mengaliri sawah-sawah. Satu pintu air di luar penjara mengatur pembagian air untuk penjara dan sawah-sawah, hingga pada jam-jam giliran untuk sawah, bak kering. Malam hari, air dialirkan ke dalam penjara dan yang masuk begitu banyak, hingga itu tidak keburu turun ke dalam bak. Sebagian besar tumpah ke got, justru di depan pintu kamar saya.

Selokan kadang-kadang kering. Air sumur sudah tentu tidak bisa mencukupi keperluan 400 orang lebih yang ada di dalam penjara, hingga kalau bak kosong dan orang mandi air sumur, sumur segera kelihatan dasarnya. Air leding yang kerannya hanya ada satu saja, hanya digunakan untuk minum dan keperluan dapur. "Afdeeling Soerabaja" juga mengambil air minum dari keran air leding.

Acapkali terjadi bak kosong, sumur kering, dan air leding mogok. Memang keadaan ini biasanya tidak berlangsung lama, sebab tak lama kemudian sumur sudah berisi air lagi meskipun tidak banyak, sementara keran air leding juga bisa memberi air meski dengan kecepatan "air mata tumpah". Tapi kami sudah kelabakan di antara empat tembok penjara, seperti ikan kekeringan di antara empat dinding kaca akuarium!

Karena malam baru mendapat air, pagi hari bak penuh. Maka setiap pagi begitu pintu kamar dibuka, orang berebut mandi. Dalam waktu singkat saja bak kosong. Ini pun karena orang mandi secara tidak efisien. Orang berlomba menciduk air secepat-cepatnya dan menyiram badan dengan terburu-buru. Dengan begini memang benar ember cepat kosong dan orang dengan cepat mengeduk air lagi, tapi tiga per empat bagian dari isinya itu tidak menyiram badan, hanya terbuang percuma.

Dan bagaimana cara kami harus mandi! Di Bukit Duri memang benar kami mandi beramai-ramai telanjang bulat, tapi di sana setidaknya dilakukan dalam bangsal mandi. Di Serang, bak terletak di udara terbuka, jadi kami mandi di udara terbuka.

Setelah bak kosong, orang yang mau memaksa mandi juga melakukannya di kepala saluran, di depan kamar 8 tempat air berkumpul sebelum melewati saringan untuk masuk ke dalam bak. Gang sempit tersebut lantas penuh dengan orang mandi, hingga penghuni kamar 8 jengkel, sebab mereka selalu kena cipratan air setiap kali mereka masuk atau keluar kamar. Yang lain harus menunggu cukup lama sampai air dalam bak cukup banyak untuk bisa dikeduk lagi.

Siang hari, air umumnya sudah penuh lagi. Maka beberapa orang mandi siang sesudah makan. Pada saat ini orang bisa membersihkan badan dengan lebih leluasa, sebab tidak terlalu banyak orang.

Tapi sebagian besar dari kami mandi sesudah orang tahanan Indonesia dari kamar 1 dimasukkan. Setelah pintu di kedua tembok dibuka kembali, tampak balapan ke bak dengan menggenggam timba atau kaleng! Tak perlu lama, bak kembali kosong. Yang ketinggalan jadinya berdiri mengawasi bak dengan melongo, dan terpaksa menunggu cukup lama atau mandi setelah makan sore.

Jika air mengalir banyak dan tumpah ke dalam got di depan kamar 9, di "pancuran" ini banyak juga orang mandi.

Kalau hujan, kami juga tidak bisa mandi sebab bak letaknya di udara terbuka. Tetapi ada yang mandi hujan-hujanan, dan ada juga yang mandi ... air hujan, kalau bisa tahan dingin. Setidaknya lebih bersih dari air bak.

Jadi jangan heran kalau orang saling bertanya, "Engkoh sudah mandi?" atau saling menganjurkan, "Lekas mandi, air banyak!"

Dan betapa "bersihnya" air bak yang kuning itu!

Supaya air yang mengalir ke dalam bak menjadi lebih bersih, Tuan Loa Sek Hie telah membuat sebuah filter dengan menggunakan pengalamannya sebagai tuan tanah. Saringan ini dirawat baik-baik dan sering dibersihkan oleh Tuan Injo Beng Goat, "mandor air", Tuan Kwok Chan Kwan, manajer Bank of China di Jakarta, Tan Kian Ing, wartawan Thien Sung Yit Po, dan lain-lain.

Begitu masuk ke dalam penjara, air saluran sudah harus melalui semacam klakat (anyaman). Tapi kotoran yang ikut masuk tidak juga berkurang, terutama di bagian selokan di depan saringan. Di sini sering ditemukan "ikan mas koki" yang gemuk, bulat, dan kuning yang keluar dari ... perut manusia!

Di sini sering heboh dengan teriakan orang banyak yang disertai suara tawa, "Ada ikan mas koki! Ada ikan mas koki!"

Ada beberapa "ikan" ini yang cukup licin hingga bisa menerobos melewati saringan dan dengan begitu masuk ke dalam bak. Pernah seseorang sudah membuka pakaian untuk mandi, sudah memakai tangannya untuk menciduk air. Tetapi saat itu juga dia menampak ikan "mas koki" lagi "berenang" di dekat situ. Cepat-cepat dia angkat kaki.

Pernah juga ada orang yang lagi enak-enak mandi dan menggosok kepalanya, hidungnya mencium harumnya ikan mas koki. Dia sudah menggosok-gosokkan benda itu di kepalanya!

Kalau bak tidak mendapat air, ada lagi yang membuat kami jengkel. Kami membuang air di beberapa bagian got. "Kakus" yang disukai terutama di pojokan di samping kamar 27 dan pojokan di samping kamar 28, tersedia tempat untuk kira-kira 4 orang dan tidak usah melakukan keperluan mandi atau mencuci. Supaya air mampu menghanyutkan maka ditaruh semacam bendungan kayu hingga air terkumpul. Air mengalir deras dan menyapu bersih semua kotoran. Kalau banyak yang sedang mandi, kayu bendungan tidak diperlukan karena air yang lewat cukup banyak untuk menghanyutkan kotoran.

Artinya, pembersihan "kakus" bergantung pada air bak. Kalau bak tidak mendapat air, orang tidak bisa mandi dan tidak bisa mencuci pakaian. Kalau orang tidak bisa mandi dan tidak bisa mencuci pakaian, kotoran manusia tidak bisa dihanyutkan. Beruntunglah mereka yang buang air di waktu banyak orang mandi. Toh, masih cukup banyak orang yang melakukan keperluannya di waktu tidak ada banyak air mengalir. Maka setiap kali kami mengambil kopi dan nasi, kami selalu harus "menginspeksi" beberapa tumpukan kuning hijau di got. Setiap kali lonceng berbunyi tanda kami harus "masuk kandang", Tuan Ong Goan Sioe (Serang), Tuan Lie Fet Lin (Serang), Tuan Hoo Liang Kim (Anyer) dan lain-lain repot menyiram selokan di samping kamar mereka, supaya mereka bisa tidur tanpa harus membaui udara yang 'harum'.

Jika saluran air dari luar mogok, orang pun sulit untuk "pergi ke kakus", sebab air sumur tidak boleh "dibekal" ke sana.

Kalau air leding tidak keluar, sumur "disita" dapur. Untuk cuci piring dan mangkuk orang harus memakai air bak. Untuk menjaga kesehatan, dokter-dokter menyarankan untuk menjemur benda-benda itu sesudah dicuci. Lamanya cukup sampai piring dan mangkuk dari basah menjadi kering.

Syukur pada *Thian*[62], kesehatan kami umumnya tidak terganggu karena air selokan. Tampaknya Tuan Lie Fet Lin, seorang "anak Serang" tulen yang menamakan air bak "air mustajab dari Banten" yang kelak banyak dikenang orang, ada benarnya juga....

"Penyitaan" sumur oleh dapur karena untuk keperluan umum yang penting. Tetap saja ada orang yang dengan tidak peduli, menimba air sumur untuk mandi dan mencuci pakaian. Meskipun kemudian di atas sumur ditempel pengumuman tentang hal ini, selalu saja masih ada orang yang mengutamakan kepentingan sendiri yang kecil dengan tidak memedulikan kepentingan besar, yang juga merupakan kepentingan mereka juga. Akhirnya diambil tindakan radikal: mulut sumur ditutup dengan papan dan dikunci! Pada hari-hari demikian yang berhak mengambil air sumur hanya buruh air.

Buruh air adalah orang-orang yang berkewajiban menjaga keran air leding, mengisi drum-drum air untuk dapur, mencuci kuali, dan lain-lain. Pekerjaan mereka menjadi berat kalau tidak bisa mendapatkan air leding. Mereka harus menimba air sumur untuk dapur yang membutuhkan air tidak sedikit. Dan jika

---

[62] Tuhan

sore hari air leding mampet sehingga tidak bisa mengisi drum-drum untuk keperluan besok pagi, buruh air harus menimba air sumur malam hari! Kalau air keran tidak mengucur dan sumur kering, mereka harus menggotong air bak ke dapur...

Air menjadi persoalan terbesar bagi kami di Serang.

Kemudian tempatnya yang penuh sesak.

Sementara kamar-kamar besar sudah penuh sesak, keadaan di kamar-kamar yang agak kecilan, yaitu kamar 5, 6, dan 7, lebih buruk lagi. Di sini pun ada loteng, sementara jalanan antara kedua tangga tempat tidur semen begitu sempit, sehingga dua orang tidak bisa berpapasan, lantaran kalau satu orang mau masuk dan satu hendak keluar, salah satu harus menyelip dulu ke atas tempat tidur untuk memberi jalan kepada yang lain.

Karena jalanan itu begitu sempit, satu tangga saja pada tembok belakang sudah dianggap cukup untuk dua loteng itu, sementara "orang atas" yang punya tenaga dan suka akrobatik bukan naik lewat tangga, tapi dengan memegang pinggiran kedua "rak" dan mengangkat tubuhnya ke atas, seperti yang sering dilakukan oleh Tuan Lauw Tek Hay (Garut) di kamar 5....

Hanya kamar 27 dan 28 yang tidak mempunyai loteng. Masing-masing kamar tersebut hanya ditahan 5 orang, yang sesuai dengan kapasitas kamar-kamar tersebut. Udara di sini juga lebih segar dari pada kamar-kamar yang lain. dan di sini pun tidak begitu berisik.

Kalau hujan turun, bukan hanya susah mandi, tapi lebih tidak enak kalau harus buang air. Ini tidak bisa ditunda dan tidak boleh tidak. Apa boleh buat. Terpaksa orang tersebut harus mencari tempat juga di pinggir selokan dan melindungi diri sebisa mungkin dengan handuk atau sapu tangan, sebab tidak banyak yang punya tudung...

Belakangan itu pojok kamar 27 dan 28 dipasang atap yang dikerjakan oleh kami sendiri dengan dikepalai oleh Tuan Tan Tjoen Tjiang (Bogor), seperti juga gudang untuk dapur dan pembangunan dapur dilakukan oleh kami sendiri.

Ketika jam makan tiba dan Tuan Liem Sie Hian sudah mengumandangkan seruan "Minta perhatian! Minta per-ha-ti-aan!", hujan atau tidak, kami harus mengantre keluar masuk gang lagi dan kemudian berlari-lari pulang ke kamar! Di sini orang harus buru-buru merambat ke atas atau menyusup ke kolong, karena bagian tengah tampias lantaran air masuk dari tiga lubang angin di langit-langit.

Dan kalau tidak hujan? Kami kepanasan!

Setiap sehabis makan dalam kamar, baju saya benar-benar basah, meskipun yang dipakai hanya singlet. Kalau cuaca cerah, orang lebih suka makan di luar, yang artinya orang-orang berjongkok di pinggir jalan masuk ke pekarangan dalam dan di depan kedua kamar di kanan kiri jalan dengan berteduh sebaik-baiknya dari sinar matahari. Saya sendiri punya "meja makan" di luar yang berupa ... pinggiran sumur!

Setelah makan siang, saya biasa main tiokie dengan Tuan Tan Ie Oen (Pemalang) di pojok "kantor kaptoa". Sebentar saja baju saya lepek karena panasnya udara!

Gampang dimengerti, siang hari di jalan antara kedua kamar "orang Banten" terdapat sejumlah orang dengan celana kutung tanpa baju yang mencari udara sejuk, seperti Tuan Lauw Djin Heng (Tulungagung), Tuan Lie Kok Tjwan (Pare) dan Tuan Wu Tze Yu (Tegal), bercokol di atas saluran air. Di muka saringan depan kamar pun amat disukai untuk mendapatkan kesejukan.

Gangguan besar lainnya adalah ... kutu busuk!

Di Bukit Duri kami tidak mengalami ini, dengan beberapa pengecualian di saat-saat paling akhir. Tetapi di Serang! Papan "loteng" membuat kutu busuk mempunyai tempat untuk bersembunyi. Dan karena orang tidur bersebelah-sebelahan dengan hampir tak ada tempat kosong di antaranya, tak ada gunanya membersihkan kutu busuk di tempat kita sendiri, kalau tetangga-tetangga kita tidak turut membersihkan tempat mereka.

Keadaan tidak menjadi lebih baik ketika "orang kolong" pun diberi papan tidur dan tikar, yang kami dapat beli. Memang dua lapis yang betul bagus, tetapi jadi sarang kutu busuk. Kalau tikar penjara yang hanya selapis saja kami gulung dan geprak ke lantai, kutu busuk yang jatuh bukan bijian, tetapi puluhan! Malah ada beberapa orang yang dibilang kalau kutu busuk yang "bernaung" di bawahnya berbilang ribuan! Mencari dan membunuh kutu busuk bukan pekerjaan untuk diri sendiri, hanya untuk ... umum!

Menjemur pakaian yang dicuci pun susah sebab tidak cukup tali jemuran yang ada. Tentu saja pakaian yang basah bisa digantung di kamar sendiri, tapi ini tidak boleh.

Karena kami perlu membantu biaya dapur, kami jadi dihadapkan dengan masalah uang. Betul kami boleh menerima pos dari sanak keluarga, tetapi jumlahnya terbatas, dan juga tidak semua orang menerima kiriman uang. Tidak heran setelah beberapa lama ada orang-orang yang sama sekali tidak mempunyai uang lagi sehingga tak memesan apa-apa, hanya saja kewajiban membantu 3 rupiah per bulan untuk dapur mereka tidak mampu memenuhinya.

Beruntung "kaptoa" mempunyai ide. Ada beberapa orang yang mempunyai uang terbilang ratusan, malah ada juga yang sampai lebih dari 1.000 rupiah. Dengan tanggungan beberapa orang, masing-masing 100 rupiah, uang mereka dipinjam dan dimasukkan ke dalam semacam bank, yang dinamakan BOTT ("Bank Oentoek Tawanan Tionghoa"). Kalau ada yang kehabisan uang, 3 rupiah kewajiban dipinjamkan padanya secara otomatis dari bank tersebut oleh "kaptoa". Kalau yang bersangkutan menerima weselpos, lebih dulu dipotong utangnya pada BOTT. Yang selebihnya baru dimasukkan dalam buku sebagai kredit, sebab di Serang kami tidak boleh pegang uang kontan.

Penyitaan kaleng yang kerap dilakukan juga membuat jengkel. Ketika baru sampai di Serang, semua kaleng berikut baskom disita, tapi kemudian kamar-kamar diberi beberapa dari barang-barang itu untuk kami pakai mandi dan buang air. Beberapa waktu kemudian, kaleng-kaleng berikut ember yang kami dapat beli, bocor dan bisa dimengerti mengapa jantung kami tidak tenang kalau kami tidak bisa mendapatkan kaleng baru. Ember yang bocor kami tambal sebisa mungkin dengan masang kayu pada dasarnya, sehingga kami tidak kehilangan sama sekali dan tidak sampai terjadi kami harus memakai mug untuk sayur, mandi dan buang air...

Belakangan arloji, pulpen, dan barang perhiasan seperti cincin juga harus diserahkan untuk disimpan di kantor penjara. Barang-barang porselen seperti piring, teko, dan lain-lain, pun kami diharuskan menyerahkan ke kantor untuk disimpan, seperti juga topi.

"Afdeeling Soerabaja" tidak mandi air bak, sebab di sana tidak ada bak, hanya ada satu sumur saja. Karena ini juga tidak cukup untuk kira-kira 70 orang, di sana pemakaian air dibatasi untuk tiap-tiap orang sebanyak setengah kaleng minyak tanah per hari!

6. Snapshots

Sering di malam hari semua penghuni berkumpul. "Orang bawah" duduk di kolong mereka dan "orang atas" bercokol dengan umumnya bersila di pinggir loteng. Saya tidak bisa menghilangkan perasaan seolah-olah sedang berada di dalam salah satu rumah berhala.

Dalam *The China Journal dan Asia,* sering dimuat pemandangan dalam kelenteng Tionghoa yang penuh dengan patung-patung Lo Han yang berbaris-baris dalam beberapa tingkatan di lubang-lubang di tembok. Kalau saya melihat ke atas dan ke bawah, ke kanan dan ke kiri orang sedang duduk, dalam pandangan saya berubah menjadi pemandangan dalam rumah berhala dengan sekian banyak Lo Han-Lo Han dalam berbagai posisi duduk dengan wajah yang berbeda-beda. Jiwa saya menjadi tenang.

Perasaan seperti ini juga saya dapatkan di pagi hari, ketika sinar matahari fajar yang hangat menembus masuk dari jendela atas pintu kamar dan melalukan seberkas cahaya, di mana debu dan asap tampak menari kian kemari menerangi satu bidang besar pada tembok yang putih menakutkan. Saya jadi teringat pada lukisan di gereja-gereja termasyhur dari ahli-ahli lukis, di mana juga orang bisa melihat dengan jelas jalannya cahaya matahari pagi dari jendela ke tembok...

Kalau saya bercokol di kolong saya dan melongok ke atas "loteng" di seberang saya, saya hanya bisa melihat kawan-kawan di sana kalau mereka duduk. Kalau mereka rebah, mereka tidak kelihatan. Dalam situasi ini, Tuan Loa Sek Hie sangat menarik perhatian saya. Dia "orang atas" di seberang.

Kalau ada sesuatu yang hendak dia bicarakan, Tuan Loa lantas duduk hingga tampak jelas dari "kolong" saya. Selesai berbicara, dia tertawa dan... bluk! Tidak kelihatan lagi!

Dia membuat saya teringat pada satu mainan orang tua yang tidak bisa rebah. Kalau mainan tersebut dijatuhkan dan kemudian dilepaskan ia akan lompat berdiri lagi. Maka dalam bahasa Tionghoa mainan tersebut dinamakan *pu-tao-ung* alias "orang tua yang tidak bisa jatuh". Tuan Loa layak dinamakan "orang yang tidak bisa duduk". Dia duduk kalau dibiarkan duduk oleh keinginan berbicara, sebagaimana *pu-tao-ung* dibuat rebah oleh tangan yang menekan, dan kemudian rebah kalau tenaga yang membuatnya duduk, yaitu keinginan untuk bicara, sudah lenyap. Seperti *pu-tao-ung* yang mencelat berdiri begitu tangan yang menekannya berlalu....

Kita putar balik sebentar, kira-kira kembali pada pukul 11.

Pertama kita pergi ke dapur. Di sini kita melihat orang-orang sibuk bekerja. Apalagi kalau kami mendapat babi hidup, seperti yang pernah terjadi beberapa kali, dan ini lagi dipotong. Di pojok dapur ada orang sedang memilih beras, di antaranya tampak Tuan Lim Djin Tek (Bogor).

Masuk ke gang kiri, terdapat kamar-kamar 1, 2, 3 dan 4. Kamar 1, yang berisi tahanan Indonesia tertutup, tapi yang lain-lain terbuka.

Di kamar 2 kita melihat ada yang sedang membaca buku, duduk-duduk, tiduran, dan lain-lain.

Kamar 3 kira-kira sama seperti itu. Tuan Thio Thiam Tjong (Semarang), Tuan Tjan Gwan Soen (Demak) dan beberapa orang sedang asik mempelajari Bahasa Mandarin. Di pojok orang bermain maciok.

Kamar 4 tak kalah ramai dibandingkan kamar-kamar yang kita sudah kunjungi. Ada yang belajar Bahasa Mandarin di sini, yaitu Tuan Lie Swie Gwan (Semarang).

Gang tentu saja ramai dengan orang yang keluar-masuk.

Sekarang kita melangkah ke pekarangan dalam yang juga penuh dengan orang.

Di salah satu sisi Tuan Oey Gwat Beng (Pekalongan) sedang mencucui pakaian, seperti sejumlah orang di bagian lain. Tempat menjemur pakaian adalah tali tambang yang dipasang dari lubang-lubang tembok di satu sisi ke lubang-lubang tembok di sisi lain. Pukul 11, semua tali jemuran sudah penuh, hingga ada yang menjemur cucian dengan menghamparnya di atas batu kolar. Saya pernah minta menumpang menjemur pakaian di tambangnya satu tuan, yang diluluskan dengan baik. Ternyata namanya Tuan Poei Kok Goan dari Bandung, yang itu waktu saya masih belum kenal.

Sejumlah orang sedang berjemur atau mandi sinar matahari, di antaranya Tuan Tan Him Jan (Ngunut), Siek Sing Tjay (Parakan) dan Kwee Hay Gwan (Juwana). Yang disebut belakangan pernah mendapat penyakit eksim keras. Obat dari beberapa dokter percuma saja, hingga akhirnya dia membaca dalam buku tentang pengobatan dengan tenaga alam bahwa sinar matahari baik untuk itu. Dia lalu berjemur dan betul-betul sembuh. Saya sendiri di Bukit Duri pernah mendapat serangan rematik hebat yang membuat saya harus masuk rumah sakit. Di sini, siang hari tempat tidur saya terkena sorotan matahari. Karena kepanasan saya memberitahukan hal ini pada dokter, yang mengatakan bahwa justru baik untuk encok. Dan memang tak berapa lama kemudian saya sembuh.

Sumur dirubung orang yang hendak mengambil air untuk mencuci pakaian. Timbanya berat, maka tidak sembarang orang kuat menimba. Begitulah orang "berkongsi" menimba air: satu berdiri di atas sumur, yang lain di bawahnya, dengan bergantian orang mengerek naik timba tersebut. Tetapi beberapa orang yang mempunyai tali tambang sendiri punya cara lain. Mereka meminjam ember kamar yang tidak besar, mengikatnya pada tali, naik ke atas sumur dan memakainya untuk menimba air!

Tuan Liem Gwan Ging (Semarang) dan Tuan Tan Ie Nong (Kuningan) sering menimbakan air untuk orang- orang yang kurang kuat.

Lantas, di pekarangan dalam juga dijemur kasur, tikar, pakaian, dan lain-lain. Dan selalu ada orang yang asik membersihkan kutu busuk dari barang-barang miliknya. Dijemur juga papan tidur yang menjadi tempat bersarang kutu busuk. Setiap hari kita bisa mendengar suara orang menggebrak-gebrak papan ke tanah sehingga "isinya" berhamburan ke sana kemari. Tawa riuh terdengar kalau tampak seekor "sapi gemuk" merayap keluar dari papan tidur, koper atau barang lain!

Karena pekarangan dalam tidak besar, menjemur kasur atau papan tidur dilakukan menurut giliran kamar. Lantaran papan tidur lebih banyak menimbulkan gangguan daripada kesenangan, segera saja orang-orang—*termasuk saya*—menggotong keluar dan menyandarkannya pada tembok di pekarangan dalam dan ini akhirnya dipakai orang-orang untuk duduk-duduk.

Di bak air, ada yang sedang mandi. Ada yang sedang mencuci pakaian. Kadang-kadang bak pun dicuci dan disikat dasarnya.

Di pojok lain, di depan kamar 5, tampak antara lain dr. Kwee Tat Tjhong, Tuan Sie Kee Tjie (Yogya) dan Tuan Tho Ping Boen (Kediri) main catur sembari mandi matahari. Di situ pun ada Tuan Gan Tjin Bie (Cimahi), "kampiun mandi matahari". Dia dulu terserang rematik berat. Untuk mencegah serangan lain, dia selalu mandi matahari berjam-jam lamanya dengan hanya memakai celana pendek. Juga di waktu siang, sementara yang lain-lain megap-megap kepanasan, sering ditemukan Tuan Gan telentang-tengkurap di atas tikar untuk berjemur.

Mari kita masuk ke kamar 5, salah satu kamar yang agak kecil dibandingkan dengan kamar-kamar di kedua sisi. Kamar ini, seperti kamar 6 dan 7 di sebelahnya, juga lebih rendah. Di tembok belakangnya ada jendela, dan sebab kamar itu rendah, melaluinya dengan gampang kita bisa mengintip keluar dari loteng.

Ketika saya pertama kali mengunjungi Tuan Lauw Tek Siang (Garut), salah satu "orang atas" di kamar tersebut, saya juga ikut melongok keluar. Di belakang penjara terdapat kebun kelapa yang kedua sisinya berbatasan jalan besar. Waktu saya mengintip keluar, justru di jalan raya yang terletak di seberang penjara, sebuah mobil berhenti. Susah untuk mengukur perasaan saya ketika melihat jalan raya, mobil, orang-orang yang lalu lalang di situ, yang membuat saya sangat merasakan perbedaan antara berada di dalam tahanan dan berada di dalam kebebasan! Orang tidak bisa menghargai sepenuhnya kebebasan sebelum kehilangan itu!

Keadaan di kamar 6 dan kamar 7 kira-kira sama seperti di kamar 5.

Sekarang kita melewati pintu di tembok kanan.

Kita lantas berhadapan dengan pintu kamar 10. Kita lebih dulu menuju ke kamar 8 yang paling ujung. Di depannya mengalir saluran yang memasok air ke dalam bak.

Di depannya beberapa orang sedang mandi, sehingga kita harus buru-buru. Kalau tidak, niscaya kita akan kecipratan air.

Kamar 8 tidak menunjukkan pemandangan yang berbeda. Satu fitur yang hampir setiap hari ada di sini adalah orang main catur dan tiokie.

Dari sini kita melihat kamar 9. Kamar ini oleh satu "tamu" dari "Afdeeling Soerabaja" pernah dinamakan Kamar Universiteit, sebab di sini banyak orang belajar Bahasa Mandarin dan Bahasa Inggris. Tapi juga ada rombongan orang main maciok, sebab kamar 9 mempunyai satu set permainan ini.

Di kamar 10 dan kamar 11 tertampak orang ngobrol, membaca buku, main tiokie dan main maciok.

Kita kembali ke pekarangan dalam dan melongok ke dalam kamar 27. Karena kecil, tidak berloteng dan isinya hanya 5 orang, kamar Tuan Phoa Tjeng Khe (Serang) suasananya tenang, meskipun banyak "tamu".

Kamar 28, "saudara kembar" kamar 27, lebih ramai. Di sini Tuan The Tie Sek (Cirebon) sedang mendongeng cerita *See Yu*[63]. Para pendengarnya bukan

---

[63] See Yu Ki atau Xiyou ji *(Journey to the West/Ziarah ke Barat)* yang menjadi dasar cerita Kera Sakti Sun Go Kong.

hanya penghuni kamar itu saja, terutama Tuan Ang Kwie Tjioe (Anyer) dan Tuan Jo Boen Liong (Cilegon), tetapi juga orang dari lain kamar, seperti Tuan Tan Tjoen Tjiang (Bogor) dan Tuan Tan Kok Hian (Babat).

Tuan Ong Goan Sioe (Serang), juga penghuni kamar 28, mengatakan kepada saya dia telah menghabiskan masa tahanannya di sana, di awal tibanya tawanan-tawanan dari lain-lain tempat untuk menyalin cerita *Beng Lee Koen* ke dalam bahasa Melayu. Ini akan menjadi terjemahan Melayu ketiga dari *Beng Lee Koen*[64].

Kita kembali ke pekarangan depan, ke sebelah kanan, tempat kantor "kaptoa", yang juga menjadi poliklinik dan perpustakaan, terdapat banyak orang sedang sibuk.

Waktu menunjukkan hampir pukul 12, mendekati waktu makan. "Express Soerabaja" sedang diatur.

Apa itu "Express Soerabaja"?

Yang dimaksud adalah orang-orang dari "Afdeeling Soerabaja" datang mengambil makanan, banyaknya kira-kira 10 orang. Ketika itu mereka sudah siap untuk berangkat: yang harus menggotong keranjang nasi sudah tinggal melangkah, yang harus

[64] Beng Lee Koen *(Legend of Meng Lijun)* adalah novel klasik Tiongkok yang diterjemahkan ke dalam bahasa Melayu Tionghoa pertama kali oleh Lie Sim Djwe (Semangat, Jombang, 1921), dan yang kedua oleh Oey Kim Tiang/OKT (tidak diketahui tahun dan penerbit-I.H.). Sampai sekarang, terjemahan Ong Goan Sioe tidak diketahui keberadaannya.

memikul drum sup sudah menaikkan pikulannya ke atas pundak, yang lain-lain sudah memegang bakul atau keranjang besar berisi makanan. Begitu pintu dibuka, "Express Soerabaja" langsung bergerak!

Tidak sembarangan orang bisa pergi ke "Surabaya". Tapi toh, ada jalannya juga. Kalau kita mau pergi ke sana, pagi-pagi kita menggantikan salah satu orang Surabaya yang datang mengambil kopi dan kue dan membawanya ke sana. Orang yang kita gantikan bisa tetap tinggal di bagian penjara, sementara kita bisa "tinggal di Surabaya" sampai tengah hari atau sore. Pulangnya tentu saja dengan ikut lagi "Express Soerabaja" yang mengambil makanan siang atau sore, dan setelah masuk lantas serah terima kewajiban dengan orang yang kita gantikan.

Orang juga bisa pergi ke "Surabaya" dengan mengikuti dokter atau memikul susu ke sana bersama Tuan Tan Wan Tiong (Cirebon), tukang bagi susu.

"Afdeeling Soerabaja" terdiri dari satu kamar gudang yang panjang dan juga berloteng, tapi "bagian kolong" dipetak-petak. Di sini setiap "orang kolong" mendapat satu petak sendirian. Berendeng dengan itu ada sebuah gudang lain. Gudang inilah yang dijadikan rumah sakit.

Salah satu keuntungan "Afdeeling Soerabaja" adalah di sini orang tidak dikunci di waktu malam. Kalau terang bulan, orang bisa terus berdiri untuk pandang putri malam. Dan "orang Surabaya" tidak usah memilih beras, tak perlu mengangkut kayu dan juga tidak harus kerja bakti di kebun. Tapi sebaliknya, mereka harus membuat tali tambang. Bukan untuk keperluan kami, hanya untuk penjara. "Afdeeling Soerabaja" lebih enak dari pada tempat kami, karena "kapal" bisa masuk dengan gampang. Pernah kami yang di bagian penjara ditanya, yang suka membuat tali tambang boleh pindah ke "Afdeeling Soerabaja". Tapi tidak banyak yang tertarik dengan pekerjaan tersebut.

Pada satu ketika, kebun kelapa di belakang penjara hendak diubah jadi kebun sayur. Pekerjaan membuka lahan tersebut diserahkan kepada kami, dan kita terima dengan senang hati. Pertama, sebab dengan bekerja di sana kami bisa menghirup udara segar, dan kedua, dengan mencangkul kami bisa melakukan gerak badan dan mengeluarkan sedikit keringat yang bagus untuk kesehatan. Ada lagi. Betul sebidang tanah itu dikurung gedek, tapi di situ orang bisa mendengar keramaian di jalan raya karena di kedua sisi berbatasan dengan jalan. Dan kalau orang berdiri di tengah-tengah, cukup jauh dari gedek, orang bisa melihat rumah-rumah di seberang. Kehidupan orang biasa dan merdeka berada dekat sekali dengan kami yang terkurung, hanya dibatasi oleh pagar gedek!

Orang asal Banten sesudah keluar satu kali selanjutnya dilarang, sebab terlalu dekat dengan rumah. Rumah orang tua Tuan Lie Fet Lin, yang disewa oleh perkumpulan Hoo Hap, bisa terlihat kalau orang berdiri cukup jauh dari pagar. Ketika orang ini ikut gotong royong itu, dia bisa melihat dengan jelas orang-orang di rumah tersebut. Banten tidak boleh ke kebun lagi.

Belakangan banyak nyonya-nyonya dari luar Serang datang di depan gedung Hoo Hap Hwe dengan harapan bisa melihat suami mereka mencangkul di kebun tersebut. Antara orang interniran terjalin semacam kerjasama. Kalau umpamanya di hari itu A yang pergi ke kebun dan mengenali istri B di seberang pagar, sekembalinya dia memberitahu B dan B lantas ikut dalam rombongan yang bekerja siang atau esok pagi dengan mengganti giliran orang lain yang harus bekerja di waktu itu.

Dengan cara demikian banyak suami-istri bisa saling melihat sesudah berpisah lama. Pada suatu hari nyonya-nyonya tersebut lari kocar-kacir lantaran Kenpei mengambil tindakan terhadap mereka!

Kerja bakti kebun ini tidak berjalan lama, sebab segera juga diberhentikan.

Selama kami tinggal di Serang, kami mendapat tambahan empat "kiriman" kawan baru yang ditangkap belakangan, di antaranya Tuan Siem Tjeng Swan dari Sukabumi dan Tuan Lo Tjoen Tat dari Jakarta. Tuan Lioe Kam Ngo dari Juwana yang juga "datang belakangan" bercerita bahwa ongkos kereta api ke Serang disuruh bayar sendiri!

Yang menyedihkan, di Serang kami kehilangan

tiga orang kawan. Orang pertama yang menutup mata ada Tuan Nio Ek Fong dari Sukabumi, kemudian Tuan Loa Tik Joe dari Bangkalan (Madura) dan paling belakang, menjelang Cap Go Meh 2495, Tuan Liem Teng Hway dari Surabaya. Kami memperingati masing-masing dari mereka dengan mengheningkan cipta selama 5 menit di waktu malam setelah pintu kamar dikunci. Di Semarang telah meninggal dunia 1 orang dan di Bandung 2.

Setiap tanggal 5, 15 dan 25, orang ramai dan sebagian besar menunggu dengan tidak sabar.

Barang-barang dibawa masuk ke pekarangan depan, tempat dilakukan pemeriksaan isinya dengan disaksikan oleh kepala-kepala kamar. Setelah itu, yang boleh diterima lalu diserahkan, sementara barang-barang mentah kawan nasi diangkut ke dapur.

Tetapi kami sudah bisa mengatur agar barang-barang yang diperintahkan untuk diserahkan ke dapur, kalau masih ada nama penerima, oleh pengurus dapur dikembalikan pada yang punya. Maka di dekat dapur berkerumun banyak orang untuk menjaga barangnya. Begitu selesai pembagian, tampak rombongan-rombongan orang dengan hati-hati menyelinap ke dapur untuk mengambil kembali barang mereka, kalau ada dan masih bisa dikenali, karena namanya dibuang. Banyak barang gagal sampai karena namanya hilang atau sebab lain. Maka tidak lama pula terlihat setiap jeruk, telur, dan lain-dipasangkan nama.

Untuk menjaga kelancaran pada hari-hari demikian, kami mengangkat dua orang "polisi": Tuan Lie Fet Lin (Serang) dan Tho Ping Liep (Semarang) yang sering memegang jabatan tersebut.

Suatu ketika barang-barang yang sudah diperiksa dibawa masuk ke pekarangan dalam, orang berkerumun sedemikian rupa, sehingga Tuan Loa Sek Hie, "ketua" kamar 9 sampai merasa perlu malamnya memberi peringatan, meminta orang-orang jangan berbuat begitu rupa dengan mengeluarkan perkataan "seperti binatang liar". Ucapan ini membuat Tuan Tan Ping Tjiat (Batu) mengajukan protes karena dianggap terlalu keras. Tetapi obat yang keras justru itu yang manjur! Dan antara kami, tidak bisa disangkal memang banyak yang perlu obat keras.

Segala macam hubungan kekeluargaan tampak di antara kita. Ada beberapa pasang ayah dan anak, mertua dan menantu, engkoh dan adik, cihu[65] dan enku[66], dan lebih jauh ada twaku[67] dan moayhu[68], tangmui[69] dan lain-lain lagi.

Tuan Nio Peng Long rombongan Bukit Duri disebut "ho-mia", sebab "berbekal" sekaligus dua menantu, yaitu Tuan Chu Kwang Cho dan Tuan Ling Hsing Chiao.

---

[65] (Hokkien) abang ipar/suami kakak

[66] (Hokkien) adik ipar/ adik laki-laki istri

[67] (Hokkien) abang tertua istri

[68] (Hokkien) adik ipar/suami adik perempuan

[69] (Hokkien) Suami-suami dari dua perempuan bersaudara

Di Serang pernah diadakan “resepsi perkawinan”! Tuan Liem Hwat Sioe (Lasem) mendapat kabar bahwa anak perempuannya yang akan menikah. Ketika harinya tiba, di kamarnya diadakan “resepsi” yang mendapat kunjungan banyak tamu!

7. Sinar Terang dalam Kegelapan

Gelap gulitanya keadaan kami sebagai tawanan kadang-kadang tertembus juga oleh sinar terang.

Baru saja kami tinggal beberapa hari di Serang, sinar terang yang pertama telah berkelebat.

Kami dipindahkan pada tanggal 9 September 1943 atau 10 Pengwee 2494. Beberapa hari kemudian tibalah 15 Peh Gwee, pesta Tiong Chiu. Kami memberitahukan ini pada komandan dan kami dibolehkan tinggal lebih lama pada hari itu, yaitu sampe pukul 10. Beberapa orang mempunyai alat musik. Memang alat musik harus disimpan di kantor, tapi tiga diizinkan untuk kami pegang sendiri. Di antaranya biola dan gitar. Maka malam Peh Gwee Tjapgouw itu kami mempunyai musik.

Langit bersih, bulan terang, air bak berbayang Putri Malam yang tersenyum. Betapa terharunya hati kami mendengar lagu-lagu Tionghoa, Barat, Keroncong Bengawan Solo, Kembang Kacang, dan lain-lain. Apa lagi Tuan Oei Ngo Djie (Semarang) dan Tuan Tan Wan Tiong (Cirebon) menari, menyanyi dan "perang pantun" satu sama lain, sehingga suara tawa dan tepuk tangan membumbung naik dari pekarangan dalam yang sempit. Bunyi tepuk tangan ratusan pasang telapak tangan mengikuti ritme musik, begitu merdu sekali terdengarnya pada malam itu, dengan

Putri Rembulan tersenyum-senyum. Dalam kondisi jauh dari rumah tetapi semangat kami berada di antara keluarga!

Saya berdiri agak jauh dari orang banyak yang mengerubungi musik. Memandang dari depan kamar 6 ke depan, ke jalanan antara kamar 27 dan 28. Kamar-kamar ini mempunyai dua jendela atas di kiri-kanan pintu, dari pintu cahaya lampu menyorot terang menembus keluar. Sungguh luar biasa. Di mata saya kamar-kamar itu terlihat bagai singa dengan mulut menganga (pintunya) dan 2 mata menyala-nyala (kedua jendelanya). Saya tidak bisa menghindar dari perasaan ini. Setiap kali terdengar musik di waktu malam, saya harus melihat kamar 27 dan 28, dengan perasaan seolah-olah saya berhadapan dengan sepasang singa yang sedang duduk.

Tak lama kemudian, musik mengalunkan lagu perpisahan. Jam penutupan sudah tiba! Dengan berbaris kami berjejal masuk di pintu gang di tembok kanan dan kiri untuk pulang. Para pemain musik pun melanjutkan permainan saat ke kamar mereka di sebelah kiri. Musik semakin lama terdengar semakin jauh, seperti juga irama tepuk tangan dari puluhan pasang tangan mengiringi,

Di saat merdeka, saya sering mendengar konser, tapi satu pertunjukan musik yang begitu banyak melahirkan perasaan-perasaan dan kenangan-kenangan seperti malam itu di Serang, yang dipimpin oleh Tuan The Tie Sek (Cirebon) dengan biola, saya belum pernah mengalaminya!

10 Oktober[70] dan hari lahir Dr. Sun Yat Sen[71] (12 November) pun kami rayakan dengan musik.

Malam-malam musik yang belakangan lebih ramai dari pada yang pertama, sebab sementara yang hadir hanya tawanan dari bagian penjara saja, yang berikutnya menyumbang lagu Tionghoa dari Tuan Lie In Teng (Solo). Jumlah penyanyi pun bertambah.

Alat musik juga semakin banyak, sebab Tuan Joe Boen Tiong (Pekalongan) telah membuat sebuah suling bambu, satu orang dari pabrik biola Tionghoa[72], dan Tuan Thio Bian Hong (Bandung) yang menciptakan sebuah alat musik yang boleh ditabuh untuk mengiringi lagu jazz!

Tang Ceh[73] pun dirayakan dengan musik di waktu sore dan kita diperkenankan masuk lebih telat.

Malahan orang Tionghoa di Serang begitu baik hati untuk mengingat kita juga, para tawanan, yang sebagian besar pada Tang Ceh tahun lalu tidak

---

[70] Era Republik Tiongkok dimulai dengan pecahnya revolusi pada 10 Oktober 1911, di Wuchang, ibu kota Provinsi Hubei.

[71] Pemimpin kunci revolusi Tiongkok dan diakui secara luas sebagai Bapak Negara Tiongkok Modern, baik di Republik Taiwan maupun di Tiongkok Daratan.

[72] *Erhu*, alat musik gesek sejenis rebab dua senar.

[73] Festival Tang Ceh (Hokkien) atau Dōngzhì (Mandarin) atau Festival Titik Balik Matahari Musim Dingin (harfiah: Tibanya Musim Dingin) adalah salah satu festival paling penting yang dirayakan masyarakat Tionghoa dan bangsa Asia Timur lainnya pada saat panjang hari paling pendek dalam setahun atau sekitar tanggal 22 Desember.

merasakan wedang ronde. Mereka menyumbang wedang ronde.

Sore itu, di waktu senja, diumumkan "kabar istimewa", kami boleh datang ke dapur untuk mengambil wedang ronde. Sorak sorai membahana menyambut "Minta perhatian! Minta per-ha-ti-aaan!" dan seperti biasa terbentuk pula antrean panjang orang-orang yang bersenjatakan mug untuk mengambil wedang ronde buatan encim-encim dan *siocia-siocia*[74] Serang. Kami sangat berterima kasih pada saudara-saudara lelaki dan perempuan di Serang!

Berbareng dengan itu telah diadakan prosesi alias "arak-arakan malaikat".

Dengan kepala yang tertutup topi, tunduk dan tangan disilangkan di dalam jubah merah yang menutup seluruh badan, satu "malaikat" sebagai putri penjara dengan gaya agung dan dengan diiringi oleh... coba tebak apa? Tak kurang dari satu perangkat pat-im[75] Tionghoa! Rombongan ini akhir nya menuju ke tempat pertunjukan musik di pekarangan dalam. Di sini "malaikat merah" melempar topi melepaskan jubah merahnya, dan kemudian ... muncul wajah Tuan Liem Hwie Giap! Jubah merah itu hanyalah selembar selimut yang tidak jelas disambar dari mana!

Malam itu "programma" musik cukup beragam. Ada lagu Tionghoa, ada nyanyian Barat, ada

---

[74] Nona

[75] Bayin (Mandarin): orkestra 8 alat musik Tionghoa.

keroncong , ada tandak, ada banyolan. Tuan Li Tien Man, kepala Sekolah Tiong Hoa Hwee Koan Ciledug, menyanyi dengan mengagumkan, sehingga orang-orang berteriak"Bis! Bis!"[76].

"Express malam ke Surabaya" berangkat dengan mengangkut para penumpang yang merasa puas, dan kami balik ke kamar dengan perasaan melayang-layang dan terbagi-bagi.

Kemudian datang Tahun Baru 1944 Masehi. Kami merayakannya dengan sebaik-baiknya, berbeda dengan di Bukit Duri.

Orang Tionghoa dari Serang kembali menunjukkan bahwa mereka tidak melupakan kami. Juga Hua Chiao Chung Hui (Federasi Orang Tionghoa Perantauan) Bandung, yang biasanya hanya mengirimkan barang-barang pada tawanan-tawanan asal Priangan, menyumbang banyak barang makanan. Pemberian barang makanan begitu banyak, hingga dapur sibuk secara menggembirakan, dan pada malam Tahun Baru kami bisa "makan besar". Tentu saja makan pada Hari Tahun Baru pun istimewa pula.

Malam Tahun Baru kembali kami diperkenankan menyelenggarakan musik dan nyanyian. Jauh-jauh hari masing-masing kamar sudah asik berpikir bagaimana membantu perayaan agar "nama kamar" naik tinggi. Kamar 9 membuat keputusan

---

[76] Kata "bis" berasal dari bahasa Latin yang berarti "dua kali" atau "lagi". Ketika penonton memberikan teriakan "bis!", mereka sebenarnya meminta agar pertunjukan tersebut diulang.

mengadakan ... permainan Gajah Dungkul[77].

Sebuah kepala gajah-gajahan yang cukup bagus dibuat. Tuan Oey An Siok menjadi gajah, Tuan Lie Goan Tjin penggembala, Tuan le Tek Oen penyanyi dan beberapa orang lagi memukul tetabuhan penggantinya tambur dan marakas. Sumbangan ini menjadi sebuah "pertunjukan sukses". Sayang, keluarnya di waktu cuaca sudah terlalu gelap untuk orang bisa melihat dengan jelas, sebab berhubung dengan siaga terhadap serangan udara di pekarangan dalam, lampu tidak dipasang.

Tepuk tangan riuh bergema untuk pertunjukan dengan nyanyian populer "Papaya Mateng dari Kramat" sangat menarik hati. Sorak sorai semakin ramai ketika sang gajah berkepala batu dan tidak mau diajak pulang sesudah "selesai main".

Setelah penggembalanya menghajar beberapa kali, barulah ia lari "pulang kandang" dengan diiringi gemuruh suara penonton. Sesampainya di dalam kamar sang "gajah" protes.

"Eh, gua kena diakalin sama si Goan Tjin! Orang janjinya kalau sudah dikasih pisang baru sang gajah boleh pulang, nggak taunya bukan dikasih pisang, tapi dikasih hajaran dan tendangan!"

Seluruh kamar 9 berkumandang suara tawa

---

[77] Tontonan Malam Tahun Baru Imlek Gajah Dungkul dengan seorang penggembala memukul tambur kecil, bernyanyi: *Gajah saya Gajah Dungkul/ kasih makan rumput sepikul/ saya beberes belon betul/ yang nonton sudah kumpul.*

cekakakan...

Pada tanggal 31 Desember 1943 malam, Malam Tahun Baru 1944, punya pesona luar biasa bagi saya.

Malam itu selongsong lampu dibolehkan dibuka, hingga semua kamar terang. Hal ini memberi perasaan "hangat" yang lain dari biasa. Apa lagi semangat pesta memenuhi sanubari semua orang. Di "loteng" terlihat orang main maciok. Satu rombongan asik pula bermain domino. Karena di luar masih ada musik, sebagian besar penghuni kamar masih "jalan-jalan", sehingga dalam kamar menjadi rada tenang, tidak begitu sesak dan tidak begitu berisik seperti biasa. Maka ketika dari pekarangan dalam saya meninggalkan keramaian dan masuk ke kamar, hati saya membuncah hingga lupa di mana kami berada.

Setelah pintu besi kamar-kamar berdentang dengan diiringi bunyi gemerincing anak kunci, perayaan dilanjutkan di dalam kamar. Kamar saya merayakannya dengan pidato-pidato yang membesarkan harapan dan hati yang ditutup dengan ucapan Selamat Tahun Baru.

Malam itu tidak ada yang mengindahkan jam tidur. Setelah pidato-pidato, orang masih berkumpul dalam rombongan-rombongan kecil dan berbincang. Ada juga yang tidur, seperti mayor Khouw Kim An, tapi dia meminta saya untuk membangunkannya pukul 12 untuk menyambut datangnya tahun 1944.

Ketika jam dinding menunjukkan pukul 12, kami saling mengucapkan Selamat Tahun Baru. Yang sudah tidur dibangunkan dan pada mereka kami juga mengucapkan selamat. Sementara itu, dari kamar 10 terdengar suara berteriak kepada kami, "Selamat Tahun Baru! Selamat Tahun Baru!" yang kami balas dengan tak kalah nyaring. Dengan begitu kita masuk ke tahun 1944....

Keesokan pagi, pemandangan seperti biasa: berlomba mandi, berebut mendapatkan tempat di pinggir selokan.

Kemudian, banyak orang berdandan rapi dan mencari sobat dan kenalan di kamar-kamar lain untuk saling berjabat tangan. Sebagian melakukan pekerjaan sehari-hari: belajar, mencuci, dan lain-lain.

Siang itu akan diadakan musik di "Afdeeling Soerabaja" dan telah diumumkan orang-orang boleh jalan-jalan ke sana. Beberapa orang sudah sibuk menyiapkan alat musik mereka dan banyak yang sudah bersiap untuk "turun kereta". Tapi mereka kecele: akhirnya tidak ada izin untuk pergi...

Perayaan Tahun Baru Imlek 2495, 25 Januari 1944, berbeda sedikit dari perayaan Tahun Baru Masehi.

Sebagaimana pada Tahun Baru Masehi, kami pun mendapat sumbangan banyak barang makanan dari orang luar dan Hua Chiao Chung Hui Bandung, yang antara lain masing-masing kami dikirimkan masing-masing satu kue Cina. Satu hari sebelum Tahun Baru, Ji-kauw-kauw, orang-orang sudah sibuk membersihkan barang milik mereka. Yang paling saya utamakan di hari itu ialah "serangan" entah yang keberapa kali terhadap kawanan kutu busuk yang telah menyiapkan engkong, ayah, anak dan cucu untuk "menduduki" tikar saya. Tapi saya hanya menggunakan tenaga yang bersifat damai: saya geprak tikar itu di panas matahari, dan kalau musuh sudah terlempar berhamburan di batu-batu kolar, saya lantas serahkan mereka pada pertimbangan sang matahari.

Meskipun tertekan karena ditawan, toh hati kita penuh perasaan bungah dan harapan pada hari Jikauw-kauw.

Di pekarangan dalam sore itu diselenggarakan pertunjukan musik dan nyanyian Tionghoa, sementara di pekarangan depan, di bagian "kantor kaptoa", ada keroncong. Jadi ada dua jenis keramaian. Orang tinggal pilih mana yang hendak ditonton.

Malam itu gelap. Bersama-sama beberapa kawan, saya duduk di bangku kantor bukan terutama untuk mendengar musik, hanya untuk melayangkan pikiran. Saya mengenang perayaan Tahun Baru di rumah, di tengah-tengah sanak keluarga. Saya membayangkan diri saya satu malam Tahun Baru "di luar", di waktu mana segala sesuatu terasa dan terlihat berbeda. Di waktu bunyi "klotak" bakiak orang miskin di aspal jalan besar terdengar puitis. Tahun Baru Imlek yang lalu! Di penjara Bukit Duri!

Di sana tidak bisa dikatakan kami sudah bisa merayakan malam Tahun Baru! Di sana, saat di luar orang-orang menyambut Tahun 2494 dengan harapan baru, kami termenung di lantai atau tempat tidur semen di belakang pintu besi yang kokoh! Sekarang setidaknya di waktu sore kami masih boleh merayakan Malam Tahun Baru dengan musik di udara terbuka. Dan kalau sudah dikurung dalam kamar, kami masih bisa merayakannya itu di sana, sebab kamar kami bukan sel sempit yang dimasukkan tiga sampai empat, hanya satu "dunia" tersendiri.

Lampu di dalam kamar malam itu pun juga boleh dibuka tudungnya. Kamar menjadi terang dan tenang lantaran isinya banyak yang masih "jalan-jalan".

Di dalam kamar 9, ada yang main maciok dan kartu Barat. Pakaian orang-orang lebih bagus dari pada biasa.

Sesudah semuanya masuk, kamar menjadi ramai. Banyak orang tidak tidur pada jam tidur biasa, tapi menunggu pergantian tahun, saat itu pada pukul 11. Kebetulan Tuan Tan Hin Hie mendapat kiriman hio wangi. Beberapa batang lalu dibakar, harumnya membuat kamar kami menjadi lebih "sama seperti di rumah".

Pada pukul 11, kita saling "soja[78]" mengucapkan Selamat Tahun Baru. Beberapa orang kemudian tetap mengobrol sampai fajar. Malam Tahun Baru Imlek kedua dalam penjara bagi banyak di antara kami!

---

[78] tunduk (membungkuk) memberi hormat.

Keesokan paginya untuk mengucapkan *kiong hi*[79] pada sobat-sobat, orang-orang pergi ke Semarang, ke Bandung, ke Cirebon, ke Tegal, ke Sukabumi, ke Cianjur, ke ... terlalu banyak untuk disebut satu per satu. Dan akhirnya orang pun bisa *pai cia*[80] ke Surabaya!

Saya belum pernah soja kepada begitu banyak orang dari begitu banyak tempat pada hari Tahun Baru Imlek seperti hari Tahun Baru dalam penjara Serang!

Hari itu, 25 Januari 1943, juga hari kami boleh menerima kiriman barang. Sudah beberapa hari masuk kartu ucapan dari keluarga kami. Pengiriman tanggal 25 Januari terutama ada kue-kue, tart besar, taartjes, kue kering, selanjutnya makanan kawan nasi seperti dendeng, cumi asin, ayam goreng, dan akhirnya buah-buahan. Yang menerima tart besar ada yang mendermakan sebagian atau seluruhnya pada kamar, yang kemudian dipotong-potong dan dibagikan. Saya sendiri dikirimi dari rumah biji jambu monyet, emping tike[81], jeruk, kue kering dari ipar saya, Nyonya Liauw Tjoe Ho Lim di Serang.

Kue kering, biji jambu monyet, dan emping tike saya berikan seluruhnya untuk kamar. Kue kering sebagian untuk kamar dan sebagian untuk sobat-sobat

---

[79] (Hokkien) selamat

[80] (Hokkien) saling kunjung mengunjungi

[81] Keripik khas Indramayu yang terbuat dari umbi-umbian atau biji rumput teki.

di dalam dan di luar kamar. Sementara jeruk yang saya dapat tidak banyak, saya sumbangkan beberapa kepada teman-teman yang tidak mendapat itu.

Tahun Baru Imlek di Serang kami sungguh kebanjiran makanan.

Cap Go Meh, tidak kami rayakan berhubung dengan meninggalnya Tuan Liem Teng Hway (Surabaya). Itu sore kita ditutup lebih malam.

Kamar 9, pada tanggal 11 November 1943 setelah kamar dikunci, merayakan jubileum Dr. Kwa menjadi dokter 25 tahun lamanya dengan pidato-pidato yang bersemangat.

Pada tanggal 11 Januari 1944 sore, "jawatan radio" menyiarkan satu "Minta perhatian! Minta per-ha-ti-aaan!" yang istimewa. Orang-orang diundang pergi ke dapur untuk mengambil buah (nanas dan jeruk) dalam air dengan gula dan es sehubungan dengan ... ulang tahun "kaptoa".

Kompetisi tiokie juga menjadi hiburan buat kami.

Ini diadakan di atas papan catur besar yang dibuat dari 2 papan tidur, yang sudah dilemparkan ke pekarangan dalam. Papan catur disandarkan pada kedua tiang kerekan timba sumur. Bidak-bidak tiokie dibuat dari bumbung bambu. Pertandingan pertama, antara Tuan Liem Hian Soe (Tegal) dan Tuan Lie Tjian Tjoen, yang mana Tuan Liem bermain dengan tidak melihat papan catur, hanya minta orang mengatakan pemain lain menjalankan apa dan dia lantas memberitahu langkah yang dia minta orang lain melakukan untuknya. Pertandingan ini berakhir remis.

Akhirnya "jawatan pemberitaan" pun banyak memberikan cahaya terang, yaitu kalau ada kabar-kabar baik. Kabar angin tentu saja tidak ketinggalan.

Pada suatu malam kami memperoleh kabar Jerman sudah menyerah. Orang-orang berpesta.

Keesokan harinya ... ternyata tidak benar!

8. Selamat Tinggal, Kota Serang!

Baru saja kami tinggal di Serang, tak lama kemudian sudah terdengar kabar kami kembali akan dipindahkan. Serang memang terletak di ujung Pulau Jawa, tempat orang dengan mudahnya bisa menyeberang ke Sumatra. Tidak heran ada orang yang khawatir dibawa menyeberang lautan, sehingga banyak orang sampai tidak bisa tidur.

Tapi kabar selentingan ini kembali teredam.

Setelah timbul tenggelam beberapa kali, akhirnya kabar-angin tentang kemungkinan kami dipindahkan mendapat kepastian, ketika pada akhir bulan Januari 1944 oleh pembesar penjara diumumkan tanggal 5 Februari 1944 akan menjadi hari pengiriman paket terakhir kali. Di Bukit Duri pun, lebih dulu disetop hari-hari boleh menerima barang dan kemudian kita diangkut pergi.

Hari terakhir pengiriman barang-barang betul betul dimanfaatkan sebaik-baiknya. Banyak sekali barang yang diizinkan masuk. Ada yang mendapat kiriman sabun mandi sampai puluhan hingga cukup untuk dipakai untuk waktu yang lama kalau hubungan kami dengan dunia luar terputus. Ada yang dikirimkan kue keranjang bikinan istimewa lagi, berhubung kue ini bisa tahan lama. Dan sebagian orang mendapat kiriman ... koper rotan! Termasuk saya!

Ini menjadi petunjuk bahwa keluarga kami sudah mendengar tentang kepindahan kami, dan dengan begitu memanfaatkan "Hari Paket" terakhir untuk melengkapi kami dengan sebaik-baiknya sebagai persiapan tinggal di satu tempat di mana kontak dengan keluarga terputus.

Saya sering bilang ke kawan-kawan, kalau dipindahkan, barang bawaan saya ringan saja, sebab saya tidak punya kasur. Saya hanya perlu memasukkan pakaian dan selimut ke dalam kantong kain, membungkus sabun dan bakiak menjadi satu dan lantas siap untuk berangkat. Pada hari paket terakhir, selain koper rotan, saya juga mendapat kiriman ... satu kasur besar dan tebal berikut bantalnya!

Sekarang teman-teman mentertawakan saya, sebab saya punya jok yang paling besar dari seluruh kamar!

Dihentikannya kesempatan membeli barang-barang pun menunjuk jurusan pemindahan.

Oleh kepala-kepala kamar, kami diminta tidak perlu khawatir akan dipindahkan menyeberangi lautan, karena kalau jadi dipindah, menurut keterangan yang mereka dapat, kami akan ditempatkan di pegunungan.

Kemudian, pada suatu pagi kami tidak boleh keluar kamar, sebab akan digeledah. Berbeda dengan di Bukit Duri, di Serang kamar kami belum pernah digeledah sebelumnya.

Untuk itu, beberapa orang Jepang dan pembantu-pembantunya datang. Hari itu untuk pertama kalinya saya melihat orang Jepang memakai peci. Hasil penggeledahan adalah beberapa catatan disita Kenpei dan yang bersangkutan diperiksa tentang isinya.

Sesudahnya, tanggal 10 Februari barang-barang yang pernah harus kami serahkan untuk disimpan di dalam kantor penjara seperti arloji, pulpen, topi, dan lain-lain, dikembalikan kepada pemiliknya. Barang-barang porselen seperti teko, cangkir teh, piring, mangkuk, dan lain-lain, dibagi-bagi ke kamar-kamar.

Kamar 9 mendapat teko dan cangkir teh, tanpa pemiliknya menghuni kamar ini. Tentu saja pada hari itu orang-orang yang belum menerima kembali barang mereka mencari ke kamar-kamar lain dan segera juga pemilik teko dan lain-lain muncul, kepada siapa barang-barang tersebut dikembalikan.

Hanya kartu pendaftaran, yang di Serang juga harus diserahkan, dipegang terus supaya orang tidak gampang melarikan diri.

Jadi kepindahan kami sudah pasti. Dan akhirnya orang tahu juga ke mana kami akan dipindahkan. "Kaptoa" memberitahu kalau kami akan dipindahkan ke satu tempat yang "banyak air, banyak kuda, dan banyak ikan."

Dari teka-teki ini, orang-orang mendapatkan nama cui (air), ma (kuda), dan hi (ikan). *Cimahi!*

Menurut keterangan yang kami dapat, di Cimahi

tidak ada penjara, jadi harapan kami, di sana kami tidak akan dimasukkan ke dalam rumah tahanan lagi, dan mendapat tempat yang lebih baik.

Yang masih menjadi pikiran adalah di mana kami akan ditempatkan. Ada yang menduga di tangsi Baros. Ada yang bilang mungkin di Batujajar, dua-duanya terletak dekat Cimahi.

Bisa dibilang, setelah kami mengetahui tentang ini, hati kami tidak berat untuk pindah dari Serang, meskipun ada yang mengeluh, "Pindah lagi, padahal baru saja kita mulai betah di sini".

Kondisi patah semangat seperti ini bisa dimengerti, sebab pindah dari Bukit Duri berarti bagi sebagian besar dari kami meninggalkan tempat tinggal. Setelah berada di Serang, tinggal di sana atau di lain tempat sama saja artinya buat kami, sebab dua-duanya bukan rumah. Dan lagi pula, ada harapan kami tidak disekap dalam penjara lagi.

Pada tanggal 14 Februari, kami diperintahkan bersiap untuk berangkat. Kami boleh membawa semua barang yang kami inginkan kecuali piring, mug dan cangkir milik penjara. Sore hari setelah makan, kami harus menyerahkannya pada kepala kamar.

Hari itu kami benar-benar sibuk. Oleh pengurus perpustakaan, kami diberi nomor yang harus dijahit di bagian dada sebelah kiri baju kami. Barang-barang pun harus ditempelkan nomor tersebut. Selanjutnya disediakan tali untuk mengikat kasur dan lain-lain.

Siang itu para dokter dan pengurus perpustakaan

bekerja keras untuk mengemas obat-obatan dan buku-buku. Setelah makan sore, orang dapur repot membenahi perabotan dapur untuk dibawa.

Sebagaimana di Bukit Duri, kami mulai dengan mengemas kasur dan barang besar-besar lainnya, hingga pada malam terakhir dalam penjara Serang, banyak orang yang tidak tidur di atas kasur. Kamar-kamar berubah menjadi gudang, karena bungkusan-bungkusan kami susun tinggi di jalanan antara tempat tidur, sehingga "orang kolong" agak susah menuju tempat mereka.

Warga Tionghoa di Serang begitu baik membekali kami masing-masing 3 buah bacang dan 1 telur rebus untuk perjalanan besok. Kami amat berterima kasih untuk ini.

Setelah cuaca gelap, kami dipanggil berkumpul di pekarangan dalam Komandan Ouimura, yang bisa dibilang baik budi, resmi mengumumkan bahwa kami akan dipindahkan ke satu tempat yang lebih besar, dengan cukup air dan udara sejuk. Dia mengucapkan selamat jalan dan berpesan agar kami menjaga kesehatan. Tapi ke mana kami dipindahkan, dia tidak memberitahu. Pidatonya dibalas atas nama kami oleh Tuan Liem Hwie Giap yang menyampaikan terima kasih padanya untuk segala apa yang telah diperbuat untuk kami.

Itulah malam terakhir kami dalam penjara Serang.

Malam itu, banyak yang tidak bisa tidur. Berbagai

peristiwa yang terjadi di Serang melintas di mata saya, seperti pemandangan dalam film yang disorot ke layar putih. Hari-hari terang dan hari-hari muram dalam kehidupan kami di Serang menjadi teringat kembali. Bagaimana senang dan segar rasanya ketika untuk pertama kali kami menginjakkan kaki di kebun belakang penjara untuk mencangkul dengan kebebasan berada di seberang pagar gedek. Bagaimana duka kami karena meninggalnya beberapa kawan. Bagaimana ketika suatu pagi kami kaget karena seorang Indonesia yang ditahan Kenpei Serang dalam kamar di belakang kamar 28 orang Tionghoa, tak berapa lama setelah ditawan meninggal gantung diri di pintu besi. Bagaimana kami sering membicarakan nasib Tuan Tjhung See Gan dan Tuan Ong Siang Tjie, yang pada suatu hari dibawa Kenpei ke Jakarta, menimbulkan dugaan mereka dibebaskan, tapi beberapa waktu kemudian mereka dimasukkan lagi ke penjara Serang. *Bagaimana ... dan lain-lain sebagainya.*

Karena katanya kami harus berangkat di waktu fajar, kira-kira pukul 2 malam orang-orang sudah bangun dan membereskan selimut dan lain-lain yang telah dipakai. Pintu kamar sudah dibuka. Orang-orang mandi, buang air dan lantas siap untuk berangkat. Pukul 3 lewat kami semua sudah rapi. Orang-orang lalu menunggu dan menunggu. Tapi belum juga ada perintah apa-apa. Lantas beberapa orang kembali berlayar ke pulau kapuk dalam pakaian stelan, karena masih mengantuk.

Setelah pukul 4 lewat, keadaan dalam penjara menjadi lebih ramai lagi. Orang-orang yang dirawat di rumah sakit balik untuk ikut rombongan masing-masing.

Umumnya orang-orang bersukacita. Yang tidak tahu bahwa mereka adalah orang-orang interniran yang hendak diangkut ke tempat lain, niscaya akan mengira dia sedang berhadapan dengan rombongan besar yang hendak piknik ke pegunungan, sebab banyak antara kami memakai kemeja dengan celana pendek, sementara pelples, termos atau botol biasa berisi air bergelantungan di dada.

Perlahan-lahan sang fajar menyingsing. Cuaca semakin terang. Dari salah satu pohon di belakang kamar 9, seekor burung kucica menyanyi merdu, menyampaikan selamat jalan pada kami melalui jendela. Tak lama kemudian matahari mulai mengintip ke dalam kamar kami. Warna merah-kuning di tembok membuat kamar menjadi lebih terang.

Perintah pertama datang.

Bungkusan, koper, dan lain-lain bagasi kami harus diangkut ke luar penjara. Ini dilakukan dengan gembira dan cepat—*sambil lari-lari!*—sehingga cepat selesai. Dari luar barang-barang dikirim pengurus penjara yang untuk kepindahan ini mendapat bantuan polisi dari luar, dengan truk ke stasiun. Kami sendiri boleh membawa 1-2 bungkusan kecil.

Kemudian kembali kami menunggu. Beberapa kali sudah diteriakkan bahwa kami harus berangkat, tapi sebentar kemudian diberitahu bahwa kami harus menunggu lagi.

Akhirnya, tiba juga waktunya pintu penjara Serang dibuka. Saat itu kira-kira pukul 10, dan kami sudah bersiap sejak pukul 2!

Kami harus berjalan keluar satu per satu dengan mengantre menurut urutan asal kedatangan kami. Di pintu berdiri komandan nomor 2, Fukusaki. Setiap kali lewat sejumlah orang—*perkiraan saya 40 orang*—yang di sebelah belakang ditahan dulu. Ketika kembali antrean disetop, saya orang kedua dari depan. Di depan saya ada satu tawanan lain.

"Di ruar ada menunggu nyonya ketiga," kata komandan kedua padanya.

"Tidak, Tuan. Saya belum kawin," jawabnya, yang memang masih belum menikah, menyangkal.

"Betur di ruar ada menunggu nyonya nomor 3," dan Komandan Fukusaki tertawa lebar.

Pintu terbuka kembali. Antrean kami bergerak maju. Truk yang berada di depan pintu sudah penuh. Rombongan saya harus mendatangi truk lain, sedikit jauh dari pintu. Saya naik paling dulu, dan dengan begitu bisa berdiri paling depan, bukan seperti waktu diangkut dari penjara Bukit Duri ke stasiun Manggarai, ketika saya "tenggelam" dan "lenyap" di tengah-tengah rombongan. Lantas saya melihat ke sekeliling.

Persis di depan penjara terdapat satu hotel Tionghoa, namanya Hotel Soerabaja. Di sini biasanya istri-istri para tawanan dari lain-lain tempat menginap. Pada saat itu, di hotel tersebut tentu banyak nyonya-nyonya yang menginap, sebab kami sudah mendengar sejak beberapa hari yang lalu banyak sanak-keluarga orang interniran yang datang. Tapi saat itu Hotel Soerabaja sepi. Pintunya tertutup. Di gang depan duduk menghadap meja seorang Jepang, saya rasa dari Kenpei.

Segera rombongan saya naik semua ke dalam truk, begitu juga dengan polisi yang bertugas menjaga kami. Kendaraan yang kami tumpangi bergerak menuju ke arah stasiun.

Banyak orang berdiri di kedua sisi sepanjang jalan ke stasiun. Sebagian dari mereka adalah sanak keluarga kami yang datang jauh-jauh dengan harapan bisa melihat kami. Tapi tak bisa dipungkiri bahwa sebagian besar adalah orang-orang yang hendak menonton kejadian penting dalam sejarah kota Serang, termasuk dalam sejarah Pulau Jawa: berangkatnya tawanan-tawanan Tionghoa. Ya, tawanan-tawanan Tionghoa yang telah meramaikan kota Serang dengan mereka disekap di sana lebih dari 5 bulan lamanya. Yang telah membuat tempat itu mendapat banyak tamu perempuan dari banyak tempat di Pulau Jawa dan juga dari Madura (keluarga mendiang Tuan Loa Tik Joe kabarnya telah datang dari Bangkalan, Madura, untuk membawa pulang jenazahnya). Yang telah membuat perekonomian di Serang menjadi ramai untuk 159 hari (harga telur di sana, umpamanya, naik dari 1,5 sen menjadi 7 sen, yang kemudian turun lagi sesudah kami pergi).

Tanggal 15 Februari 1944 adalah hari yang luar biasa bagi kota Serang.

Penjagaan di stasiun, sebagaimana di depan penjara sangat ketat. Di sini pun ada Kenpei dan beberapa pembesar Jepang. Orang biasa tidak boleh mendekati stasiun.

Satu kereta api sudah menunggu. Kami lantas dimasukkan ke dalam gerbong. Kedua pintu dari setiap kereta dijaga ketat. Beruntung jendela-jendelanya boleh dibuka.

Akhirnya tawanan yang terakhir sudah naik. Kereta api sudah boleh berangkat.

Dalam kereta api, kami masing-masing diberi 2 buah lemper dan dipesan jangan dihabiskan saat itu juga, karena nanti malam kami tidak punya makanan lagi.

Wah, celaka. Malam ini kami pasti masih berada dalam kereta, pikir saya.

Kira-kira pukul 12, kereta berangkat. Perlahan-lahan kami keluar dari Stasiun Serang. Tidak beberapa jauh dari stasiun, di pinggir jalan raya dekat lintasan kereta, berdiri dua orang nyonya Tionghoa dengan seorang anak perempuan. Ketika kereta berjalan semakin kencang meninggalkan kota Serang, salah satu nyonya itu mengusap matanya dengan sapu tangan.

Inilah yang saya lihat terakhir kalinya di kota Serang, karena kemudian kami diperintahkan untuk melihat ke dalam, tidak boleh mengawasi keluar.

Setelah berada di luar Serang, kami diizinkan melihat keluar. Kembali sawah-sawah hijau, kembali ke tempat jauh gunung-gunung biru, kembali kebun-kebun. Alangkah segarnya!

Di satu halte kereta tawanan berhenti. Beberapa bocah perempuan Indonesia penjual makanan hendak menghampiri, tidak tahu bahwa kereta ini membawa penumpang khusus. Mereka diusir oleh penjaga-penjaga kami.

Kabar tentang pemindahan kami sudah tersiar, karena di halte Kebayoran dan Pal-Merah banyak berkerumun sanak keluarga tawanan-tawanan yang berasal dari tempat ini yang berharap bisa melihat mereka. Ketika kereta api lewat dengan melaju kencang, sorak sorai terdengar menyambut kami.

Kami sampai di stasiun Tanah Abang kira-kira pukul 3 juga telah menunggu orang banyak. Karena kami berhenti di sini kurang-lebih satu jam lamanya. Banyak orang—*tanpa sepengetahuan orang Jepang pengantar kami*—berbicara dengan sanak-keluarga yang ada di peron. Terutama kami haus. Beberapa orang yang ada di stasiun meminta izin dari orang Jepang pengantar kami untuk memberi kami minuman, yang dibolehkan. Begitulah, banyak botol air jeruk yang diberikan kepada kami.

Hari itu adalah hari yang sangat sibuk untuk keluarga tawanan dari Jakarta.

Ada nyonya-nyonya yang pergi ke Serang. Ada yang menunggu di halte Paal-Merah, di stasiun Tanah Abang dan juga Manggarai. Dua orang nyonya sudah menunggu berjam-jam di halte Paal-Merah. Kereta lewat dengan kencang, sehingga maksud mereka tidak kesampaian. Mau mengejar ke Tanah Abang tidak mendapat kendaraan. Tapi lantaran kereta berhenti lama di stasiun ini, dari Tanah-Abang satu anggota keluarganya dengan terengah-engah balik untuk mengabarkan pada mereka bahwa kereta berhenti cukup lama di Tanah Abang. Kalau mereka cepat-cepat menyusul ke sana, masih keburu untuk melihat suami mereka. Dengan tergopoh-gopoh, mereka mengejar ke stasiun ini hanya untuk menyaksikan kereta justru berangkat dari stasiun.

Lalu dengan terbirit-birit mereka pergi ke Harmoni untuk naik bus memburu ke stasiun Manggarai. Sesampainya di sini kembali mereka kecewa, sebab tidak diizinkan masuk ke dalam peron dan juga kereta sudah lewat. Mereka sampai mau menangis....

Ketika kereta berangkat dari Tanah Abang, matahari sudah condong. Ketika itu kira-kira sudah pukul 4. Di stasiun Jatinegara, kereta kembali berhenti lama. Di sini pun sudah menunggu banyak keluarga tawanan. Tapi di luar stasiun berjaga Kenpei, dan beberapa orang malah sampai berurusan dengan

Kenpei...

Beberapa anak tanggung mengejar kereta api dengan sepeda, setelah kereta berangkat dari Tanah Abang dan Jatinegara untuk melihat ayahnya.

Kira-kira pukul 5 sore, baru kereta tawanan berangkat lagi ke jurusan Timur. Antara Bekasi dan Cikampek kami dapat melihat sisa-sisa banjir besar merusak rel, karena satu jalur kereta di sebelah yang dipakai oleh kereta kami di beberapa bagian menggantung karena jalannya hanyut tersapu air.

Sesudahnya gelap.

Kira-kira pukul 7 malam waktu Jawa, kereta masuk ke dalam stasiun Ckampek. Penjaga-penjaga kami turun dan melakukan penjagaan di luar. Kami disarankan untuk menutup jendela, karena udara malam yang dingin.

Kereta berhenti di sini lama, hingga tawanan dari tempat ini mendapat kesempatan untuk bertemu dengan keluarganya. Salah satu kawan dari Karawang berhasil dihampiri oleh seorang anggota keluarganya yang memberi kabar bahwa saudara tuanya telah menutup mata.

Banyak nyamuk di sini. Untuk mengusirnya dibakar sabut kelapa.

Kita menunggu keberangkatan kereta hingga kesal. Setiap kali kami bertanya kapan perjalanan akan dilanjutkan, awalnya kami mendapat jawaban, pukul 11 (waktu Nippon). Tetapi setelah lonceng stasiun menunjukkan waktu tersebut, kereta masih tak bergerak, malah sama sekali tak tampak persiapan untuk berangkat. Kemudian kami diberitahu, kereta harus menunggu kereta lain supaya jalur menjadi bebas. Tapi setelah dari jurusan berlawanan sampai satu kereta api, masih juga kereta kami diam tak bergerak.

Sementara itu, peron semakin lama semakin sepi. Akhirnya hanya tinggal penjual kopi yang kadang-kadang mengantar kopi pesanan penjaga-penjaga kami. Dua kereta barang sudah menyusul kereta kami.

Akhirnya kereta bergerak ... setelah lonceng stasiun menunjukkan pukul 2 lewat tengah malam!

Apakah kereta akan menuju ke Timur, ke jurusan Cirebon, atau menikung ke Selatan, ke jurusan Bandung? Banyak orang menantikan ini dengan jantung berdebar-debar.

Kereta ternyata mengambil jurusan Bandung. Tak salah lagi sekarang: Cimahi!

Udara semakin dingin. Saya mencoba untuk tidur, tapi tidak bisa. Kami menyiapkan bangku tengah gerbong untuk "tempat tidur". Siapa yang ingin tidur boleh rebah di situ, tapi sebentar kemudian dia harus memberikan tempat itu untuk yang lain. Artinya, kami tidur bergantian.

Saya mencoba tidur dengan bersandar di tempat saya, tapi biar bagaimana pun mengantuknya, saya tidak bisa nyenyak. Bulan sabit seperti sisir sudah naik dan menerangi pegunungan di sekitar kami. Saya mengawasi keluar dan menelan dengan rakus pemandangan indah bukit-bukit yang berlapiskan cahaya perak rembulan. Hujan gerimis sebentar turun sebentar berhenti dengan jahilnya, sehingga saya tidak bisa melihat keluar lagi, karena harus menurunkan kaca jendela yang kemudian basah dan menghalangi pemandangan.

Perjalanan kereta api di waktu malam di antara pegunungan tanah Priangan yang cantik, yang memang selalu mengagumkan, dan dengan bulan sisir yang lembut ayu memahkotai langit tidak akan pernah terlupakan.

Masih tiga kali lagi kereta berhenti membuang lelah. Di antaranya di Purwakarta dan Padalarang. Dan tak lama kemudian, fajar menyingsing...

Bagian III.

CIMAHI

(16 Februari 1944 – 27 Agustus 1945)

1. Interneeringskamp

Lampu-lampu menyala terang di salah satu stasiun. Kereta api berhenti. Kami mendapat perintah untuk turun setelah duduk berdesak-desakan sehari semalam sampai kaki kaku.

Papan nama tertulis: *Tjimahi.* Lonceng stasiun menunjukkan pukul 6 pagi (waktu Nippon).

Kami disuruh berbaris lima-lima, kemudian jalan keluar dari stasiun. Cuaca masih gelap.

Sesampainya di jalan raya, saya celingukan untuk melihat apakah ada truk yang disiapkan untuk membawa kami. Ternyata tidak ada kendaraan untuk itu. Kami harus terus jalan kaki dengan menggendong bungkusan atau menenteng tas. Kami jalan lurus sampai waktunya berbelok. Tidak lama kemudian kami digiring masuk ke dalam sebuah pintu di sebelah kiri.

Di sebelah kanan pintu ada polisi Indonesia. Kami harus jalan terus sampai di salah satu gedung di tengah-tengah perkantoran. Di depannya kami harus berbaris lagi.

Perasaan saya saat itu agak sulit untuk dilukiskan. Perasaan gembira ada. Akhirnya kami bukan ditawan di dalam penjara, hanya mendapat satu tempat lain memenuhi sanubari saya. Saat itu menjelang fajar. Lampu-lampu listrik memberikan penerangan yang sama juga memberikan sinar terang ke dalam hati kami, tawanan-tawanan yang sampai pada hari itu—*16 Februari 1944*—digiring keluar-penjara-masuk-penjara hampir 2 tahun lamanya. Udara pagi yang nyaman menghembuskan tenaga baru pada kami.

Saya sebenarnya sangat mengantuk, karena pada malam terakhir di Serang saya tidak bisa tidur, sementara dalam kereta pun tidak bisa tidur pulas meski hanya sekejap. Tetapi tempat *interneering* baru kami udaranya menjelang fajar sejuk. Langit yang bersih dengan bulan sisir dan bintang pagi yang gilang-gemilang dan lampu listrik yang memancarkan cahaya terang, semua itu membuat hati saya merasa senang. Satu babak baru yang tampaknya menjanjikan perbaikan pada kami.

Kawan-kawan saya dibagi-bagi ke dalam rombongan-rombongan yang terdiri dari 8 orang, yang kemudian oleh seorang Belanda diantar ke sebuah kamar! Ya, kamar seperti kamar dalam rumah kita sendiri. Seperti kamar dalam sebuah villa, dengan lampu listrik yang menyala terang! Memang tidak ada perabotan, tapi kami—*tawanan-tawanan yang sudah hampir dua tahun lamanya tidak pernah menggunakan meja kursi*—apa gunanya semua itu?

Saya mendapat kamar depan yang menghadap perkantoran. Salah satu pintu di tembok belakang kamar ini menembus ke kamar lain yang menghadap jalan raya Cimahi, tapi dipisahkan oleh pagar gedek yang tinggi.

Kami meletakkan barang-barang di tempat kami hendak rebah. Beberapa di antara kami menggelar selimut mereka di lantai ubin dan segera tertidur pulas.

Langit di Timur mulai terang.

Bukan dalam penjara lagi! Dalam hati saya bersenandung. *O, betapa senangnya!*

Tak lama kemudian sudah terang tanah. Kami bisa melihat keadaan di sekitar dengan lebih jelas.

Di depan kamar saya terdapat sebuah lapangan rumput yang berdampingan dengan sebuah jalan. Di pinggirnya tumbuh pohon-pohon pepaya. Hampir menjurus ke kamar saya, terdapat satu jalanan lain yang lewat di antara gedung perkantoran dan satu bangunan lain tampak keluar banyak orang Belanda yang mengawasi ke arah kami seperti juga kami mengamati mereka.

Pada saat itu kami mendengar kabar selentingan bahwa di sini kami tidak boleh menerima kiriman dari rumah. Tentu saja kami jadi bersedih.

Karena kamar-kamar tidak banyak, tidak semua dari kami mendapat kamar. Maka setelah cuaca terang, kami mencari kawan-kawan. Rombongan Bukit Duri, karena berangkat dari stasiun paling dulu, hampir semuanya mendapat kamar. Sebagian besar ternyata ditempatkan di... dua gudang besar yang kosong melompong dan tertutup seng! Banyak di antara mereka menjadi sangat kesal sampai garuk-

garuk kepala, sebab tidak tahu harus berbuat apa. Tidur di gudang terbuka di satu tempat dingin seperti Cimahi memang bukannya enak, sekali pun untuk orang-orang yang sudah lama tidak biasa lagi dengan kemewahan!

Tanpa diantar kawan kami, niscaya kami tidak bisa menemukan gudang tersebut. Tempat *interneering* kami ini adalah 2 tangsi tentara, yaitu dari Batalion ke-4 dan Batalion ke-9. Tidak jauh dari kamar saya terdapat sebuah bangunan. Di temboknya yang terbuat dari semen tampak tulisan “Centrale Keuken” atau “Dapur Pusat” dengan di kanan tertulis ”4de Bataljon” dan di kiri “9de Bataljon”.

Kamar-kamar kami terletak di tangsi Batalion ke-4. Dari kamar kami berjalan menuju dapur dan berbelok ke kiri, setelah beberapa menit akhirnya sampai di kedua gudang yang bagian belakang keduanya menjadi satu, tempat teman-teman kami.

Kesan pertama tentang tempat baru kami ini adalah sangat ramai. Banyak orang Belanda dan anak-anak Belanda terlihat jalan kesana kemari. Gerobak-gerobak militer bermuatan drum diseret ke sana kemari oleh orang Belanda. Cikar-cikar sayuran dan kayu dengan dikawal polisi pergi ke dapur. Polisi memanggul senapan meronda berdua-dua. Sekelompok pemuda Belanda sedang baris berbaris.

Terdapat banyak tanaman bunga: kembang kenikir putih, ungu dan merah dadu dengan daun seperti lidi halus, ketika ditiup angin bergelombang.

Bunga matahari kuning dan merah marun, kembang pagi sore putih, merah jambu dan kuning, dan lain-lain. Beberapa petak tanah kosong ditanami sayuran yang dirawat oleh orang Belanda.

Kami diberitahu harus segera mengambil bubur.

Apa yang dinamakan bubur? Di Bukit Duri dan di Serang pun sejumlah orang mendapat bubur, yaitu bubur beras. Di Serang, malah yang meminta bubur begitu banyak, sehingga terpaksa diadakan karcis bubur. Bubur di Cimahi adalah ... bubur tajin yang encer!

Ini adalah hal pertama yang membuat kami kecewa. Tapi ada hal lain yang membuat kami bingung. Kami tidak disediakan piring dan/atau mangkuk! Rombongan Bukit Duri, 142 orang, tidak satu pun yang punya piring atau mangkuk, karena mereka selalu mendapat penjara sebagai tempat interniran, dan penjara menyediakan piring mangkuk untuk mereka. Hanya orang Semarang, Surabaya dan dari beberapa tempat lain yang mempunyai piring, mangkuk, cangkir, dan lain-lain. Bagaimana hebohnya kami dalam hati, melihat drum bubur bagian Tionghoa sudah datang, tapi kami tidak mempunyai peralatan untuk menerimanya! Beruntung selagi saya kebingungan, Tuan Liem Gwan Ging (Semarang) yang mempunyai piring batu dan sudah mengambil bubur tajin encer itu, bukan saja meminjamkan saya piringnya, tetapi juga menyilakan saya makan lebih dulu. Tawaran yang terpaksa saya terima dengan penuh syukur.

Beberapa orang berhasil mendapatkan piring dan mangkuk dari beberapa orang bagian Surabaya. Ada yang dipinjamkan piring oleh orang Belanda yang kasihan melihat mereka celingukan mencari tempat untuk mengambil bubur. Ada yang memakai cangkir, panci, dan lain-lain sebagainya.

Untuk menelan bubur air tajin itu pun tidak gampang, karena sama sekali tidak memakai garam atau gula.

Kira-kira pukul 11 dibagi-bagi roti. Satu roti yang sebelum perang harganya kira-kira 10 sen harus kami makan berdua. Karena lapar, begitu diterima roti-roti itu langsung habis dimakan.

Hari itu kami tidak sempat melihat-lihat keadaan tempat tinggal kami yang baru. Kami hanya tahu bahwa tempatnya luas, luas sekali. Kami hanya melihat di lapangan rumput depan sebagian kamar-kamar kami, bertumpuk banyak barang perabotan rumah tangga.

"Awas, potong kepala kalau ambil itu!" demikian kami berulang-ulang diperingatkan.

Juga di sebelah kiri pintu masuk, jadi di seberang kamar-kamar kami, disusun timbunan banyak barang, terutama koper-koper sampai tinggi sekali. Awalnya saya mengira itu adalah kepunyaan orang-orang yang sampai lebih dulu dari kami, yang harus diperiksa sebelum diserahkan kepada pemiliknya. Tapi tidak juga ada yang mempedulikan itu.

Tengah hari, barang-barang kami dibawa masuk dengan truk-truk yang berjalan terus ke dalam melewati jalan yang mengarah lurus ke kamar saya. Segera kami diberitahu boleh mengambil barang-barang itu.

Kami pergi ke tempat barang-barang yang sudah diturunkan. Kami harus melewati beberapa bangunan sebelum sampai di situ: sebuah lapangan sepak bola. Berbeda dengan saat kami tiba di Serang, barang-barang diserahkan tanpa diperiksa lagi. Hari itu juga kami menerima semua barang-barang kami. Sore itu kami jadi juga punya peralatan untuk mengambil nasi dan sayur: kaleng biskuit, kaleng mentega, kaleng *havermouth*, tutup kaleng biskuit (pinjam dari orang lain, sementara yang punya pakai kalengnya), dus lisong, tutup termos, kuali, tutup kuali, dan lain-lain. Sore itu, saya makan menggunakan sebuah kuali pinjaman bersama Tuan Lauw Pang Soei: nasi, sup dan sambal yang kami aduk menjadi satu dan kami makan dengan rukun bagai dua ekor anak kucing!

Di waktu magrib, banyak orang Belanda datang mencari kenalan-kenalan Tionghoa mereka. Saya sendiri tidak menduga bertemu kawan satu sekolah, yang sore itu jalan-jalan dan melihat nama saya di atas kasur yang saya taruh menghadap pintu. Dan anehnya, sore itu kami mendengar kabar angin bahwa Jerman telah menyerah beberapa hari yang lalu—kabar-angin dengan semua sifat kabar-angin....

Karena sudah dua malam tidak memejamkan

mata, malam itu saya tidur nyenyak. Apalagi udara Cimahi memang sejuk dan nyaman. Kamar kami membuat perasaan seolah-olah berada di rumah sendiri, meskipun kami harus rebah berdelapan dan masih tetap bergelimpangan di lantai ubin. Kamar juga tidak dikunci, jadi setiap saat di waktu malam kami bisa keluar kamar, sehingga tidak perlu sedia tong kotoran dalam kamar....

Keesokan, kami tentu saja terlebih dahulu meihat-lihat lebih jauh lagi "istana" baru kami.

Perbatasan Batalion ke-4 dan Batalion ke-9 dari tembok belakang kedua gudang, tempat kawan-kawan kami ditaruh. Dengan begitu, sebagian berada di kawasan Batalion ke-4 dan yang lain di Batalion ke-9, garis lurus ke dapur.

Kedua tangsi ini terdiri dari banyak bangsal, banyak paviliun, beberapa tempat mandi dan kakus umum, yang merupakan bangunan-bangunan terpisah, deretan kantor-kantor, masing-masing satu gereja dan satu lapangan sepak bola. Wilayah kedua batalion telah dijadikan satu. Tembok pemisah belakangan juga dibongkar. Jalan-jalan yang bagus berada di antara berbagai bangunan. Di bagian paling belakang, yaitu di belakangnya gedung-gedung yang berhadapan dengan lapangan balapan di Cimahi, terdapat satu deretan rumah-rumah kecil, yang digunakan sebagai rumah sakit.

Untuk mengelilingi kedua tangsi itu saya rasa orang memerlukan waktu setidaknya satu jam. Jalan-

jalan di situ memberi perasaan seperti sedang pesiar di Pasar Gambir....

Waktu kami tiba, tawanan bangsa Amerika, Inggris, Belanda, Ambon dan lain-lain, sudah dimasukkan di sini kira-kira 2 minggu lebih dulu dari pada kami, sudah ada kira-kira 9000 orang. Maka dengan jumlah kami yang 518 orang, banyaknya orang interniran di sini kira-kira 10.000. Toh, selalu saja masih dikasih masuk tawanan lain-lain lagi. Boleh dibilang jumlah tiap-tiap hari orang-orang tawanan di Cimahi di sekitar angka 10.000. Ini bukan sedikit, karena berarti kami merupakan satu kota kecil.

Penduduk kota Cianjur, misalnya, kira-kira juga sekitar 10.000. Jadi jumlah penduduk *interneeringskamp* kami tidak kalah dengan jumlah penduduk kota Cianjur!

Di sini, kami mendapat cukup air. Di mana-mana kami bertemu keran air. Setiap kali saya jalan-jalan niscaya menemukan satu keran air lain. Airnya adalah air leding. Masalah air ini awalnya diperhatikan oleh komandan Jepang kamp, karena dalam satu edaran kami diperingatkan untuk tidak minum air dari keran-keran luar. Sebenarnya tindakan ini tidak begitu perlu. Saya sendiri selalu minum air dari satu keran luar dan belum pernah sekali pun mendapat gangguan darinya. Sebenarnya saya bisa mengambil air dari kamar mandi atau dari ... kakus, tapi air dari keran dalam berbau besi, sementara air keran luar saya rasakan enak dan segar.

Sampai hari kedua, orang Tionghoa terpencar ke sana kemari dan menyempil antara tawanan-tawanan kulit putih. Sebagian di kamar-kamar di sebelah kanan tempat masuk, sebagian lagi di dua gudang terbuka. Untuk berkunjung ke kamar besar di seberang pintu masuk pun terdapat sederetan kamar-kamar yang sama seperti kamar-kamar yang kami tempati, dan waktu itu diisi oleh tawanan Belanda. Ke deretan kamar-kamar yang bagian belakangnya menghadap pagar gedek yang memisahkannya dari jalan raya, rombongan saya dipindahkan, sementara dua bangsal di seberangnya dikosongkan dan diberikan kepada orang Tionghoa dari dua gudang terbuka. Dengan demikian, tawanan Tionghoa berkumpul di satu sudut Batalion ke-4, berbatasan dengan jalan raya dan bagian belakang gedung-gedung yang menghadap stasiun Cimahi.

Orang Amerika dan Inggris mendapat tempat di ujung lain, di sudut Utara-Barat Batalion ke-9, yang juga terdapat satu tawanan bangsa Arab.

Selanjutnya, dalam kamp ini ada orang Australia, Norwegia—*salah satunya seorang petugas Bala Keselamatan*—Austria, Polandia, Yahudi, dan lain-lain Malah ada juga ... orang Rusia dan Jerman! Bangsa-bangsa yang "terwakili" di dalam kamp ada ... beberapa puluh!

Jumlah tawanan Tionghoa belakangan bertambah, karena dari Bandung bersama rombongan Belanda beberapa hari kemudian sampailah Dr. Ir.

Tan Sin Hok dan Tuan Tan Siong Hoen (yang belakangan kelahiran Singapura, datang ke Jawa bersama-sama Royal Air Force dan kemudian ditawan Jepang), dari Ngawi Tuan Kwik Tjay Goan (Solo), kemudian tak lama berselang tiba 3 tawanan Tionghoa dari Solo, dan beberapa bulan kemudian dalam satu rombongan dari Bandung terdapat 10 orang Tionghoa lagi, di antaranya Tuan Oei Khik Sien (Jember).

Bersama serombongan anak-anak Belanda yang dipindahkan dari kamp Baros, kira-kira 2-3 km. dari kamp kami, turut seorang anak Tionghoa asal Bogor, Tjhio Sie Beng, yang dimasukkan dalam kelompok Tionghoa, meskipun tidur tetap bersama kawan-kawannya para anak-anak.

Di kamp tawanan di Cimahi jumlah orang Tionghoa hanya 1/20 dari seluruh jumlah tawanan, muncul pemandangan satu masyarakat kulit putih. Ke mana saja mata kami tertuju, yang kelihatan adalah orang kulit putih. Orang Barat yang sedang lewat, orang Barat yang sedang berjemur, orang Barat yang sedang berkebun, orang Barat yang sedang mengerjakan suatu pekerjaan.

Orang Tionghoa hanya tampak nyata di sudutnya. Begitu keluar dari "wilayah"nya, dia lenyap dalam masyarakat kulit putih tersebut.

Bahwa kami tidak punya piring-mangkuk dan cangkir diberitahukan kepada pengurus Jepang, yang terheran-heran berjanji akan mendatangkan benda-benda itu untuk kami. Tapi janji tinggal janji, kami harus menolong diri sendiri.

Bagaimana kami melakukannya? Orang Belanda yang mempunyai lebih dari satu piring. Orang Tionghoa yang membawa kue keranjang (kue Cina), gula pasir, gula jawa, dan lain-lain barang makanan ditukar dengan piring, rantang panci, mangkuk, atau cawan. Satu biji kue keranjang yang besarnya sedang, atau satu tangkup gula jawa laku ditukar dengan satu piring atau satu rantang panci. Beli satu saya bisa, tetapi uang kami dipegang Jepang, kecuali dari beberapa orang yang bisa menyelundupkannya. Beberapa orang yang tidak punya gula untuk ditukar mencari kaleng (rombengan dalam kamp cukup banyak!) yang kemudian dipotong bundar dan pinggirannya ditekuk bergelombang hingga menjadi semacam piring.

Satu hal yang kurang enak bagi kami adalah pada hari kedua, orang Tionghoa diperintahkan untuk mencukur gundul kepala, supaya berbeda dari orang kulit putih. Beberapa orang yang menolak mendapat ancaman "potong kepala", sehingga akhirnya—*dengan hanya satu dua pengecualian*—orang Tionghoa berjalan kian kemari dengan kepala mengkilap. Kewajiban ini tidak dipegang erat, sesudahnya rambut panjang kami pelihara lagi seperti biasa, kecuali beberapa orang yang lebih suka gundul seterusnya.

Di sebelah kiri pintu masuk bertumpuk daun tembakau berbal-bal, kulit untuk pelana kuda dan lain-lain, yang kelihatan jelas baru saja dilempar keluar dari tempatnya. Orang-orang telah diperingatkan—*ancaman "potong kepala" tidak ketinggalan!*—barang-barang itu tidak boleh diambil. Tapi larangan ini tidak dipedulikan. Setiap magrib banyak orang "membuat pemilihan" di situ, hingga dalam tempo tak berapa lama tumpukan-tumpukan itu "beres".

Yang tertinggal hanyalah barang perabotan dari kayu seperti lemari kecil, koper kayu, bangku, papan tidur, dan papan-papan. Belakangan Jepang mengizinkan kami mengambil seperlunya, sehingga kamar-kamar dan bangsal-bangsal mempunyai "perabotan", terutama rak-rak yang diciptakan dengan menggantung papan.

Dari dua gereja, yang berada di bagian Batalion ke-9 adalah Gereja Protestan, dan yang di bagian Batalion ke- 4 Gereja Roma Katolik.

2. Pimpinan dan Peraturan

Hari-hari pertama kamp berada di bawah kontrol Jepang sipil. Administraturnya seorang Indonesia. Penjagaan dilakukan oleh polisi orang Indonesia.

Aturan harus menghormat orang Jepang wajib kami pegang erat. Kalau ada orang Jepang kelihatan mau lewat, dari jauh sudah harus berseru "Yosuke!" yang artinya "Perhatian!" dan semua orang di dekat situ kemudian harus berdiri dengan sikap menghormat. Saat dia lewat, harus berteriak "Kere!" yang artinya "Beri hormat!" dan kami harus membungkukkan badan hingga terdengar teriakan "Naure!" baru kami boleh berhenti menjura. Penghormatan ini juga harus kami tunjukkan untuk personil-personil Indonesia.

Tak lama kemudian tidak ada lagi administratur orang Indonesia dan yang mengurus kamp semuanya orang Jepang.

Pengelolaan kamp pun tidak lama kemudian diserahkan kepada pihak militer. Kekuasaan tertinggi terhadap kamp ada di dalam tangan seorang kolonel di Jakarta, yang menyerahkannya itu pada seorang Mayor di Bandung. Dia diwakili oleh seorang kapten di Cimahi, yang menunjuk seorang sersan untuk mengelola kamp. Yang meronda adalah serdadu Jepang dengan bayonet di ujung senapan.

Beberapa waktu kemudian, pada suatu pagi datang banyak polisi dari luar dan melakukan penggeledahan. Bisa dikatakan penggeledahan ini berakhir dengan "memuaskan" bagi kami, sebab pemeriksaan barang-barang di dalam kamar boleh disaksikan oleh kepala kamar. Ini adalah penggeledahan pertama dan satu-satunya yang kami alami di Cimahi.

Seorang perwira rendah Jepang, Nakamura, suka sekali memukuli orang, terutama orang kulit putih. Selain menggampar dengan tangan, dia sering menggunakan bambu untuk melabrak.

Pada suatu hari, dia menembak lampu listrik yang tergantung di atas jalan depan kantor dengan senapan sampai hancur. Kemudian dia mengincar ... piring mangkuk yang sedang dijemur di depan kamar saya yang berada di seberang kantor! Tentu saja orang yang ada di depan kamar semua lari pontang-panting menyelamatkan diri!

Pendek kata, Nakamura "terkenal" di antara para tawanan. Juga dengan sesama orang Jepang rekan kerjanya, kabarnya dia pernah berkelahi. Dan bir adalah kesukaannya. Beruntung dia hanya membantu mengurus kamp beberapa bulan saja.

Komandan Jepang juga sudah diganti beberapa kali.

Bagaimana kami diurus?

Dari para tawanan, Jepang menunjuk satu orang untuk menjadi kepala kamp, yaitu Jhr. Mr. C. H. V. de Villeneuve, dulu ketua Ondernemersbond[82] dan anggota Volksraad.

Kamp awalnya dibagi menjadi 11 blok yang terbagi lagi menjadi seksi (unit). Masing-masing blok mempunyai seorang kepala yang disebut "komandan blok", seksi dipimpin oleh "komandan seksi". Komandan seksi ada di bawah komandan blok, yang tunduk pada kepala kamp. Kepala kamp bersama-sama dengan seluruh komandan blok merupakan pengurus kamp.

---

[82] Perhimpunan Pengusaha, semacam KADIN

Tempat tawanan Tionghoa terletak pada "blok VIII", yang terbagi dalam 4 seksi. Komandan Blok Tionghoa yang pertama adalah Tuan Liem Hwie Giap, tapi setelah dia diangkat menjadi kepala "Dinas Makanan" setelah dapur dipegang oleh orang Tionghoa, kedudukan komandan blok berdasarkan hasil pemungutan suara di antara tawanan Tionghoa digantikan oleh Tuan Thio Thiam Tjong (Semarang), yang saat itu menjadi Komandan Seksi III. Selama 1,5 tahun lebih pun, telah terjadi beberapa kali pergantian komandan seksi. Paling belakangan yang memangku jabatan ini adalah Tuan Liem Sik Ien (Bondowoso) di seksi I, Tuan Siek Kiein Siong (Kudus) di seksi II, Tuan Ang Jan Goan (Jakarta) di seksi III dan Tuan Oei Chiao Liong (Surabaya) di seksi IV.

Tuan Thenu dan Tuan Dakota, kawan kami dari Serang, awalnya ditaruh di seksi IV blok VIII. Namun belakangan dipindahkan ke bagian bangsa Ambon, sementara Dr. Ir. Tan Sin Hok (Bandung), Tuan Kwik Tjay Goan (Solo) dan Tuan Tan Siong Hoen (Singapura) dari bagian Belanda masuk ke dalam blok Tionghoa.

Beberapa bulan kemudian, dibuat satu blok baru, yaitu blok XII, hanya untuk orang yang sudah berusia tua dari segala bangsa. Blok ini sebenarnya berada di luar kamp, karena terdiri dari satu baris gedung-gedung yang menghadap lapangan balapan yang tembus ke kamp. Di sini satu gedung diperuntukkan untuk orang Tionghoa. Blok XII diketuai seorang komadan blok. Masing-masing gedung mempunyai "kepala kamar". Kepala kamar Tionghoa yang terakhir adalah Tuan Chu Kwang Cho (Jakarta). Di blok untuk orang tua ini situasinya lebih tenang daripada di dalam kamp.

Pertama, karena di situ tidak dimasukkan banyak orang, sehingga tersedia tempat untuk tidur yang cukup lega tanpa harus berdesak-desakan, sementara dalam kamp satu kamar diisi 8 orang dan satu kotak dalam bangsal, yang sebetulnya hanya cukup untuk 2 orang, dijejal 4 orang.

Kedua, karena tidak begitu banyak orang, suasana pun tidak berisik, hingga nyaman, terutama untuk membaca.

Kami tidak bisa mengunjungi blok XII yang tentu saja di bagian depannya juga ditutup gedek, sesuka kami. Untuk ini ada jam-jam tertentu pagi dan sore.

Sesudah 1 tahun lebih, pada tanggal 12 Agustus 1945 blok XII dihapus. Sebabnya: gedung-gedung itu dipakai oleh perwira-perwira Jepang! Malahan ada yang berbisik, mereka ini adalah pilot pesawat! Orang-tua dipindahkan ke salah satu seksi blok 6. Waktu itu memang banyak seksi kosong, karena 2000 ribu orang kulit putih sudah dikirim ke Cicalengka untuk membangun jalan kereta api, tetapi beberapa orang tua Tionghoa keluar dari seksi orang tua dan kembali ke blok VIII.

Seksi-seksi Tionghoa dibagi ke dalam kamar-kamar, masing-masing dikepalai oleh kepala kamar untuk memudahkan pengaturan. Dalam bangsal, yang tidak ada kamar-kamar, dua kotak yang saling berseberangan (di tengah-tengah ada jalan) dianggap sebagai satu kamar.

Inilah cara pembagian penghuni kamp.

Untuk mengatur pembagian pekerjaan diadakan berbagai dinas dengan masing-masing mempunyai kepala sendiri yang bertanggung jawab pada pemimpin kamp. Layanan tersebut adalah: Dinas Kesehatan (pemimpin terakhir adalah Dr. J. W. Wolff), Dinas Teknik, Dinas Makanan (kepalanya orang Tionghoa, Tuan Liem Hwie Giap), Dinas Kebun, Dinas Keuangan, Dinas Penduduk, Dinas Statistik dan Barang-Barang Orang yang telah Meninggal, Polisi Pusat Kamp, Kantor Pusat Distribusi, Dinas Kerja Bakti dan Dinas Wajib Apel.

Dinas yang paling penting adalah Dinas Makanan, termasuk dapur. Dapur harus menyiapkan makan untuk 10.000 orang setiap hari. Maka orang bisa mengerti, pekerjaan di sini teramat penting. Penyediaan makanan dilakukan oleh tiga bagian dapur, yaitu dapur bubur (tajin), dapur nasi (juga merebus singkong atau ubi) dan dapur sayur dan sup. Pada tangga 29 Februari 1944, sesudah kami berada di Cimahi 2 minggu lamanya, dapur sayur diserahkan kepada orang Tionghoa, yang mengangkat Tuan Theng Koen Jauw (Cikampek) menjadi kepalanya, bekerja dengan 70 orang. Orang Tionghoa memasak sayur untuk kamp 17 bulan lamanya. Dapur baru diserahkan pada orang Belanda pada 23 September 1945, ketika keesokan harinya kami dengan resmi mendapat kabar bahwa perang sudah usai.

Selain itu, Tuan Liem Hwie Giap juga berkuasa terhadap Perusahaan Pembuatan Biang (Gistbedrijf) dan Dapur Roti, yang dibuat belakangan.

Pengelola kamp menyerahkan dapur sayur pada orang Tionghoa supaya dengan bahan seadanya yang diterima kamp dari Jepang bisa dimasak sayur yang baik sebisanya. Dan apa yang orang Tionghoa kerjakan ternyata sangat memuaskan, sehingga setelah orang Tionghoa memegang dapur selama setahun diperingati oleh dewan kamp yang memberikan tanda mata, sementara tawanan Tionghoa juga mengumpulkan uang untuk "menjamu" orang dapur. Uang tersebut oleh orang dapur disumbangkan untuk orang sakit.

Pekerjaan di dapur bukanlah enteng, sebab gelap-gelap mereka sudah harus pergi ke sana dan sore baru bisa pulang. Karena ini juga "orang dapur" mendapat makan dua kali lebih banyak.

Bulan pertama, Jepang memberitahu peraturan bagaimana tata cara hidup dalam kamp.

Menurut peraturan tersebut, kami harus bangun pukul 7 pagi (pukul 5.30 waktu Jawa). Kemudian kami harus membersihkan kamar. Pukul 8 sarapan bubur (tajin). Pukul 9 s.d. pukul 12 kami harus bekerja, apa pun jenis pekerjaannya: cabut rumput, tanam pohon, cuci pakaian, menjahit, pokoknya kami tidak boleh menganggur. Saat jam kerja, kami tidak boleh terlihat jalan-jalan di jalanan. Yang melanggar terancam bahaya dilabrak.

Kecuali orang tua dan orang sakit, pada saat jam kerja orang tidak boleh berada dalam kamar. Berada dalam kamar atau membaca buku di sini, dianggap menganggur dan malas, dan orang tersebut sangat mungkin mendapat pukulan. Pukul 12 – 1, makan tengah hari, yaitu roti dan sup (sup hanya bulan-bulan pertama, setelah itu terhapus dengan sendirinya karena tidak ada kiriman sayuran). Pukul 2 – 4 kembali waktunya bekerja. Pukul 5 makan sore. Pukul 7 apel. Kami harus berdiri di depan kamar atau seksi masing-masing untuk dihitung oleh komandan seksi masing-masing, yang melaporkan hasilnya kepada komandan blok dan kemudian komandan blok melaporkannya kepada pengurus kamp. Pukul 10.30 lampu sudah harus dipadamkan dan kami harus tidur.

Kami tidak boleh lagi kelihatan di jalan, kecuali mempunyai keperluan tertentu.

Selama 1,5 tahun lebih, peraturan ini sudah beberapa kali diubah.

Jam bangun misalnya, bukan lagi pukul 7, tetapi 7.30. Belakangan ini ditandai dengan suara terompet militer. Juga untuk wajib apel dibunyikan terompet seperti juga saat untuk tidur. Di bulan-bulan penghabis pagi kami juga dihitung.

Pada suatu hari dalam bulan pertama dilakukan penghitungan bersama. Hasilnya: kurang beberapa orang. Penghitungan diulang, dan hasilnya... kelebihan beberapa orang!

Sekarang bagaimana?

Jepang mengambil keputusan menghitung kami di ... lapangan balapan Cimahi.

Pada hari itu, masih gelap bubur dibagikan dan kemudian kami digiring menjadi beberapa rombongan keluar kamp, melewati stasiun, berbelok ke kanan masuk ke lapangan balapan. Sudah berkumpul banyak orang Jepang untuk membantu melakukan penghitungan! Dan memakan tempo beberapa jam! Dan ini untuk pertama kalinya kami keluar dari kamp.

Kami menyambut kejadian ini dengan gembira, karena bagi kami ini sama juga sebuah perjalanan pendek. Apalagi pemandangan di lapangan balapan cukup bagus. Di satu sisi jalanan kereta api yang dijaga Gunung Bohong yang rendah di belakangnya, dan di sisi lain jalan raya, kadang-kadang lewat kendaraan dan orang, dengan sederetan gedung yang belakangan menjadi "blok orang tua" tapi saat itu masih kosong dan belum dipasang pagar gedek di depannya.

Dalam sebuah pengumuman pembesar militer Jepang yang berkuasa atas kamp, kami diberitahu antara lain, tempat tinggal kita sama seperti tempat tinggal serdadu Jepang dan oleh karena kami tawanan tidak diperkenankan menghias kamar yang kami tempati. Kami diperingatkan untuk tidak berusaha mendapatkan kebebasan kami. Terhadap upaya ini akan diambil tindakan-tindakan. Selanjutnya diutarakan harapan agar kami nantinya bisa menyesuaikan diri dengan keadaan dan bisa melewati hari-hari dalam kamp dengan gembira.

Harus diakui, seruan itu cukup manis.

Setelah kami tinggal di Cimahi kira-kira selama seminggu, kami diberitahu bahwa Jepang memberi kami uang belanja harian masing-masing 10 sen. Jumlah tersebut dipotong setiap hari 1 sen untuk biaya administrasi. Jadi yang kami dapatkan adalah 9 sen per hari. Pembelian barang-barang tentu saja harus dengan perantaraan Jepang.

Sebuah daftar kemudian ditempel di depan kantor blok, tempat kami bisa membaca barang-barang yang bisa dibeli berikut harganya. Gula jawa bisa kami dapatkan dengan harga 20 sen. Gula pasir sekilo 14 sen. Selebihnya kami bisa membeli lombok, cabe rawit, bawang, kopi, roti, kue, dan lain-lain.

Dokter-dokter dalam kamp yang jumlahnya kira-kira 70 orang, banyak di antaranya dokter spesialis dari seluruh Pulau Jawa, memberikan saran barang-barang apa yang paling baik dibeli, supaya dengan uang 2,70 rupiah per bulan kami bisa mendapatkan makanan bergizi yang sebaik-baiknya untuk tubuh kami.

Hal ini telah berlaku sejak bulan Februari 1944. Untuk bulan Maret, kita pun boleh memasukkan pesanan, tapi ... barang-barangnya tidak muncul!

Akhir cerita, uang belanja harian 9 sen lenyap dengan sendirinya....

Berbeda dengan waktu belakangan di penjara Bukit Duri dan kemudian di penjara Serang, tawanan boleh pegang uang. Beberapa orang Belanda bahkan ada yang pegang uang kontan sampai ribuan rupiah. Tapi tawanan Tionghoa, kecuali beberapa orang yang berhasil menyembunyikan uangnya, tidak ada yang pegang uang. Belakangan, di Cimahi, Jepang mengeluarkan uang kami setiap bulan 10 rupiah. Tawanan tidak boleh pegang uang lebih dari 10 rupiah, maka uang kami dikembalikan berupa angsuran bulanan 10 rupiah. Dari rumah pun kami diperkenankan menerima uang dengan weselpos 10 rupiah, tapi hanya berlaku beberapa bulan saja. Begitu juga pakaian barang-barang lain berikut makanan yang kami boleh terima di penjara Serang, di Cimahi kami tidak boleh mendapat kiriman lagi, sehingga kontak dengan rumah tangga kami terputus sama sekali. Beruntung kami diberikan kesempatan menulis kartu pos 2 kali ke rumah, dengan disediakan beberapa susunan kalimat yang boleh kami pilih dan pakai, selain 25 kata bebas saat pertama kali dan 50 kata bebas saat kali kedua.

Ketika uang belum dikeluarkan, yaitu saat hampir semua tawanan tidak memegang uang, ada dilakukan barter barang satu sama lain. Untuk memudahkannya, pengelola kamp memberikan perantara. Di depan kantor pengurus kamp disediakan tempat di tembok, agar orang yang mau mencari suatu barang boleh menyampaikannya dengan pengumuman barang apa yang hendak dia berikan sebagai penggantinya. Misalnya: Dicari 1 kilo tembakau sebagai tukarannya 1 *aansteker*[83].

Jual beli ini pernah dilarang, tapi toh, tetap terjadi juga. Ketika belakangan orang boleh berjual beli, dibuat satu toko tempat orang boleh mengirim barang-barang yang hendak dijualnya. Toko ini dibuka dengan disaksikan oleh pembesar Jepang yang membeli satu-dua macam barang.

Barang-barang yang boleh kami pesan dari luar diatur dengan perantaraan Kantor Pusat Distribusi (Centrale Distributie Kantoor, C.D.K), hanya ada gula putih, gula jawa, kopi, lombok, lada, kecap, tauco, tikar, cobek dengan ulekan, tali, dan beberapa macam barang lagi. Setiap seksi punya pengurus pesanan barang-barang yang harus menyampaikannya pada pengurus pesanan blok, dan kemudian diteruskan pada C.D.K. Pengurus pesanan blok, distributor blok VIII adalah Tuan Sie Tiong Lim (Cirebon).

Awalnya, kami boleh memesan buah-buahan dari C.D.K., tetapi banyak orang yang bisa lakukan itu, karena sebagian besar tidak punya uang. Untuk menolong kawan-kawan senasib yang tidak punya uang, pengurus kamp mengambil keputusan untuk mengambil keuntungan dari barang-barang yang

---

[83] pemantik api

dipesan, beberapa sampai 100%. Keuntungan tersebut digunakan untuk membeli buah-buahan seperti pisang, pepaya, jeruk, dan lain-lain, untuk dibagi-bagikan secara gratis pada semua penghuni, baik yang golongan berpunya maupun kaum kantong kempes. Keuntungan itu juga digunakan membeli gula untuk dibagi-bagikan dengan gratis pada semua orang. Bulan-bulan belakangan diberikan kesempatan untuk membeli jeruk manis. Sebelumnya kami juga boleh memesan pisang, tapi sesudah menerima satu kali, kami tidak pernah melihat pisang lagi....

Kadang-kadang C.D.K. membagi keuntungan dalam bentuk uang, banyaknya satu rupiah atau lebih per orang.

Di antara dinas-dinas tersebut, tak bisa disangkal C.D.K. adalah yang terpenting. Tidak heran, pengelola Jepang selalu mengancam akan menutup C.D.K. dan tokonya kalau tawanan melanggar perintah. Penutupan ini sudah terjadi berkali-kali.

Di jalanan dalam kamp kami dilarang mengisap rokok, meskipun siang hari dalam kamar diwajibkan menyediakan kaleng untuk abu rokok, yang harus diisi air. Satu kali malah keluar peraturan perokok harus selalu berbekal kaleng abu rokok dengan mengikatnya pada pinggang, supaya kalau merokok di luaran tidak membuang abu dan puntung rokok sembarangan, karena orang Jepang tidak suka melihatnya ada di jalanan.

Juga tidak boleh pergi ke tempat mandi untuk

umum dengan berselendangkan handuk di leher. Handuk harus dibawa di tangan dengan dipegang atau digantung di lengan. Pelanggar tanpa ampun lagi dipukul oleh Jepang!

Kami semua mendapatkan nomor yang harus selalu kami pakai. Makanya ada orang yang menuliskan atau menyulam nomornya di baju atau pinggang celana (sebab ada yang jalan keliling tanpa memakai baju), ada yang memakainya di atas sepotong kain, kulit, timah putih, atau kayu, yang dicantumkan pada baju seperti *ID card* atau digantung pada leher mirip kalung. Penulis berjalan ke sana sini dengan sepotong kayu kecil dengan angka 35706 tergantung di dada sebelah kiri.

Belakangan dikeluarkan peraturan baru tentang nomor. Kami diberikan ukurannya dan selanjutnya harus ditambah dengan huruf-huruf Tionghoa Cha Wa (Jawa) dan menunjukkan kebangsaan. Untuk tawanan Tionghoa, adalah huruf Chih (awal kata Jepang untuk China). Pendeknya, dalam kamp kami tidak punya nama lagi, hanya nomor, persis seperti narapidana, meskipun beberapa orang Tionghoa membuat nomornya dengan artistik.

Tapi pemakaian nomor ada baiknya juga. Jika ada seorang tawanan melakukan sesuatu yang merugikan sesama, seperti mencuri barang orang, kami tidak perlu bertanya namanya, cukup mengingat nomornya dan mengadukannya pada polisi kamp, yaitu polisi yang diangkat oleh pimpinan kamp, terdiri dari tawanan juga.

Atas perintah komandan, kasur dan pakaian kami harus dijemur dua kali seminggu. Siang kasur harus digulung. Pakaian tidak boleh digantung, harus dilipat. Orang Jepang benci sekali melihat pakaian digantung.

Kadang-kadang kamp diinspeksi pembesar tinggi. Satu hari sebelum biasanya komandan mengumumkan kepada seluruh penghuni kamp melalui pemimpin kamp, yang menyampaikan pada komandan blok, dan diteruskan pada komandan seksi, yang mengabarkan kepada kepala kamar. Kemudian orang-orang sibuk membersihkan pekarangan, selokan, kamar, dan lain-lain. Ketika hari inspeksi sebelum pembesar tinggi datang, tidak boleh ada yang menjemur.

Bagaimana inspeksi dilakukan? Satu kali kejadian semua orang harus masuk ke dalam kamar dan semua pintu dan jendela harus ditutup. Hanya dari teriakan "Kere!" penjaga, kami tahu petinggi yang berkunjung sudah datang. Tidak berapa lama terdengar kembali teriakan yang sama, yang menandakan tamu agung sudah keluar. Beberapa kali terjadi inspeksi pembesar hanya melewati jalan-jalan kamp dalam mobil, menengok beberapa bagian, terutama dapur, lantas berlalu lagi. Blok VIII, "kampung Tionghoa", jarang sekali dikunjungi inspektur.

Inspeksi-inspeksi awal, pembesar Jepang mengatakan kurang puas dengan ... kebun-kebun bunga! Kesudahannya, seluruh kamp giat membuat taman, menanam pohon bunga, memelihara rumput, dan lain-lain. Pokoknya, kamp harus terlihat bagus!

3. 200 Gram - 300 Cc. Kalori!

Sementara di Cimahi kami mendapat tempat yang cukup baik, air cukup banyak dan udara cukup segar, tapi makanan jauh dari memuaskan.

Pada awalnya menu makanan, adalah sebagai berikut: pagi satu piring bubur, yang kita sebut "lem" untuk menambal perut. Tengah hari 1/2 potong roti (buatan luar, besarnya "boleh juga") dan sup. Sore, nasi dan sup. Kalau hari ini kami mendapat nasi, besoknya kami mendapat singkong, kacang kedele, atau jagung. Jadi kami mendapatkan nasi sekali dalam dua hari. Beberapa hari sekali saat makan sore kami mendapat tambahan sambal sedikit.

Makanan ini tidak cukup. Bisa dimengerti banyak orang merasa lapar. Apalagi orang kulit putih yang badannya umumnya lebih besar dari badan orang Tionghoa, dan dengan begitu memerlukan lebih banyak makan. Orang Tionghoa, lantaran di Serang makanan cukup, pada hari-hari pertama tidak begitu terganggu oleh rasa lapar, karena tubuh masih kuat.

Tidak heran, pada hari pertama sudah datang orang Belanda ke tempat kami, mengajak barter barang dengan makanan. Satu orang malah telah menukar ember buatan Eropa yang bagus dengan sedikit gula dan kopi. Terutama kue keranjang, banyak sekali yang diminta oleh mereka. Memang permintaan itu sebagian karena enaknya kue ini, tapi saya berani bertaruh, sebagian besar lebih disebabkan karena lapar.

Menu nasi dua hari sekali belakangan oleh pemimpin kamp diubah menjadi setiap hari satu kali, tapi dalam jumlah lebih sedikit. Setiap hari kami mendapat nasi seberat 200 gram. Tidak cukup untuk makan harian seorang anak berumur 3 tahun. Sejak saat itu kami jadi biasa mengutarakan banyaknya makanan dalam takaran gram, cc, dan "kalori".

Pagi kami mendapat bubur tajin 400 cc. Siang roti sebelah, beratnya kira-kira 160 gram. Siang sup dari 250 sampai 400 cc. Dan kadang-kadang sambal 50 cc.

Orang menjadi lebih lapar lagi karena "lem" pagi tanpa gula atau tidak banyak orang yang bisa memakannya. Tuan Loa Sek Hie pada suatu pagi mentertawakan saya, sebab saya makan "lem" dengan mengernyitkan dahi. Sampai hari terakhir, bubur "lem" tetap ada, meskipun belakangan bentuknya tidak begitu mirip lagi dengan tajin, sebab dibuat dari apa yang dinamakan "tepung Asia": campuran tepung kedele, tepung maizena, dan tepung singkong, sementara pada hari-hari pertama bahannya hanya tepung aci saja, yang tidak bermanfaat sedikit pun untuk tubuh.

Peraturannya tawanan mendapat uang belanja 10 sen dipotong 1 sen menjadi 9 sen per hari, sehingga kami bisa mendapat sedikit tambahan makanan. Tapi ini hanya berjalan satu bulan saja.

Beruntung juga, setelah uang kami yang dipegang Jepang habis dan keluarga kami tidak boleh mengirim uang via weselpos lagi, kami diperkenankan menerima uang dengan perantaraan Hua Chiao Chung Hui Bandung sebesar 10 rupiah per bulan, sehingga keluarga kami bisa tetap mengirim uang dengan cara mengirim kepada Chung Hui itu.

Tapi yang kami sebut "uang Chung Hui" ini tidak selalu kami terima dengan tetap setiap bulan, meskipun Chung Hui—*menurut kabar*—selalu mengirimnya tepat waktu. Sebabnya adalah kalau komandan lagi marah-marah atau lagi menjatuhkan hukuman pada seluruh kamp untuk kesalahan satu atau beberapa orang, uang itu tidak diserahkan dulu pada kami. Chung Hui mengirim uang 10 rupiah per orang untuk semua tawanan Tionghoa, termasuk untuk orang-orang yang tidak mendapat kiriman dari keluarganya. Ini adalah salah satu amal kebaikan Hua Chiao Chung Hui Bandung pada kami di Cimahi.

Juga dari Bond Soedagar-Soedagar Speda (Persatuan Pedagang Sepeda) di Jakarta, kami pernah menerima uang 10 rupiah per orang.

Ketika uang Serang belum keluar dan uang Chung Hui kami belum terima, banyak di antara kami terpaksa menjual satu atau lebih barang karena perlu uang. Karena hidup dalam kamp Cimahi sama saja seperti di luar, perlu uang untuk tambahan makan dan lain-lain.

Lantaran kurang makan, dokter-dokter melarang kami melakukan gerak badan seperti yang setiap pagi biasa kami lakukan di Bukit Duri dan Serang, karena ini membuat kami kehilangan "kalori".

Kalori adalah satuan energi panas yang dibutuhkan untuk menaikkan suhu 1 kilogram air sebesar 1 °C. Makanan membuat badan kita tetap hangat bertenaga, atau dengan kata lain: supaya tubuh kita bertenaga, kita perlu makanan, dan jumlah makanan harus sedemikian banyaknya kalori, yaitu energi panas yang terkandung di dalamnya cukup untuk membuat badan kita tetap bertenaga.

Lantaran kurang makan, kami jadi kekurangan kalori untuk membuat tubuh kami bertenaga seperti biasa. Senam gerak badan menggunakan atau "memakan" energi panas, sehingga kalau kami berolahraga, maka akan semakin kekurangan kalori.

Gula membantu membuat tubuh menjadi bertenaga. Maka banyak yang menggado gula ... kalau ada! Tapi gula masuk tidak banyak. Pembagian gula gratis dari C.D.K., bukan dari Jepang, hanya ada 1 ons per minggu. Untuk mendapatkan lebih banyak gula, orang harus beli, yaitu dari C.D.K. Orang Belanda dan kulit putih lainnya, seperti orang Amerika dan Inggris, banyak yang tidak mempunyai uang. Orang Tionghoa semua mendapat "uang Chung Hui", meskipun tidak setiap bulan. Di bulan C.D.K. lama tidak masuk atau C.D.K. lagi ditutup sebagai "hukuman", orang yang membutuhkan gula banyak terpaksa harus membeli dari sesama tawanan yang menjual dengan harga yang—*astaga!*—mahal.

Dengan kondisi makanan sedemikian rupa, menurut Dr. Kwee Tat Tjhong, orang perlu makan gula satu hari satu kilogram untuk mendapatkan kalori yang diperlukan tubuh kami. Ini terlalu tinggi untuk sebagian besar penghuni kamp, termasuk tawanan Tionghoa, kecuali golongan yang mempunyai uang dan orang yang berdagang gula boleh tidak ikut lapar, seperti sesama nasib mereka.

Menurut kabar, direktur salah satu H.B.S., seorang dengan gelar doktor, telah memperkirakan berapa banyak kalori yang harus dia pakai untuk pergi dari bangsal ke tempat mandi umum, dan buntutnya dia mengambil keputusan untuk tidak pernah mandi. Kasihan, dia tidak mengalami akhir perang Pasifik...

Setiap kali pembesar datang untuk inspeksi, pemimpin kamp, Mr. De Vilieneuve, selalu mengeluh bahwa makanan sangat kekurangan dan dijanjikan akan diperbaiki. Tetapi perbaikan tidak juga datang.

Dokter-dokter juga mengajukan keluhan tentang kurangnya makanan. Mereka menunjukkan, akibatnya adalah penyakit menular seperti disentri dan TBC semakin merajalela. Hasilnya ... beberapa orang Jepang takut ke rumah sakit!

Akhirnya, dari salah satu pembesar Jepang yang datang inspeksi diterima jawaban bahwa banyaknya makanan yang diperoleh tawanan ditetapkan oleh Tokyo. Pembesar Jepang di sini tidak punya kekuasaan untuk memperbaiki itu. Tamat sudah harapan kami bahwa Jepang akan memberi kami makanan lebih banyak!

Semua makanan yang kami dapat dalam satu hari di Cimahi dikumpulkan menjadi satu mungkin belum cukup untuk satu kali makan saja!

Di bulan pertama, barang-barang yang kami boleh beli ada roti, yang bisa mengenyangkan juga. Tapi belakangan roti tidak masuk lagi. Juga kamp tidak bisa memberi roti di waktu siang. Sebagai gantinya kami mendapat jagung, kacang kedele, singkong, atau ubi.

Komandan memberitahu bahwa kami boleh membuat roti sendiri. Pimpinan kamp lantas mengusahakan pembuatan roti. Percobaan dilakukan dan berhasil, meskipun roti pertama lebih mirip batu bata dari pada roti. Pembuatan kemudian diperbesar.

Dulu memang di tangsi ini ada pabrik roti, sebagaimana yang ternyata diperlihatkan dengan kaleng cetakan yang menjadi rombengan, yang dibuang begitu saja di pelataran dan banyak dicuri tawanan untuk dijadikan mangkuk, gayung untuk mandi atau ke W. C.

Cetakan-cetakan roti ini diminta dikembalikan untuk dipakai membuat roti.

Ketika kemudian pabrik roti kami mampu menyediakan roti untuk kami, jumlahnya tentu saja tidak cukup untuk 10.000 tawanan. Maka tiap-tiap hari hanya bisa diberikan pada sekitar 2.000 orang, dan selanjutnya untuk orang sakit dalam rumah sakit, sehingga kami mendapat roti kira-kira 5 hari sekali.

Waktu itu setiap orang mendapat 1/3 roti. Belakangan roti dibikin lebih besar dan satu orang mendapat 1/5 roti. Beratnya satu roti resminya 800 gram, satu orang mendapat 160 gram. Belakangan roti dibikin dalam bentuk kadet dan kami masing-masing mendapat satu roti. Ada orang yang iseng-iseng menimbang dengan timbangan bikinan sendiri dan memperoleh fakta beratnya antara 110 - 150 gram!

Perlahan-lahan perusahaan roti diperbesar lagi sampai akhirnya mampu menghasilkan roti untuk seluruh kamp berikut pengurus-pengurus Jepang, tangsi heiho di seberang kamp, dan kamp-kamp tawanan di Baros!

Toh, kadang-kadang sebagai ganti roti, untuk makan siang kami memperoleh bubur lagi seperti pagi, meskipun lebih banyak dari pada pagi, yaitu 500 cc. Sebabnya ... biang untuk membuat roti tidak masuk!

Memang betul bahan untuk bubur dan roti sama, yaitu "tepung Asia", tapi untuk membuat bubur dibutuhkan lebih sedikit tepung dari pada roti. Selain itu, dengan makan bubur 400 cc. pagi dan 500 cc. siang hari orang jadi sering buang air kecil. Karena bahannya sama, kami namakan roti "bubur panggang" dan bubur "roti cair".

Di Cimahi, ahli-ahli dari segala bidang berkumpul. Maka tak butuh lama untuk mendapatkan cara membuat pembakaran roti tidak lagi bergantung pada pemasukan biang oleh Jepang dengan penemuan membuat biang dari air seni! Ini adalah penemuan baru yang berharga untuk dicatat dan yang telah ditemukan dalam kamp tawanan Cimahi.

Air seni dikumpulkan dan diangkut ke satu usaha baru, yang dinamakan Gistbedrijf (Peroesahan Biang). Dengan jalan kimia diambil biangnya. Di Gistbedrijf, yang tempatnya dekat blok orang Amerika dan Inggris dan kemudian terkait dengan pasokan air maka dipindahkan ke dekat blok Tionghoa. Sebagai pekerja terutama orang Inggris. Gistbedrijf pun membuat minuman vitamin dari dedak untuk orang sakit.

Meskipun demikian masih ada satu keadaan yang membuat kami mempunyai kans untuk terus harus makan bubur dua kali sehari, yaitu minyak. Kalau minyak yang diperlukan untuk mengoles cetakan tidak masuk, perusahaan roti mandek. Supaya ini tidak berlanjut, diambil keputusan untuk tidak memakai cetakan lagi, hanya membuat roti kadet, yaitu roti bulat, sehingga tidak perlu minyak. Sekarang tetap bisa membuat roti asal ada bahan dan kayu.

Ketika pabrik sudah membuat roti sebanyak 1 juta, di dalam roti ke-1.000.000 dimasukkan satu kupon hadiah mentega satu kaleng sebagai tanda-peringatan!

Kalau kopi masuk, dalam satu minggu kami mendapat kopi 2 kali, yaitu pada hari Minggu, setiap kali 400 cc. Sebagai gantinya kopi, kami kadang-

kadang mendapat teh.

Daging dalam sup adalah daging kerbau. Awalnya kami menerima dari luar. Belakangan kerbau hidup digiring masuk ke dalam kamp dan kami harus sembelih sendiri. Pernah satu kali masuk 6-7 ekor, semua dipotong dan dagingnya ternyata hanya cukup untuk satu hari saja! Yang lebih mengenaskan, lebih dari satu kali dimasukkan kerbau bunting. Apa boleh buat, tidak ada jalan lain selain menyebelih anak kerbau yang masih dalam kandungan sang ibu, dan terpaksa ikut dicemplungkan dalam kuali. Orang yang mengetahui ini pada hari itu tidak bisa makan sup.

Pemotongan kerbau dalam kamp ada baiknya juga untuk sejumlah orang sakit. Dengan keterangan dokter, orang yang kurang darah (anemia) bisa mendapatkan darah hewan tersebut setelah disembelih.

Kadang-kadang saja kami mendapat daging babi. Satu kali pernah lewat orang membawa seekor celeng yang sudah mati. Oleh pimpinan kamp dibeli dengan harga 200 rupiah dan dikirim ke dapur. Satu ekor celeng untuk kira-kira 10.000 orang. Bisa dimengerti bagian tiap-tiap orang paling banyak hanya satu-dua irisan kecil saja, itu kalau menyasar ke dalam mangkuknya!

Masuknya kerbau semakin lama semakin seret. Akhirnya sup tidak pakai daging sama sekali. Cuma kadang-kadang kami diberi babat kerbau, tapi untuk kebanyakan orang terlalu amis, sehingga mereka tidak makan itu.

Pada hari-hari tanpa daging, makanan kami jadi tidak berbeda dengan makanan vegetarian, yang seperti di Serang memang oleh dapur dimasak juga untuk orang yang pantang makan makhluk bernyawa.

Juga sayuran untuk sup perlahan-lahan masuknya tidak begitu lancar. Bayam, sawi, wortel, labu siam, dan lain-lain, disediakan oleh leveransir dan dikirim ke dalam kamp dengan gerobak. Tapi tukang gerobak, kecuali pada hari-hari pertama, tidak boleh ikut masuk (supaya tawanan tidak berhubungan dengan dunia luar!) Dia harus menunggu di luar kamp. Gerobak dituntun oleh tawanan kulit putih ke dapur, dan setelah kosong, dibawa kembali keluar. Gerobak pengangkut kayu juga diperlakukan demikian.

Bisa dimengerti, masuknya gerobak sayuran mendapat perhatian besar dari kami.

"Oh, dari pagi sudah masuk 6 gerobak bayam," begitulah kira-kira yang dikatakan. Dan kalau suatu ketika gerobak makanan hanya sedikit yang masuk, bisa terbayang wajah para tawanan.

Kalau sayuran yang diterima tidak banyak, sup "bersih". Airnya bening dan terlihat nyata berapa potong lobak atau lembar bayam di dalamnya. Sup macam ini di antara tawanan Tionghoa mendapat nama "sup Serang" atau "sup kun cui" alias "sup air panas"!

Awalnya, sayuran yang kita dapat termasuk kol. Batang kol oleh orang-orang yang diwajibkan pada hari itu memotong sayur untuk membantu orang dapur dibawa pulang dan dikupas dan diambil hatinya untuk mengganjal perut. Ada juga yang diam-diam memasaknya dengan nasi. Maksudnya, nasi itu dijadikan bubur. Dengan nasi dijadikan bubur, kata mereka bisa lebih merasa kenyang. Satu cara burung kasuari, sebab cara tersebut bukan membuat orang kenyang dengan wajar, hanya kenyang lantaran air.

Ketika belakangan ternyata batang kol banyak yang suka, oleh dapur diberikan pada blok, yang membagikannya ke kamar-kamar. Tapi kol segera juga diboikot kamp, dan jenis makanan tambahan ini lenyap.

Dapur kadang-kadang menerima lobak dan wortel sangat banyak sehingga tidak keburu dimasak. Maka selanjutnya dibagikan mentah ke kamp. Ada yang dimasak dengan diam-diam, tapi umumnya tawanan memakannya mentah-mentah.

Sejak kira-kira bulan Juli 1944, sayuran dan bumbu-bumbu masuk begitu seret, sehingga sup (sup sore, sup siang sudah lama menjadi benda langka di saat itu) hampir selalu hanya ada lobak masak air, daun lobak masak air, atau bayam masak air. Dan beberapa kali ada pepaya muda masak air dan... nanas muda masak air! Airnya banyak, isinya tidak seberapa.

Dalam "sup pepaya muda" umpamanya. Sering pepayanya hanya beberapa potong saja! Malahan pernah sekali waktu kami mendapat "sup" krokot[84], belakangan "sup" sintrong[85] dan kemudian "sup" daun ubi.

Belakangan keadaan menjadi agak "baikan". Selain sup bayam dengan atau tanpa daun lobak, kadang-kadang ada beberapa gelintir jagung di dalamnya, kami juga mendapat cah krokot atau daun ubi, banyaknya antara 100 sampai 150 cc. Daun ubi yang biasanya sebagai makanan babi, menjadi penolong bagi kami waktu itu. Meskipun tidak enak, membuat kami tidak begitu terganggu rasa lapar. Ketika itu, setiap hari banyak orang memperhatikan apakah ada masuk cukup daun ubi atau tidak. Kalau tidak, berarti pada keesokan harinya akan ekstra lapar.

Bulan-bulan belakangan, masuknya daun ubi dan bayam boleh dibilang sudah pasti, sebab tidak lagi dipasok oleh pihak luar dan dibayar oleh Jepang, tetapi dari hasil pekerjaan tawanan sendiri. Setiap hari, ratusan tawanan kulit putih dipekerjakan di perkebunan sayur dan peternakan hewan di Cimindi, sementara sebidang tanah luas di bawah kaki Gunung Bohong yang terletak kira-kira 2 km dari kamp di sebelah Selatan jalanan kereta api, pun telah dibuka dengan tenaga tawanan kulit putih dan ditanami

---

[84] *Portulaca oleracea*, dikenal sebagai tanaman yang dapat dimakan

[85] *Crassocephalum crepidioides*, biasa disebut junggul, bagini, jambrong, tespong (Sunda), jombloh, mandrung-mandrung, puyung, taplek (Jawa), kejelengot, dan kepotpot (Bali)

sayuran. Para pekerja bakti Cimindi dan Gunung Bohong, dalam bulan-bulan paling belakang pun terdapat sejumlah orang Tionghoa, berangkat pagi-pagi ke sana dengan membawa gerobak-gerobak militer dari besi dan pulang sore dengan mendorong gerobak-gerobak ini yang berisi penuh bayam dan daun ubi. Setiap hari kamp mendapat bayam dan daun ubi dari Cimindi dan Gunung Bohong sebanyak 20 gerobak lebih.

Karena sayuran yang masuk hanya sedikit, taman-taman bunga dalam kamp segera saja diubah menjadi kebun sayur, begitu juga kedua lapangan sepak bola. Ini semua ada di bawah kekuasaan Tuindienst, Dinas Perkebunan. Hasilnya sebagian diberikan pada yang mengerjakan dan yang lain dibawa ke dapur. Juga diperintahkan untuk menanam pepaya di dalam kamp.

Kalau tidak masuk sayur, kebun-kebun kami harus menyediakan lebih banyak sayur ke dapur. Dan pepaya muda dipetik untuk tambahan sayuran.

Dengan tujuan supaya kami bisa mendapat makanan lebih banyak, oleh komandan kami diberitahu—tepatnya diperintahkan—untuk membuat semacam warung kopi. Komandan blok lalu mencari orang-orang yang tertarik untuk mengusahakannya. Di blok Tionghoa ternyata banyak yang mau. Tetapi karena hanya boleh ada dua warung kopi saja di seluruh kamp, yang satu antaranya diserahkan pada orang Tionghoa, maka orang-orang yang mau berusaha dalam lingkungan harus bekerja sama. Begitulah, mereka mendirikan satu "kongsi dagang".

Tapi barang-barang yang diperlukan untuk membuka warung kopi seperti kopi dan gula, tanpa menyebut yang lain-lain lagi, tidak diizinkan masuk, hingga akhirnya warung kopi Tionghoa hanya menjual air panas di bawah pohon beringin besar ... dan pelan-pelan "warung kun cui" Tionghoa gulung tikar dengan sendirinya....

Warung kopi di bagian Utara yang dikelola orang Belanda dan bertempat di samping gereja Protestan, setelah dibuka berjalan beberapa waktu, kemudian hanya menjual air panas saja dan akhirnya sampai juga pada ajalnya lantaran tidak mendapat kayu bakar.

Kemudian Jepang memerintahkan untuk mendirikan dua restoran, satu di bagian Utara dan satu di bagian Selatan. Yang disebut belakangan diberikan kepada orang Tionghoa untuk dikelola. Tempat sudah dicari dan diberikan, dapur-dapur sudah dibuat, tembok sudah dihiasi lukisan bergaya Tionghoa dengan arang. Lalu komandan melarang tembok dihias. Lukisan itu lalu dihapus. Lantas diberitahu kamp akan mendapat penghuni baru sekian ratus lagi dan tempat yang disediakan untuk restoran Tionghoa perlu dipakai. Kisah restoran Tionghoa hanya sampai di sini....

Memang tempat itu dulu ada isinya, tapi berhubung dengan pengadaan blok XII, pemindahan kira-kira 1000 tawanan kulit putih ke kamp Baros II dan lain-lain tempat itu menjadi kosong.

Restoran yang diserahkan untuk dikelola orang kulit putih jadi dibuka. Tapi janganlah dibayangkan seperti restoran di luaran, sebab setiap hari hanya bisa menyediakan satu-dua macam masakan saja (bihun goreng yaitu bihun, daun bawang, dan garam. Terkadang dengan sedikit daging! Bihun kuah, gado-gado—yang tentu saja tidak mirip dengan gado-gado di luar, sambal, dan lain-lain), dan pembeli begitu banyak, hingga sebelum jam penjualan orang yang antre membentuk satu barisan panjang sekali. Bukan sedikit orang yang sudah menunggu lama ternyata saat gilirannya makanan telah terjual abis. Untuk membeli, orang harus membawa piring atau mangkuk sendiri.

Restoran ini tetap hidup meski sakit-sakitan, sampai dengan kejadian pelanggaran larangan menjual pakaian keluar oleh orang kulit putih pada tanggal 29 Mei 1945. Seluruh kamp, termasuk ratusan orang sakit dan kira-kira 1.000 anak-anak, dihukum Jepang tidak diberi makan satu hari, berbarengan dengan dilarang masak dan semua persediaan bahan makanan disita! Persediaan bahan makanan restoran milik C.D.K. yang juga ditutup pun disita dan diangkut ke dapur. Sejak saat itu restoran ini tidak pernah muncul lagi...

Pada paruh kedua tahun 1944, menu harian hampir selalu seperti berikut: Bubur 400 cc., roti 1 biji, nasi 200 gram dan sup 300 cc.

Menu ini yang tertulis di papan depan dapur dan di depan kantor beberapa blok, selalu mendapat perhatian besar. Contoh di atas merupakan salah satu menu yang benar-benar membuat orang jadi lesu. Untungnya pada akhir tahun itu hampir setiap hari kami mendapat tambahan daun ubi 100 - 300 cc setiap sore.

Kira-kira setiap 3 minggu sekali kami mendapat ekstra roti 1 biji. Setiap hari ada kelebihan roti yang dibagi-bagikan lagi untuk sejumlah orang. Begitulah kira- kira 3 minggu sekali sampai giliran untuk mendapatkan roti ekstra tersebut.

Kami juga bisa mendapatkan makanan ekstra. Makanan diambil dari dapur oleh pengurus makanan masing-masing blok. Kepala pengurus pengambilan makanan dari blok VIII adalah Dr. Ir. Tan Sin Hok. Sesampai di blok, nasi dibagi empat untuk masing-masing seksi, sementara drum sup ditaruh di jalanan. Sesudah selesai pembagian, terdengar Tuan Liem Tong Liang (Semarang) dengan gaya seperti tukang lelang membacakan, "Kamar 8, kamar 8, mulai ambil sup!" atau Tuan Lauw Pang Soei berseru, "Seksi III, kamar 4 mulai ambil sup!"

Supaya tidak terbit rasa iri, setiap seksi diatur sehingga setiap hari kamar yang duluan mengambil makanan digilir. Setelah dibagi-bagi, hampir selalu masih ada tersisa nasi sedikit, sup sedikit, sambal sedikit dan/atau daun ubi sedikit. Semuanya dijadikan satu, diaduk, lalu dibagi-bagi lagi sebagai makanan ekstra dengan bergiliran setiap seksi. Banyaknya 200 cc. per orang.

Komandan blok dan seksi mendapat makanan lebih banyak dari yang lain. Mereka mendapat bubur 1 1/4 porsi dan roti 1/2 biji, selain gaji 15 sen per hari. Administratur blok, kepala kebun, kepala kerja bakti blok dan pembantunya, pemimpin kerja bakti seksi, polisi kamp (*kampwacht,* belakangan *kamppolitie*) dan lain-lain juga mendapat 1/2 roti berikut gaji ... 10 sen per hari.

Tempe termasuk langka, tetapi oncom lebih sering dari tempe. Lantaran terlalu jarang, oncom, yang dimasukkan ke dalam sup atau sambal, bagi kami merupakan makanan mewah. Orang yang di luar tidak pernah makan oncom, dalam kamp bukan main girangnya saat membacanya di menu.

Besok kita bakal dapat sambal oncom!

Oncom yang dipandang rendah dalam kehidupan biasa betul-betul naik pangkat jadi makanan istimewa di Cimahi, termasuk di antara tawanan kulit putih.

Para pengurus kamp yang dipimpin oleh Tuan C. Heintz (nama sebenarnya J. F. G. Stein) setelah Jhr. Mr. C. H. V. de Villeneuve dipindahkan ke Baros. Orang kulit putih ambtenaar tinggi, para Vrijmetselaar, professor, guru sekolah menengah, pendeta dan lain-lain "tingkat atas", banyaknya kira-kira 1.000, dibawa ke sana pada pertengahan kedua tahun 1944, telah berupaya keras untuk perbaikan makanan.

C.D.K. kemudian membeli ubi yang dimasak di dapur dan dijual dengan harga 0,12 rupiah per porsi 250 gram. Ini dimulai pada akhir tahun 1944. Dari penjualan ini diperoleh sedikit keuntungan. Kalau keuntungan tersebut sudah cukup banyak, ini digunakan untuk membagikan ubi gratis pada semua tawanan, termasuk yang tidak punya uang, seperti sebagian besar tawanan kulit putih, sehingga mendapat makanan tambahan. Mereka begitu lapar sampai ada beberapa yang datang ke blok Tionghoa untuk meminta kulit ubi....

Beruntung ubi bisa terus ada hingga hampir di seluruh semester pertama tahun 1945. Ubi yang diterima kamp begitu banyak, sehingga kira-kira bulan April dan Mei 1945 untuk beberapa hari berturut-turut kami mendapat 2 porsi ubi (500 gram) per hari dengan membayar 0,24 rupiah. Malah pernah beberapa kali kami menerima 3 porsi (750 gram, 0,36 rupiah) per hari!

Banyak orang khawatir menantikan pertengahan tahun dengan jantung berdebar-debar, sebab pada saat itu panen ubi akan selesai dan bisa jadi kami akan mengalami "zaman paceklik" lagi dengan krokot dan sintrong. Tapi pimpinan kamp telah berhasil mengatur, sehingga waktu kami tidak mendapat ubi, kami bisa beli sup kacang ijo, sup kacang merah, kacang tanah rebus atau goreng, dan jagung, saling bergantian. Harganya berbeda-beda dan tidak tetap, selalu naik.

Sup kacang ijo dijual per porsi 250 cc. 0,50 rupiah, tapi ada juga hari-hari ketika satu porsi dijual 0,10 rupiah untuk menolong kaum miskin. Keuntungannya dipakai untuk selalu membagikan sup kacang merah dan lain-lain gratis. Jagung yang dijual per porsi 0,30 rupiah, malah pada hari-hari menjelang akhir oleh pimpinan kamp diberikan tanpa membayar.

Jadinya pada bulan-bulan terakhir, kami tidak terlalu lapar!

Satu hal perlu dicatat di sini. Jepang sering memasukkan dendeng celeng, sosis, daging asin dan "makanan enak" lainnya. Tapi ini yang harus kami beli di luar kemampuan sebagian besar penghuni kamp, tidak membuat perut kenyang. Kami telah meminta agar diizinkan masuk lontong, kacang kedele, dan lain-lain makanan yang membuat kenyang. Tapi... ini tidak boleh! Makan enak boleh, makan kenyang tidak boleh! Tidak mengherankan semua orang menjadi kurus, banyak yang secara mengerikan, kecuali orang-orang kaya dan para saudagar.

Kabarnya, untuk biaya makan seorang tawanan, Jepang hanya mengeluarkan uang 17 sen per hari.

4. Berjuang untuk Hidup

Dalam penjara Bukit Duri dan Rumah Tahanan Serang, makanan cukup mengenyangkan, selain kami mendapat kiriman pakaian dan makanan rutin dari rumah. Kalau "kamar" kami bocor, kami bisa meminta administratur penjara untuk memperbaiki. Kalau lampu listrik mati kami minta yang baru dari pengurus penjara. Uang boleh dibilang tidak perlu, kecuali kalau orang ingin tambahan rokok, atau makanan ekstra enak dengan jalan "tahu sama tahu, deh."

Tapi makanan yang kita dapatkan di Cimahi, mengutip ucapan salah satu pimpinan Tionghoa, "tidak cukup banyak untuk membuat kenyang, tidak cukup sedikit untuk membikin mati".

Pakaian kiriman dari rumah tidak boleh masuk, begitu juga barang-barang lain. Kalau lampu listrik dalam kamar putus, kamu harus berusaha sendiri mencari (baca: beli) lampu listrik lain. Ini ada di luar urusan komandan kamp!

Ketika pada hari kedua kami harus pindah kamar, teman-teman lupa membawa lampu listrik. Saat teringat karena lampu listrik di kamar baru kami sudah diangkat oleh penghuni yang kami gantikan, kami buru-buru balik untuk mengambilnya, tetapi lampu di kamar lama sudah lenyap. Beruntung dua kamar memakai satu lampu, sehingga kami bisa "menumpang penerangan pada tetangga belakang.

Berhubung dengan ulang tahun Kaisar Jepang tanggal 29 April 1944, selain barang keperluan sehari-hari seperti sikat gigi, odol, sabun, tembakau, dan lain-lain, Hua Chiao Chung Hui Bandung juga mengirim sejumlah selimut dan pakaian, jas, piama, dan kemeja. Pakaian ada yang ditulisi nama penerima sehingga jelas asalnya dari keluarga orang tersebut. Pengurus Jepang bukannya menyuruh untuk menyerahkannya pada yang berhak menerima, tetapi memanggil sejumlah tawanan untuk menggunting nama-nama yang ada pada baju, celana dan lain-lain. Kalau nama itu ditulis dengan tinta di atas kantong kemeja, bagian itu diperintahkan untuk digunting sampai berlubang besar. Kalau di pinggang celana, bagian ini dibuat sobek. Sesudahnya baru dibagi-bagi untuk seluruh kamp. Karena separuh dari barang-barang pengiriman pertama dari Chung Hui diberikan pada penghuni kamp kain, bisa jadi banyaknya pakaian yang sampai pada kami pun hanya setengah saja dari apa yang kami terima. Orang tidak merasa menyesal pakaian itu di-"Asia raya"-kan, tapi yang membuat pedih hati karena digunting-gunting, sedangkan keluarga kami di luar sudah mengeluarkan uang berapa banyak untuk membelinya.

Tapi ada juga nama-nama yang lupa digunting. Tawanan kulit putih berjanji kalau mereka mendapat pakaian yang masih ada namanya akan mereka kembalikan kepada kami. Tentu saja banyaknya pakaian dan selimut itu jauh dari cukup untuk membuat semua penghuni kamp mendapat sepotong.

Di bagian blok Tionghoa, kalau ada yang mengenali baju, jas, atau apa saja sebagai miliknya, boleh memberitahu kepada komandan blok dan bisa mendapatkan kembali barangnya. Boleh dibilang hampir semua tidak ada yang bisa mengenali. Para pengurus blok Tionghoa lalu mengambil keputusan untuk memberikan pakaian dan selimut itu pada orang-orang yang sudah tidak punya pakaian dan tidak punya selimut.

Belakangan, pernah satu kali kami dikirimi pakaian dan selimut bekas, jumlahnya pun kecil. Ini juga diberikan pada orang-orang yang memerlukan.

Dengan putusnya pengiriman dari rumah, untuk pakaian kami harus berusaha sendiri. Beruntung sebagian besar tawanan Tionghoa punya pakaian cukup untuk waktu yang lama. Tapi kalau kami masih harus di-*interneerd* berbilang tahun lamanya, masalah pakaian akan membuat kami semua mengalami keadaan yang sangat sulit.

Selain itu, yang lebih penting lagi adalah soal tambahan pengganjal perut.

Jalan satu-satunya, pada bulan-bulan pertama dengan memesan barang-barang jika ada kesempatan melalui Kantor Pusat Distribusi (Centrale Distributie Kantoor). Untuk mendapatkan uang, ada di antara tawanan Tionghoa yang menjual cincin dan... gigi emas!

Pendeknya, untuk tambahan makanan orang perlu uang, dan orang kemudian berusaha mencari uang. Dengan demikian perhatian sebagian orang tertarik dengan jual beli yang dilarang. Maka orang melakukannya dengan diam-diam.

Sejumlah orang kulit putih dan Tionghoa mulai menjual air panas. Pagi-pagi sekali dengan membawa kaleng minyak tanah atau yang lain, mereka pergi ke lapangan sepak bola. Di sana, saat masih gelap, mereka menyalakan api di atas dapur yang mereka buat dari susunan batu bata.

Suatu pagi, selagi rembulan masih memancarkan cahayanya yang terang di langit yang bersih, saya jalan-jalan ke lapangan itu. Begitu fantastis melihat sekian banyak api yang menyala kuning-merah dan memberikan cahayanya kepada orang-orang yang nongkrong di depan, menciptakan batas-batas terang di sekeliling keadaan yang masih gelap! Air panas ini, *kun cui*, dijual percangkir, kurang lebih 400 cc. dengan harga awalnya 5 sen, tapi kemudian 2 sen – lantaran banyaknya saingan!

Ketika belakangan Jepang memerintahkan untuk membuat warung kopi, yang mati keguguran lantaran bahan yang diizinkan masuk hanya kayu bakar saja, perdagangan bebas kun cui merdeka habis, karena warung kopi berobah menjadi warung air panas dengan mendapat hak monopoli.

Setelah warung kun cui Tionghoa tamat riwayat,

masing-masing blok boleh merebus air sendiri. Kayu untuk merebus air dibantu dibelikan Jepang. Cukup lama blok VII tidak merebus air. Orang Tionghoa membeli air panas dari orang Belanda yang berdekatan. Kayu yang berhak didapatkan blok Tionghoa diberikan pada dapur air panas Tuan Meyer, seorang perwira Leger des Heils[86], yang untuk itu setiap hari wajib memberikan air panas gratis satu kali satu mug (kira-kira 500 cc.) pada setiap orang Tionghoa.

Persaingan antar penjual air cukup keras, sehingga ada yang menjual air dengan harga 1/2 sen, sedang harga normal waktu itu 1 sen per mug.

Belakangan, blok Tionghoa pun mengadakan penjualan air sendiri. Kepala pengurusnya adalah kapten Djie Ting Hian dari Kediri.

Ketika kayu tidak bisa didapatkan lagi, semua dapur memasak air sampai pada ajalnya. Tapi orang sakit, dengan keterangan dokter, belakangan beruntung bisa mendapatkan air panas dari dapur.

Orang juga mencari uang dengan berdagang gula jawa, gula pasir, dan lain-lain. Beberapa orang Tionghoa dan kulit putih mendapat hasil lumayan dengan menjadi makelar. Ada juga "pedagang keliling" dengan membawa rantang berisi macam-macam barang dagangan, kebanyakan yang barang kiriman seperti pinsil, piring, benang, celana pendek, dan lain-

---

[86] Bala Keselamatan (Salvation Army)

lain.

Lokasi jual beli terutama terletak di pinggir lapangan sepak bola di belakang gereja Protestan. Di sini setiap pagi ramai. Ada yang menjual buku, ada yang mau menguangkan kasurnya, ada yang mencari pembeli untuk lukisan karya pelukis Belanda terkenal. Di sini saya lihat ada yang mau menjual buku terjemahan Inggris dari cerita Tionghoa termasyhur Chin P'ing Mei[87], yang meskipun mesum mempunyai kedudukan penting di dalam sastra Tionghoa. Sudah diterjemahkan hingga 2 kali ke dalam bahasa Belanda. Iseng-iseng saya tanya, berapa dia mau jual, darimana asalnya, dan bagaimana pendapatnya tentang novel tersebut. Katanya, dia adalah seorang Belanda yang datang dari Shanghai, tempat ia berdagang. Kisah Chin P'ing Mei amat menarik hatinya. Dia telah membacanya berkali-kali, tapi sekarang dia terpaksa menjualnya sebab perlu uang. Harganya dipatok 4 rupiah.

Setelah toko C.D.K. dibuka, perdagangan di alun-alun dilarang. Barang-barang yang hendak dijual harus melalui toko tersebut. Tetapi jual beli "bawah tangan" masih terus terjadi, dengan makelar atau

---

[87] Jin Ping Mei (Mandarin), karya sastra terkenal dari zaman Dinasti Ming. Jin Ping Mei adalah novel pertama yang menggunakan gaya bahasa vernakular (sehari-hari) dalam penulisannya, berbeda dari novel-novel klasik lainnya yang menggunakan bahasa klasik. Pengarang novel ini adalah sastrawan Dinasti Ming bernama Lanling Xiaoxiao Sheng

tawar menawar keluar masuk bangsal.

Perdagangan di alun-alun berubah sifat. Sekarang makanan yang dijual di situ. Ada yang membuat "kroket", ada yang masak sup, sementara beberapa pedagang Tionghoa "mengiklankan" dengan nyaring mereka punya "puyunghai", "bakmi", sup bihun, dan lain-lain. Bahan untuk ini dibeli dari C.D.K. atau dari pekerja bakti Belanda yang dipekerjakan di Cimindi dan Gunung Bohong. Mereka diberi hak membeli macam-macam barang yang di dalam kamp dilarang, seperti minyak kelapa, minyak kacang, daging babi asin, tepung mazeina, kentang, dan lain-lain, yang sekembalinya mereka lalu dijual.

Untuk membuat kroket, biasanya dipakai ubi merah dan sebagai isinya digunakan sup yang dua-duanya kami peroleh dari dapur dan yang dicari dengan perantaraan makelar. Bakmi umumnya dibuat dari tepung dari tepung hunkwe.

Makanan–terutama kroket–ada yang dibuat dalam blok dan sesudah matang dijual di sini atau oleh "penjaja" di bangsal-bangsal.

Keuntungan perdagangan demikian besar. Satu kongsi usaha pembuat kroket Tionghoa pernah mendapat keuntungan bersih dalam satu hari tidak kurang dari 100 rupiah.

Makanan apa saja yang dibuat dan dijual selalu habis. Orang lapar, makanan lain tidak ada, maka kalau ada uang segala macam makanan dibeli orang, tidak peduli soal rasa dan harganya. Tapi ada juga kroket yang lezatnya tak kalah dengan kroket tulen di luar kamp!

Pusat pembuatan kroket antara seksi I dan seksi II, dan kemudian di seksi III, yang setelah 5 bulan, dari sebelah kiri pintu kamp dipindahkan tepat di belakang gedung-gedung di sebelah kanan di seberang stasiun Cimahi, di seksi tempat kantor dan kamar komandan blok, dan di kamar sebelahnya saya mendapat tempat tidur di salah satu pojok (alamat saya saat itu No. 35, 706, Blok VIII, Seksi III, Kamar 6).

Anak-anak Belanda berkeliling menjual apa yang dinamakan *borstplaat*[88], yaitu gula yang dimasak dan kemudian dikeringkan dan ditambahkan perasa pepermint, kopi, dan lain-lain, buatan orang kulit putih. Kemudian orang Tionghoa juga membuat makanan sejenis. Di antara makanan yang dijual, borstplaat yang paling murah, harga awalnya 0,10 rupiah. Belakangan, karena harga gula naik dan sulit didapat, dijual dengan harga 0,25 rupiah dan terkahir 0,50 rupiah.

Jepang mengeluarkan perintah agar orang yang berdagang harus meminta "surat izin". Tapi sebelum dilaksanakan, keluar larangan berjualan, sehingga alun-alun menjadi sepi. Menurut bisik-bisik, ini karena pembukaan restoran. Toh, masih ada yang berjualan, hanya sekarang dengan sembunyi-sembunyi, meskipun K.P.[89] mendapat perintah untuk

---

[88] Fondant (English), adonan berbahan dasar gula.

[89] Kamp Politie, polisi kamp

menangkap orang-orang yang ketahuan melanggar. Saat magrib, lingkungan Tionghoa ramai, sebab ke sinilah datang para makelar dan orang-orang yang hendak menjual kemeja, celana, rantang, buku tulis, griffel"[90], koper, dan lain-lain. Di kerumuni banyak orang, maka tempat itu mendapat sebutan "pasar malam" dan Tuan Thio Thiam Tjong selalu gagal mengusir orang berjual beli di situ, di sebelahnya kantornya. Sebagai komandan blok dia berkewajiban menjalankan perintah tidak boleh berjualan.

Ada beberapa orang yang berjualan dengan tujuan utama mengumpulkan uang untuk nanti sudah keluar kamp. Ini sungguh harus dicela dengan keras, sebab keuntungan yang hendak dikumpulkan untuk dijadikan modal di kemudian hari yang didapat dari sesama yang berada dalam kesusahan seperti mereka juga. Kita seharusnya menolong yang senasib, bukan memanfaatkan kesusahan mereka, yang juga mejadi kesusahan kita juga, untuk meperkaya diri sendiri.

Setelah makanan tidak boleh dijual, yang terutama dibuat dan diperdagangkan secara gelap adalah "hopjes" (gula jawa dimasak dengan kulit jeruk atau lain-lain, dan dipotong lebih besar sedikit dari hopjes[91]).

Roti juga banyak dijual, terutama oleh orang kulit putih yang dipekerjakan di luar dan mendapat

---

[90] Slate griffel (English), kapur besi untuk menulis di batu tulis.

[91] Sejenis permen Belanda dengan sedikit rasa kopi dan karamel yang berasal dari abad ke-18.

makanan ekstra, meskipun harus bayar, juga mendapat tambahan roti, sehingga roti kamp biasa tidak mereka perlukan lagi. Dari 0,25 rupiah per 1/5 bagian (bagian masing-masing orang) harga naik–setelah roti dipanggang dalam bentuk bulat–3 rupiah sepotong. Sebagai makanan tambahan, roti memang paling disukai karena paling gampang.

Tambahan makanan lain adalah sayur yang dimasak sendiri. Awalnya masak dibolehkan. Sebagai tempat masak oleh Jepang ditunjuk kedua alun-alun. Sayuran kami dapat dari kebun, dengan menanam sendiri atau beli. Kuali bisa dibeli dari tawanan Belanda atau orang memakai kaleng mentega 7 pon. Makanya kaleng ini juga sangat laku dengan harga tinggi (sampai 4 rupiah), apalagi bisa digunakan sebagai ember mandi dan... pergi ke toilet.

Yang tidak bisa masak karena tidak punya kuali atau sebab lain, kalau lapar membuat hunkwe.

Dalam kamp, banyak anjing berkeliaran. Karena sangat lapar, ada yang menyembelih anjing. Jepang sendiri membolehkan ini dan katanya menunjuk orang khusus untuk menjadi "tukang jagal anjing". Saya juga pernah melihat orang memanggang tikus....

Yang sangat mengenaskan adalah saat melihat anak-anak tanggung yang dengan jarinya membersihkan drum bubur yang sudah kosong dan kemudian menjilatnya. Orang Tionghoa yang kasihan pada anak-anak itu, kalau masak meninggalkan sebagian makanannya dalam kuali dan memberikannya pada mereka, yang diterima dengan gembira dan mencucikan peralatan masak. Beberapa orang Tionghoa pun suka membagikan makanan pada anak-anak itu, sehingga ada yang bilang mereka "pungut anak" dalam kamp, karena anak-anak itu dekat dengan mereka.

Saya sendiri, kalau kelebihan makanan, memberikannya pada anak-anak di seksi anak-anak, tidak jauh dari kamar saya.

Seorang tawanan Tionghoa yang ikut mengangkut beras dari stasiun Cimahi ke dalam salah satu gedung di seberangnya menceritakan bahwa ada anak-anak yang karena terlalu lapar meraup beras yang tumpah di tanah dan langsung menyuapnya ke dalam mulut bersama debu jalanan!

Orang juga mencari uang dengan melakukan satu atau lain pekerjaan. Ada tawanan kulit putih yang membuat bakiak untuk dijual, supaya bisa membeli makanan tambahan. Bahan untuk bakiak kebanyakan papan jati, sehingga bakiak buatan kamp Cimahi boleh diadu kekuatannya, sedangkan modelnya lebih bagus dari model di luar. Apalagi salah satu dari pembuat bakiak adalah ... perancang tamatan K.W.S.[92]! Sebelum ada yang menjual bakiak, kami

---

[92] *Koningin Wilhelminaschool (KWS)*, sekolah menengah teknik yang dibuka di Batavia (sekarang Jakarta). Terletak di Jl. Budi Utomo No.5, Jakarta Pusat. Koningen Wilhelmina School (KWS) merupakan sekolah khusus untuk anak-anak Belanda dan keturunan. Dibangun pada tahun 1906 dan bergaya

membuatnya sendiri itu karena tidak mendapat kiriman lagi dari rumah.

Pita bakiak awalnya dibuat dari kulit pelana kuda, yang ketika kita datang ada setumbuk besar di sebelah kiri tempat masuk dan yang kemudian "dibereskan" dengan sendirinya. Belakangan, pita untuk bakiak semakin sulit didapat, lalu ada yang menjual kulit bakiak yang berasal dari ... tas kerja! Paku bakiak sudah tentu tak ada. Namun ini gampang, potongan-potongan kawat biasa dan kawat duri bertebaran di sana-sini dan bisa digunakan sebagai paku bakiak. Malahan dengan memakai ini, karena tidak ada kepalanya, maka harus ditekuk. Pita bakiak tidak cepat lepas justru lantaran kawat ditekuk!

Ada yang membuat pipa cangklong, ada yang menjadi tukang cukur, tukang solder, tukang sepatu, tukang semir sepatu, tukang kasur, tukang cuci, tukang jahir, tukang reparasi kacamata, tukang lukis gambar, dan lain-lain. Terutama tukang lukis ada yang mendapat banyak kerjaan dari orang Tionghoa. Yang satu ingin membawa pulang tanda mata dalam bentuk gambarnya sendiri. Yang lain memesan gambar pemandangan pemandangan dalam kamarnya. Di blok Tionghoa, Tuan Injo Beng Goat dan Tuan Lauw Seng Thwan membuat banyak pletokan[93]

---

arsitektur Eropa. Setelah Indonesia Merdeka menjadi gedung Sekoıah Teknik Menengah I (STM) I "Budi Utomo".

[93] senjata mainan yang terbuat dari bambu, dan pelurunya terbuat dari kertas yang dibasahkan, atau biji jambu atau

untuk mendapatkan api dengan memanfaatkan tekanan, yang mereka jual dan berikan sebagai tanda mata pada sobat-sobat.

Hampir segala macam barang ada terlihat di dalam kamp. Saya melihat peralatan makan lengkap berikut gelas, sendok, garpu, dan pisau. Ada yang menyimpan kertas bungkus kado, ada yang sedia perkakas yang cukup untuk memperbaiki jam tangan, ada yang boleh bangga dengan satu mesin jahit, dan lain-lain.

Pakaian banyak yang dijual ke luar lewat satu atau lain cara, sebab di luar bisa didapat harga tinggi. Setinggi-tingginya harga dalam kamp, harga di luar lebih tinggi lagi, begitulah yang kami dengar. Penjualan demikian dilarang keras, sebab kebanyakan dilakukan lewat perantaraan heiho, sedang kami tidak boleh berhubungan dengan heiho. Makanya dalam kamp jarang sekali terlihat heiho masuk.

Bergulat demi kehidupan ada yang sampai memalsukan obat. Yang membeli salah satu pengurus Jepang, yang lantas juga tahu, hingga si pemalsu—penjualnya dilabrak keras.

Tukang lukis gambar, semuanya orang Belanda, dengan tarif dari 2,50 rupiah – 5 rupiah per satu lukisan potret. Harga yang rendah dan tidak bisa didapatkan di luar kamp.

Kalau ada penawaran kacang merah, ada yang

---

kembang. Permainan ini merupakan permainan khas masyarakat Betawi.

membeli dalam jumlah besar, yaitu beberapa kilo. Niatnya disimpan untuk "masa paceklik". Satu ketika pembeli-pembelinya terperanjat, saat keesokan paginya menemukan kacang-kacang tersebut mulai bersemi! Rupanya sabelum dibawa, kacang telah kena air dan ini mempercepat tumbuh. Hari itu, semua pembeli repot menjemur kacang dan memilih yang sudah bersemi untuk lantas dimasak.

Ya, dalam kamp kami juga mengalami perjuangan untuk bertahan hidup yang tidak kalah hebatnya seperti di luar.

Ketika tidak bisa mendapatkan kayu lagi lantaran Jepang tidak mengizikan masuk untuk dijual kepada kami, orang yang biasa masak hampir saja kalap. Bakiak tidak selamat lagi, karena digasak dan hampir boleh dipastikan telah membantu mematangkan sayur untuk salah satu kawan senasib kami. Begitu juga bangku dan papan tidur, ada yang dijadikan kayu bakar. Sudah tentu ada kamar yang nekat membongkar kusen pintu untuk dijadikan umpan api...

Pekerja bakti Gunung Bohong, yang antara lain-lain harus memelihara babi, ada yang pernah bawa pulang ampas kacang untuk babi, yang dalam kamp dijual sebagai "tauco". Saat itu orang masih boleh berjualan di alun-alun. Ketika terbongkar, pencuri-pencurinya ditangkap dan seorang Jepang datang ke alun-alun memeriksa barang dagangan orang-orang. Kesudahannya beberapa orang Tionghoa ikut mendapat hukuman sel dengan dakwaan telah menadah barang curian...

Kesulitan membuat orang mengasah otak untuk menolong diri sendiri. Pisau dibuat dari besi batang yang diketok hingga gepeng, dan juga dari kaleng.

Selain kaleng yang dipotong bundar dan pinggirannya ditekuk bergelombang, kap lampu juga diubah menjadi piring. Kontainer pakaian berganti rupa menjadi ... cello besar!

Kaleng juga dipakai untuk membuat parutan. Setelah benang susah didapat, (di antara anak-anak Belanda yang dipindahkan dari Cideng , Jakarta, ke Cimahi, ada yang punya benang, tapi ini kabarnya diambil Jepang), orang "membuat" benang, dengan cara mengurai tenunan kaus kaki, taplak meja, dan lain-lain.

Karung diisi kapuk dan berubah menjadi kasur. Seorang Belanda bahkan telah berhasil membuat peralatan lengkap untuk mengukir patung! Ada juga yang membuat kuali dari plat besi. Potongan bambu dipakai untuk mencatat....

5. Tugas-Tugas Wajib

Selain dapur, ada juga Technische Dienst (Dinas Teknik), yang seluruhnya dipegang oleh orang kulit putih, dan Medische Dienst (Dinas Kesehatan) yang mempunyai personil tetap.

Tapi sebagian besar dari kira-kira 10.000 tawanan tidak ada pekerjaan tertentu, diwajibkan melakukan kerja bakti. Mereka tidak ada yang terlalu tua, sebab yang berumur 55 tahun ke atas dibebaskan dari tugas ini.

Kerja bakti pertama adalah memotong sayur. Kemudian ada kerja bakti potong daging. Ketika dapur dipegang oleh orang Tionghoa dan pekerjaan di sini sudah berjalan lancar sementara personilnya pun cukup, kerja bakti jenis ini dihapuskan.

Kemudian muncul kerja bakti kebun. Untuk ini diangkat seorang kepala seluruh kamp, di bawahnya ada kepala kebun blok-blok.

Pekerjaan kerja bakti kebun adalah merawat kebun bunga, membuat kebun bunga baru, menanam serta merawat batang bunga di pinggir jalan mengurus kebun sayur yang sudah ada dan membuka kebun sayur baru. Kebun bunga belakangan dijadikan kebun sayur karena kekurangan sayuran.

Awalnya orang tidak suka diberi kewajiban merawat kebun, baik kebun bunga maupun kebun sayur. Karena perut belakangan berkukuruyuk, orang-orang berebut untuk mendapatkan sepotong tanah untuk kebun!

Kejahatan pertama iri hati pun muncul. Di samping kamar 24 seksi IV blok Tionghoa tumbuh pohon labu siam yang berbuah banyak. Pada suatu pagi ditemukan pangkal pohon tersebut sudah ditebas putus!

Orang yang berkebun mendapat upah yang awalnya terdiri dari 1/4 bagian dari hasil rawatannya dan kemudian diubah untuk tiap-tiap 1/2 kilogram diberikan sup 400 cc. dan 1/2 roti kadet.

Untuk membantu situasi makanan dalam kamp, dua lapangan sepak bola diubah menjadi kebun sayur. Pekerjaan "membuka" kebun baru dilakukan beramai-ramai. Setiap hari, untuk itu blok-blok harus mengirim sejumlah orang yang wajib menuruti perintah "mandor-mandor" yang diangkat oleh kepala Dinas Perkebunan. Setelah kedua lapangan olahraga menjadi kebun sayur, orang dengan bergiliran harus merawatnya.

Tanah di luar kamp, yaitu di pinggir jalan raya, harus kami ubah juga menjadi kebun ubi. Di antaranya ada tanah di ujung Utara kamp, sedikit melewati lapangan olahraga Cimahi, tepat di bawah salah satu menara penjaga. Tapi untuk masuk ke lahan ini, yang berada di sebelah dalam kawat berduri, tidak dibuat pintu. Pekerja bakti harus naik tangga menara penjaga, melangkahi kawat duri yang tingginya kira-

kira 3 meter, lalu merambat turun di sepanjang tiang-tiang. Orang seperti harus main akrobat. Tidak heran banyak yang pulang dengan kaki luka tertusuk kawat duri.

Pekerjaan-pekerjaan ini dilakukan pada pukul 9 - 12 dan 2 - 4.

Hasil kebun harus diantar ke dapur, lalu ditimbang dan dicatat.

Pendapatan blok Tionghoa, ketika kepala kebun terakhir Tuan Liem Bian Sioe (Malang) dibantu oleh Tuan Yap Wie Hing (Blitar), tidak membuat malu orang Tionghoa. Hasil sayuran harian di sini ada antara 25 dan 30 kg., sementara pendapatan tiap-tiap hari keseluruhan kamp sekitar 800-900 kg. Yang ditanam terutama adalah krokot sayur yang baik untuk mata, bayam, sawi, ubi, seledri, labu siam, tomat, dan lain-lain.

Untuk memudahkan orang yang punya kebun menjual kelebihan bagian hasil kebun mereka, kamp membuat satu organisasi penjualan sayur. Seluruh kamp yang memiliki sayur yang hendak dijual harus menyerahkannya pada organisasi ini. Jual beli di bawah tangan dilarang. Hasil kebun begitu banyak peminatnya, sehingga sebelum pukul 12 semua sayur sudah terjual habis. Yang paling murah adalah daun ubi (4 sen per ons). Sawi termasuk dalam golongan sayur mewah, sebab harganya 2,50 rupiah, sementara tomat dijual 5 rupiah per ons. Pendapatan dari penjualan sayur dari Blok VIII per hari pukul rata 300 rupiah.

Sayuran hanya boleh dipotong di waktu pagi pukul 9 - 11 saja.

Untuk kebutuhan kamp C.K.K. (Centraal Kamp Kantoor, Kantor Pusat Kamp) memerintahkan blok Tionghoa menanam 500 pohon pepaya selain pohon pepaya yang sudah ada. Tuan Yap Wie Hing telah menanam 200 pohon. Hasilnya sempat kami saksikan. Karena buah-buahan yang diperoleh orang sakit dari kamp sendiri, perluasan penanaman pepaya berarti lebih banyak lagi orang sakit bisa mendapatkan pepaya. Kalau ada kelebihannya, beberapa minggu sekali tawanan lain pun bisa merasakan manisnya sepotong pepaya....

Untuk penyediaan dan penetapan pekerja bakti ditentukan seorang ketua kerja bakti untuk seluruh kamp. Semua permintaan kerja bakti, baik dari Jepang maupun dari Dinas Perkebunan, disampaikan kepada ketua tersebut yang kemudian menetapkan masing-masing blok harus menyediakan berapa banyak orang untuk itu. Jumlah ini kemudian diminta kepada ketua kerja bakti masing-masing blok (di blok Tionghoa Mr. Ewjong Fa Sen dengan dibantu Tuan Kwok Chan Kwan, keduanya dari Jakarta), yang kemudian membaginya kepada masing-masing seksi.

Pekerjaan pemimpin kerja bakti sungguh makan hati, sebab harus mengejar-ngejar mereka yang sudah tiba gilirannya untuk kerja bakti. Bukan satu-dua orang yang sering mencari jalan untuk membolos.

Untuk beberapa pekerjaan Jepang sering meminta beberapa ratus orang yang harus segera ada. Kalau tidak, "ketua-ketua" kami dipukul dengan sepotong bambu. Untuk menyelamatkan diri dari pukulan, pengurus kamp mengadakan satu kelompok kerja bakti luar-biasa, yaitu kerja bakti penugasan. Orang yang mendapat tugas ini tidak boleh pergi ke mana-mana, harus menunggu di samping kantor Jepang untuk bersiap kalau nanti Jepang minta sekian ratus orang secara mendadak.

Kami menyebutnya "kerja bakti menunggu".

Tugas penjagaan bahaya serangan udara pun telah diadakan dengan segera. Dua orang dari masing-masing seksi harus berjaga secara terus menerus selama 1 jam lamanya. Selama berjaga, orang tidak boleh duduk. Kalau Jepang lewat, harus berteriak, "Ijo arimasen" (Tidak ada apa-apa). Belakangan penjagaan dilakukan malam hari saja, dari pukul 9 sampe pukul 7 pagi. Di blok Tionghoa masing-masing seksi punya peraturan yang berbeda untuk dinas malam ini. Di seksi III, pukul 9 hingga pukul 1 diberikan kepada orang setengah baya.

Setiap kali latihan atau alarm bahaya udara, kami tidak boleh memakai ... celana panjang dan bakiak! Supaya kalau benar-benar ada bahaya, kami bisa leluasa menyelamatkan diri, kami harus pakai celana pendek dan sepatu. Kalau tidak punya sepatu harus bertelanjang kaki. Larangan memakai bakiak ini sulit dimengerti, sebab andai kata benar-benar ada bahaya dan bakiak yang dipakai menghalangi orang menyelamatkan diri dengan cepat, tanpa disuruh tentu dengan sendirinya segera melempar bakiak itu jauh-jauh! Kecuali yang bekerja dalam keadaan darurat, seperti rombongan pompa, kesehatan dan lain-lain, orang harus masuk ke kamar.

Tawanan kulit putih dari bulan-bulan pertama sudah banyak yang dipekerjakan di Gunung Bohong dan Cimindi. Gunung Bohong terletak di seberang jalanan kereta api, sekali jalan kira-kira 20 menit. Beberapa ratus tawanan harus membuka sebidang tanah yang masih belukar di kaki gunung ini untuk penanaman sayuran dan lain-lain, dan harus memelihara sejumlah babi. Luasnya tanah yang digarap di sini menurut taksiran ada kira-kira 30 bahu[94]. Harus diakui, pembukaan lahan bukan merupakan pekerjaan enteng. Tidak lebih dari cukup, pekerja bakti mendapat ekstra roti 1/3 (dalam kamp kami hanya mendapat roti 1/5). Yang dikirim ke Cimindi, pergi pagi pulang sore, seperti juga di Gunung Bohong, ada lebih dari 100 orang. Di sini orang bekerja di satu perkebunan, tempat pemeliharaan hewan dan perkebunan sayur.

---

[94] Bahu atau bau (dari bouw, bahasa Belanda, berarti "garapan") dalam agraria adalah satuan luas lahan yang dipakai di beberapa tempat di Indonesia, terutama di Jawa. Ukuran bahu agak bervariasi, namun kebanyakan adalah 0,70 hingga 0,74 hektare (7000-7400 meter persegi) dan ada pula yang menyamakannya dengan 0,8 ha.

Kerja bakti luar lainnya adalah apa yang disebut kerja bakti Roelink. Mereka bekerja di tangsi pasukan meriam pegunungan yang dijadikan kamp heiho, yaitu serdadu orang Indonesia, di seberang kamp. Pekerjaan ini disebut kerja bakti Roelink menurut nama ketua kerja baktinya, Tuan Roelink, yang juga merupakan salah satu tawanan yang telah membuat di sana antara lain bengkel mesin, pertukangan kayu, pembuatan jarum, dan "pabrik" kertas. Mobil Jepang yang rusak direparasi di sini, sementara bagian kayu antara lain membuat ... peti mati untuk orang dalam kamp! Peti mati dibuat secara sederhana dari papan, tetapi pada akhir tahun 1944 dan awal tahun 1945 tidak ada kayu yang masuk, dan peti mati dibuat dari ... gedek! Dan gedeknya pun dibuat di sini.

Di kamp heiho juga ada bekerja beberapa orang Tionghoa sebagai tukang masak untuk Jepang dan heiho. Kepalanya adalah Mr. Oei Jong Tjioe (Surabaya).

Salah satu kerja bakti luar biasa adalah ... kerja bakti tenis! Orang yang terkena kerja bakti ini harus melayani Jepang-Jepang main tenis sampai—kata mereka—tangan mereka kaku!

Orang yang bekerja di Gunung Bohong, Cimindi, dan tangsi heiho diberi hak untuk membeli lontong, sambal, lombok, cabe rawit, bawang, tembakau, dan lain-lain. Barang-barang ini mereka bawa masuk ke dalam kamp, kebanyak secara sembunyi-sembunyi, sebab umumnya dilarang, dan dijual dengan harga tinggi. Mereka menjualnya, juga roti mereka dalam kamp (mereka mendapat roti dan makan ekstra di luar), sebab meski untuk pekerjaan ini mereka mendapat upah 15 sen per hari, tapi mereka harus membayar harga lontong dengan sambal atau lain-lain lagi sebanyak 70 sen lebih. Jadi dengan diwajibkan bekerja, mereka bukan mendapatkan hasil, malah sebaliknya, harus merogoh kantong! Mereka terpaksa menjual barang-barang yang mereka boleh beli di tempat kerja bakti untuk menutupi ongkos.

Maka juga di waktu mereka pulang, orang Tionghoa yang tempatnya memang dekat pintu, berkerumun untuk membeli roti, lontong, cabe, dan lain-lain dari mereka.

Selain kerja bakti keluar, ada kerja bakti mengambil kayu bakar, awalnya dari Baros dan kemudian dari gerbong kereta api karena kayu tidak lagi dibawa masuk dengan cikar. Juga untuk menurunkan beras atau tepung dan mengangkutnya ke dalam gudang (Militair Societeit di Cimahi[95]), kamp kami atau kamp heiho memakai tenaga tawanan, kulit putih dan Tionghoa.

Begitulah, dengan berbaris gerobak-gerobak keluar. Seorang tawanan menjadi kuda penarik, tiga yang lain mendorong gerobak.

Kalau ada orang sakit yang dipindahkan ke

---

[95] Societeit voor Officieren, Tjimahi. Sekarang Gedung The Historich, Jl Gatot Subroto, Cimahi.

Militair Hospitaal[96], di seberang lain stasiun, tenaga kerja bakti juga yang harus menggotong mereka. Pernah sekali, yang dipindahkan jumlahnya terbilang puluhan, sehingga pengangkutan itu menjadi rombongan panjang.

Kerja bakti ada yang berat dan ada yang ringan. Mengangkut beras, terigu, dan kayu termasuk kerja bakti berat yang tidak semua orang sanggup mengerjakannya. Maka dari itu kerja bakti dibagi menjadi 3 golongan: kerja bakti berat, berat-sedang, dan ringan. Kerja bakti ringan yaitu menyapu jalan di dalam maupun di luar tangsi dan merawat kebun di dalam kamp. Yang susah digambarkan batas-batasnya adalah kerja bakti berat-sedang.

Untuk menetapkan seseorang masuk ke dalam golongan kerja bakti apa, dibentuk satu panitia pemeriksa yang terdiri dari dokter-dokter, di antaranya ada Dr. Kwa yang mendapat kerja bakti ringan yang setelah beberapa bulan harus diperiksa kembali untuk ditetapkan lagi kelas-nya.

Awalnya pekerja bakti diberi upah terjadi pada suatu siang, setelah sejumlah tawanan termasuk saya, harus memindahkan beras dari depan Societeit Militair ke dalam gedung yang dijadikan gudang. Ketika itu, beberapa saat kemudian, Tuan Lauw Sim Tian, yang kena giliran untuk ikut harus ditolong

---

[96] Militair hospitaal te Tjimahi, Rumah Sakit Militer yang dibangun Belanda pada tahun 1887. Sekarang RS Dustira, yang terletak di Jl. Dr Dustira No. 1, Baros, Cimahi Tengah.

orang karena saking lemahnya, dia harus berbaring. Ketika sudah bubaran, kami dipanggil ke depan kantor dan diberi semacam biskuit gem[97] dalam kantong kecil, satu kantong untuk beberapa orang. Tak lama kemudian keluar aturan bahwa pekerja bakti diberi upah. Ketika masih membuat roti besar (1 roti untuk 5 orang) upah kerja bakti keluar kamp adalah 1/10 roti. Ketika roti berupa kadet dan masing-masing tawanan mendapat 1 kadet, besarnya upah pekerja bakti 3/4 dan 1/2 kadet menurut sifat pekerjaan.

Pada semester kedua tahun 1944 muncul "kerja bakti jaga tembok". Sebabnya ada tawanan Belanda keluar kamp di waktu malam dengan menerobos kawat duri di belakang salah satu gedung dan memasukkan seekor kambing yang lantas dibuat sate. Malahan ada yang bilang, ada juga yang keluar dan plesir dengan seorang perempuan yang telah didatangkan ke salah satu gedung. Ketahuannya karena PSK itu tidak dibayar dan mengadu pada komandan. Buntutnya seluruh kamp turut dihukum dengan pekerjaan "jaga tembok". Setiap malam setiap blok harus menyediakan 2 orang untuk meronda sepanjang malam di sepanjang tembok yang memisahkan kamp dari gedung-gedung di belakang kamp. Belakangan orang Tionghoa boleh menyediakan 1 orang saja untuk ini, dan di akhir - akhir, kerja bakti ini sangat tidak menyenangkan

---

[97] Biskuit klasik berbentuk bulat dengan krim gula di atasnya.

(orang yang terkena harus bermalam di kantor penjaga), yang upahnya 1/5 roti, kemudian 1 roti kadet dengan sup, kalau ada, dihapuskan dan kewajiban ini diserahkan pada polisi kamp.

Umumnya pekerja bakti luar keadaannya lebih baik. Mereka boleh memesan barang di sana, bisa membeli makanan tambahan yang diperlukan. Betul, ongkos mereka menjadi bertambah, sebab upah mereka per hari hanya 10 atau 15 sen, ditambah roti 1/5 atau 1 roti.

Yang dipekerjakan di luar sampai akhir tahun 1944 hanya orang kulit putih saja. Orang Tionghoa tidak boleh, sebab dikhawatirkan akan berhubungan dengan orang luar. Apa lagi sejumlah tawanan memang asal Cimahi.

Orang-orang muda telah melihat bahwa bekerja di luar menjadi salah satu cara untuk mendapatkan makanan tambahan yang memang dibutuhkan, supaya tidak terganggu rasa lapar yang terlalu menyiksa. Maka sejumlah mereka mengajukan permintaan agar boleh bekerja di Gunung Bohong atau Cimindi.

Waktu itu pekerjaan yang diwajibkan kepada tawanan Tionghoa menjadi lebih berat, karena sejumlah tawanan Belanda, seperti diangkutnya para teknisi sejumlah beberapa ratus orang, dipindahkannya kira-kira 1000 tawanan kulit putih golongan tinggi ke kamp lain di Baros, dan lain-lain, yang membuat jumlah pekerja bakti kulit putih menjadi berkurang, sehingga harus diminta lebih banyak pekerja bakti Tionghoa. Mereka ini umumnya disuruh mengangkut kayu, beras, dan terigu. Giliran golongan pekerja bakti berat begitu sering, hingga terdengar keluhan dari mereka ini dan ada yang minta supaya pekerja bakti berat-sedang diadakan lagi.

Kemudian dengan mendadak terbit perubahan. Pekerja bakti Tionghoa dipekerjakan membuka kebun baru. Awalnya di salah satu persil di sisi lain lapangan olah raga Cimahi dan kemudian diperluas sampai di pekarangan Militair Societeit. Kerja bakti ini belakangan dikenal dengan nama Poncol. Orang mendapat bayaran 15 sen, roti ekstra dan boleh memesan barang-barang. Jumlah yang bekerja di Poncol tetap dan dibagi-bagi antara 4 seksi menurut kekuatan masing-masing seksi. Di seksi I umpamanya, pekerja bakti orang-orangnya tetap, yang dengan begitu keluar setiap hari. Di seksi III, Poncol "dipegang" sejumlah pekerja bakti berat dan karena jumlah ini lebih besar dari pada yang perlu disediakan seksi setiap hari, jadwal kerja bakti diatur bergiliran.

Karena pekerjaan ini sebetulnya ringan dan sebetulnya bisa juga dilakukan oleh pekerja berat-sedang dan pekerja ringan, tapi di antara pekerja bakti berat ada yang tidak suka orang-orang golongan pekerja berat-sedang, jadi orang yang kurang kuat atau tidak begitu kuat seperti mereka, ikut pergi ke Poncol dengan menganggap Poncol adalah "hak istimewa" mereka. Mereka lupa, orang yang kurang tenaga bukannya tidak mau, tetapi tidak mampu bekerja berat yang dibuktikan dengan keterangan dokter. Mereka juga lupa, semua senasib dan juga lapar seperti mereka. Ini adalah stempel yang menyedihkan dari kerja bakti Poncol.

Jika untuk kerja bakti lain ada orang yang mengeluarkan uang untuk menyuruh orang lain menggantikannya, seperti untuk kerja bakti jaga malam dan angkut kayu, untuk kerja bakti Poncol ada yang mengeluarkan uang untuk menggantikan giliran orang yang dibayarnya, melulu supaya bisa pergi ke Poncol dan bisa membeli lontong dan ubi tambahan pengganjal perut di sana....

Tapi ada juga orang dari golongan kerja bakti lain yang pergi ke Poncol bukan sebagai pekerja tetap, tapi untuk menggantikan seorang teman. Dengan begitu akhirnya hampir semua orang pernah pergi ke Poncol, juga orang dapur di waktu libur, tapi mereka ini tidak diberikan hak untuk turut mendapat bagian dari barang-barang kiriman, sebab hak ini tidak turut dilepas oleh orang yang punya hak...

Saya sering dibujuk oleh teman-teman untuk pergi ke Poncol sebagai pengganti mereka, supaya bisa mendapat pemandangan lain dan udara yang lebih segar, karena di sana tidak begitu banyak orang. Saya sendiri hanya kena kerja bakti ringan dan kemudian "naik pangkat" kena kerja bakti berat-sedang. Tetapi meskipun begitu, saya beberapa kali keluar menarik atau mendorong gerobak kayu, yang termasuk dalam kerja bakti berat, dengan suka rela menggantikan teman yang berhalangan. Tapi untuk menggantikan pergi ke Poncol, biasanya saya tolak dengan keras, sebab saya tidak mau orang mengira saya ke sana dengan tujuan untuk mendapat lontong dan ubi tambahan yang dibeli dengan terang-terangan, dan nasi yang didapat dengan tidak resmi. Hanya dua kali saya terpaksa pergi juga atas desakan yang sangat dari sobat saya, yang saat gilirannya berhalangan pergi, dan saya lihat tidak ada jalan lain untuk terbebas dari itu, kecuali saya menggantikannya.

Seperti kerja bakti Gunung Bohong dan Cimindi, untuk kerja bakti Poncol diangkat satu "hangco", kepala. Yang pertama adalah Tuan Oei Khik Sien (Jember) dan kemudian Tuan Lo Sian Bie.

Kerja bakti Poncol membuka satu lembaran baru dalam sejarah tawanan Tionghoa di Cimahi. Dengan adanya itu, pekerja bakti Tionghoa jadi bisa membawa masuk barang-barang seperti kacang tanah, tembakau, dan lain-lain, yang mereka boleh pesan dan yang dalam kamp mereka bagi-bagi di antara mereka. Banyak di antaranya menjual barang-barang tersebut, sehingga makanan untuk orang Tionghoa jadi bertambah, meskipun harus membayar untuk itu.

Via Poncol juga masuk uang dari keluarga beberapa tawanan Tionghoa, yang jumlahnya tidak kecil.

Satu hal lagi, dengan bekerja di Poncol, yaitu di

bagian pekarangan Societeit Militair, orang mendapat kesempatan untuk ... melihat sanak keluarganya! Sebabnya sanak keluarga tawanan Tionghoa memang banyak yang sering sengaja lalu lalang di depan kamp dan mereka dapat melihat di pekarangan Societeit Militair ada tawanan Tionghoa yang sedang bekerja. Kalau ada yang dikenali oleh orang yang bekerja di luar, saat siangnya di waktu pulang lantas diberitahu kepada orang tersebut, yang siangnya lalu menggantikan salah satu pekerja Poncol....

Namun riwayat Poncol hanya berjalan kira-kira dari Januari 1945 sampai Juni 1945.

Karena tawanan kulit putih dipindahkan lebih banyak lagi, antara lain pegawai-pegawai polisi di-"over" ke Bandung, tawanan Tionghoa dikirim juga ke Gunung Bohong dan Cimindi, yang sebelumnya hanya memakai tenaga tawanan kulit putih. Diperintahkan juga ikut melakukan pekerjaan luar yang baru diadakan, seperti membersihkan Militair Hospitaal untuk digunakan serdadu Jepang yang sakit, berkebun di tempat yang disebut Keibotai[98] I (dekat kamp kita), menggali lubang di lereng Gunung Keibotai II, Soreang. Pekerjaan yang sama juga di Cililin, menggali terowongan di Batujajar, dan menggali lubang perlindungan serta memasang gedek di sekeliling kamp heiho yang dikenal dengan nama kerja bakti Asyibara (Asyibara ada orang Jepang yang

---

[98] Markas Keibodan (Pertahanan Sipil)

menjadi kepala pekerjaan).

Yang melakukan kerja bakti ini boleh membeli ubi ekstra dan lontong, dan juga mendapat upah 10 sen atau 15 sen dan 3/4 roti kadet.

Di dalam kamp sendiri, orang bisa membuat keranjang dengan mendapat bayaran uang, roti dan sup. Di kamp heiho orang juga bisa ikut membuat gedek dengan mendapat upah yang dibayar belakangan, untuk berjaga-jaga atas segala rupa kejadian dalam kamp diperintahkan menggali sumur. Untuk ini orang mendapat upah roti. Menyapu jalan besar di dalam kamp bayarannya roti kadet separuh.

Suatu hari di pertengahan tahun 1945, menjelang perang berakhir, beberapa tawanan kulit putih dan Tionghoa digiring ke Gunung Bohong, ke ... pekuburan kulit putih lama dari Cimahi.

"Cilaka, saya pikir," Tuan Tan Tek Hoat (Cianjur) bercerita kepada saya, "kita bakal disuruh bongkar kuburan!"

Untungnya bukan begitu! Mulai dari kuburan tempat jalan berakhir, mereka disuruh membuat jalan yang mengitari kaki Gunung Bohong. Di hari pertama, orang diberi ubi 750 gram tanpa bayaran dan dibolehkan belanja.

Saya ikut kerja bakti ini, yang lamanya 4 hari. Pada hari kedua dan hari terakhir. untuk sampai di kebun jahe dengan melewati tempat pekerja bakti Gunung Bohong bekerja, orang harus berjalan kaki kira-kira 45 menit. Pertama kali saya ikut, dari kuburan ke tempat membangun jalan selanjutnya, sekali jalan ada kira-kira 15 menit.

Pemandangannya bagus sekali, gunung-gunung di empat penjuru. Gunung Tangkuban Perahu dan Gunung Burangrang terlihat jelas, begitu juga gunung-gunung lainnya. Pemandangan ini sungguh indah permai. Dari satu tempat, lewat sedikit dari kuburan, dengan berjalan lurus pada jalan kereta api yang tidak seberapa jauh dari situ, masuk ke kolong satu jembatan, kami bisa mendapatkan satu pemandangan yang sungguh indah dan membuat saya merasa seperti sedang berjalan-jalan di tanah pegunungan dengan bebas, bukan seperti orang tawanan yang harus bekerja membuka jalan layaknya kuli.

Tiga hari berikutnya, betul orang mendapatkan ubi, tapi untuk ini orang harus merogoh kantong.

Saat melakukan pekerjaan ini, untuk pertama kalinya, saya melihat kawan-kawan bisa belanja langsung ke orang kampung. Pada hari ke-4, saya malah melihat orang belanja di salah satu gubuk orang kampung di depan batang hidung seorang serdadu Jepang! Orang-orang terutama membeli ... nasi, karena lapar!

Untuk pekerjaan ini, kami mendapat upah roti kadet 3/4.

Pekerjaan dilakukan dari jurusan: dari kuburan oleh tawanan, dan dari ujung lain oleh kuli Indonesia biasa.

Pada pertengahan Juni 1945, sejumlah tawanan Tionghoa dan 2 orang kulit putih, sebanyak satu truk, dikirim untuk bekerja di Soreang dengan menyeberangi sungai Citarum. Sampai pukul 10 malam, waktunya tidur, mereka masih belum juga pulang.

Semua orang Tionghoa terntu saja khawatir. Tuan Thio Thiam Tjong sudah mengabarkan pada pemimpin kamp dan komandan Jepang. Yang disebut belakangan lalu mengirim truk lain ke Soreang. Pukul 11 malam barulah mereka itu pulang. Beruntung tidak kurang suatu apa, sementara kami sudah khawatir terjadi kecelakaan di jalan.

Bagaimana duduk perkaranya?

Truk yang harus mengangkut mereka pulang kehabisan bensin. Salah satu orang Jepang kemudian dikirim untuk mengambil bensin, tapi ketika dia kembali dengan membawa bensin, lampu truk tidak mau menyala.

Karena jalanan berbahaya lantaran banyak jurang, sedangkan waktu itu justru bulan mati, beberapa pekerja bakti mengusulkan untuk menginap saja di Soreang, tapi usul ini ditolak. Juga usulan untuk pulang jalan kaki tidak diterima oleh heiho yang menjaga mereka.

Jepang yang menyetir truk bertanya, kapan bulan akan muncul, dan waktu dia diberitahu bahwa menjelang pagi lentera malam itu akan muncul, dia mengambil keputusan untuk mengangkut pulang tawanan dengan gelap-gelapan tanpa lampu di jalan yang berbahaya itu.

"Saya sudah biasa menyetir mobil dalam gelap," katanya.

Tidak perlu dibilang lagi, banyak sekali pekerja bakti yang jantung kebat-kebit selama perjalanan. Di tengah jalan, mereka bertemu truk yang dikirim menyusul mereka.

Begitulah mereka pulang dengan selamat setelah merasakan khawatir yang sangat, yang turut dirasakan oleh seluruh pengurus kamp dan tawanan Tionghoa.

Pada pertengahan Tahun 1945, interniran kulit putih gempar. Dia antara mereka dicari 2.000 orang yang kuat untuk dikirim bekerja ke tempat lain. Pekerjaan ini pastilah berat, sebab dokter harus memeriksa orang-orang yang hendak diwajibkan ikut kerja bakti tersebut. Mereka dikumpulkan di beberapa seksi istimewa dan diberi makanan 2 kali lipat banyaknya. Meskipun enak mendapat makanan 2 kali lebih banyak, tidak bisa dibilang orang senang dengan itu. Semua tahu, pekerjaan yang harus dilakukan tentu tidaklah ringan. Kalau tidak, niscaya calon-calon pekerja ini tidak akan diperiksa dokter dan digemukkan terlebih dulu.

Tanggal 25 Juli 1945, akhirnya berangkat rombongan pertama, jumlahnya kira-kira 1.000 orang, dan beberapa hari kemudian menyusul rombongan kedua, kira-kira sejumlah itu juga, sehingga isi kamp berkurang 2.000 orang dan beberapa bangsal jadi kosong, sebab mereka dikumpulkan di seksi-seksi istimewa dan tempat mereka tidak diizinkan diisi orang lain karena mereka nanti akan kembali.

Kira-kira seminggu kemudian sudah ada sejumlah orang yang dikirim pulang karena tidak tahan. Mereka bercerita, mereka dikirim ke Cicalengka. Di sana mereka harus bekerja keras membangun jalan kereta api baru dengan pengawasan ketat. Air susah didapat, sehingga menurut salah satu tukang pangkas rambut Indo-Belanda, pernah kejadian, suatu hari saat mereka digiring ke tempat pekerjaan, mereka menampak air. Mereka lantas tengkurap dan menghirupnya tanpa mempedulikan di dekatnya ada najis manusia. Heiho-heiho sampai merasa kasihan pada mereka dan bilang pada mereka untuk bekerja dengan santai. Tapi mereka mengatakan juga, kalau ada Jepang mereka tidak bisa berbuat lain selain berpura-pura bertindak tegas.

Tanggal 19 dan 20 Agustus 1945, pekerja bakti Cicalengka pulang, sehingga dugaan kami, bahwa Perang Pasifik sudah berhenti menjadi semakin kuat (yang kemudian ternyata benar).

Dari penuturan mereka baru kami tahu bagaimana hebatnya pekerjaan Cicalengka. Mereka ditempatkan dalam satu pabrik bata. Dalam satu kotak kecil dimasukkan begitu banyak orang hingga orang tidak bisa tidur dengan meluruskan kaki.

Mereka menyebut keadaan di sana sebagai neraka. Makanan tidak cukup, air hampir tak ada, sampai katanya ada orang menyimpan air kencing untuk keperluan buang air.

Di bawah todongan senapan, mereka harus berenang sampai di atas dengkul dalam rawa yang banyak lintahnya. Di antara para tawanan juga ada yang berlaku buruk. Peralatan seperti pacul, ada yang mencuri dan dijual. Harga telur yang awalnya 0,50 rupiah, tapi karena beberapa tawanan yang berduit kemudian memborongnya untuk dijual lagi, harganya naik jadi 3 rupiah.

Dibolehkannya orang Tionghoa untuk ikut kerja bakti Gunung Bohong belakangan membawa berkah bagi orang Tionghoa. Pekerja bakti Gunung Bohong harus bekerja tetap setiap hari dengan libur 1 hari per minggu. Orang Tionghoa yang ikut hanya ada 50, karena tidak suka dengan pekerjaan tetap dan tidak ada paksaan untuk ikut. Sebagai "hanco[99]" mereka diangkat Tuan Ling Hsing Chiao (Jakarta). Yang memegang kuasa di Gunung Bohong adalah orang Korea yang bernama Joshino, yang sangat bersimpati kepada orang Tionghoa. Hua Chiao Chung Hui Bandung dengan pelahan-pelahan bisa mengusahakan, sehingga dalam bulan terakhir dari ditawannya kami di Cimahi, setiap hari bisa memasukkan via Gunung Bohong lebih dari 1000

---

[99] (Jepang) pimpinan regu

lontong, sehingga tawanan Tionghoa setiap hari mendapat 2 atau 3 biji lontong besar dengan kacang merah di dalamnya, satu hal yang sesungguhnya sangat membahagiakan mereka dan telah banyak membantu memperbaiki kesehatan mereka. Tindakan Hua Chiao Chung Hui Bandung, yang tak pernah melewatkan untuk mengirimi makanan dan barang-barang yang kami butuhkan, kali ini benar-benar menjadi satu penutupan yang sangat besar untuk semua pertolongan pada tawanan Tionghoa yang menderita kurang makan di kamp Cimahi. Lontong ini bukan hanya diberikan kepada orang Tionghoa dalam kamp, tetapi juga kepada interniran Tionghoa dan kulit putih yang bekerja di Gunung Bohong. Setiap siang, gerobak yang membawa drum teh balik ke kamp diantar Tuan Ling Hsing Chiao. Resminya bagi pengurus kamp orang Jepang, gerobak itu hanya membawa drum-drum kosong. Namun begitu masuk, pekerja bakti Belanda yang mendorongnya ke kantor blok Tionghoa, drum- drum itu lantas ... penuh lontong!

Waktu kerja bakti di luar, dimanfaat untuk menangkap belut, keong, dan kodok. Kemudian dibawa masuk ke dalam kamp untuk dimakan sendiri atau dijual.

Kerja bakti luar untuk orang yang punya uang berarti jalan untuk membawa barang-barang masuk, yaitu makanan tambahan.

Ada yang bercerita bagaimana seorang tawanan—

bukan orang Tionghoa—mencoba lolos dari kewajiban kerja bakti dengan cara yang luar biasa. Disentri adalah salah satu dari penyakit-penyakit yang paling banyak mengganggu kesehatan dalam kamp. Itu orang, katanya ... membeli kotoran orang sakit disentri!

Dengan membawanya kepada dokter, maka dia dinyatakan mengidap penyakit ini dan dibebaskan dari tugas kerja bakti Tapi karena keseringan, belakangan orang jadi curiga padanya, dan taktik itu tidak bisa dipakai lagi...

6. Merawat Lahir dan Batin

Salah satu jawatan pengurus kamp dinamakan *O(nderwijs) en O(ntspanning)*, Pendidikan dan Rekreasi. Tujuannya adalah untuk mengurus perawatan sanubari, antara lain pelajaran untuk anak-anak, yang dalam kamp memang ada banyak. Apalagi ketika belakangan anak-anak dari kamp Cideng dan Grogol (Jakarta) dipindahkan ke sini, karena ayah-ayah boleh meminta anaknya dari kamp lain dipindahkan ke Cimahi supaya berkumpul dengannya.

Tapi tidak bisa terang-terangan memberikan pelajaran kepada anak-anak, sebab orang dilarang mengajar. Meskipun demikian, pendidikan anak-anak tidak disia-siakan. Apalagi di Cimahi guru sekolah rendah dan menengah cukup banyak.

Dengan sembunyi-sembunyi, dalam rombongan-rombongan yang terdiri dari hanya 2 atau 3 anak, para guru memberikan pelajaran tanpa dibayar. Yang diberikan umumnya adalah pelajaran sekolah rendah, tapi ada juga yang mengajar mata pelajaran sekolah menengah.

Ketika belakangan anak-anak sudah banyak, mereka ditempatkan di seksi-seksi khusus untuk mereka saja. Masing-masing seksi diurus oleh satu pemimpin dan beberapa pembantu.

Belakangan, demi kebaikan anak-anak itu, seksi-

seksi anak yang awalnya terpencar-pencar, dikumpulkan di satu bagian.

Menurut keterangan salah satu pemimpin anak-anak, Tuan J. Bezemer, yang juga memberi pelajaran bahasa Belanda dan berhitung pada mereka, semangat mereka baik. Betul ada yang bersedih karena ditawan dan terpisah dari orang tuanya, tapi umumnya mereka tidak terlalu larut dalam kedukaan.

Tidak semua anak-anak rajin dan giat sekolah. Ada juga yang lebih suka mengambil kerja bakti tetap, sebab dengan begitu mereka bisa mendapatkan makanan lebih banyak, karena melebih kami, orang dewasa, anak-anak lebih menderita lapar.

Masalah anak-anak dalam kamp penting sekali, sehingga harus disyukuri bahwa pimpinan kamp tidak melupakan mereka dan ada satu komisi yang memperhatikan nasib mereka. Terpisah dari orangtua, dan sekaligus menjadi tawanan, mereka sungguh harus dikasihani. Hati saya merasa amat sedih, ketika suatu sore selagi jalan-jalan, telinga saya menangkap helaan napas seorang anak kepada salah satu sahabatnya, "Betapa senangnya hati saya kalau ayah saja juga ada di sini!"

Seorang anak yang baru menerima kartu pos balasan dari ibunya yang ditahan dalam satu kamp di tempat lain yang dirahasiakan, mengatakan kepada saya, dia tidak tahu ayahnya ada di mana. Contoh yang lebih lagi bagaimana perang membuat berantakan seluruh rumah tangga sulit didapatkan!

Ketika masih dibolehkan berdagang, ada anak-anak Belanda yang membantu orang Tionghoa berjualan. Belakangan ada anak-anak yang berdagang, atau tepatnya, "mencatut" sendiri. Untungnya ternyata besar, sebab satu anak waktu jalan di blok Tionghoa pernah berkata pada seorang kawannya, "Ini hari sial saya, hanya dapat untung 45 rupiah."

Untuk orang dewasa, O. en O. hendak mengadakan acara-acara diskusi, tetapi gagal, karena kami dilarang berkumpul lebih dari 8 orang. Toh, ada juga diadakan diskusi-diskusi dengan sembunyi-sembunyi tentang agama, politik, ekonomi, filsafat, dan lain-lain, dengan narasumber semuanya pakar.

Orang Tionghoa ada yang mengadakan diskusi kelompok tentang Tiongkok dan orang Tionghoa untuk kelompok-kelompok kulit putih (misalnya, Dr. Kwa dan Tuan Injo Beng Goat. Saya sendiri atas permintaan pastor Rijbroek pernah menjadi pembicara tentang sejarah Tiong Hoa Hwee Koan di hadapan para pendeta).

Salah satu diskusi yang menarik hati adalah tentang kapal-kapal perang, yang diadakan oleh seseorang dari Departement Perang dalam bahasa Melayu, atas usaha Tuan Djie Ting Hian, di hadapan salah satu kelompok Tionghoa yang saya adakan bersama-sama sejumlah sahabat untuk golongan yang hanya mengerti bahasa Melayu saja.

Paling belakangan sekali, diadakan semacam kelompok studi di antara sejumlah orang Tionghoa di bawah pimpinan Dr. Li Yung Lai, seroang profesor ilmu pertanian yang baru setahun ditahan Jepang, ketika dalam perjalanan pulang dari Australia ke Tiongkok kapalnya ditenggelamkan di Cilacap. Bahasa yang digunakan adalah bahasa Inggris dan Tionghoa.

Di Cimahi, mula-mula buku pelajaran dan bahasa harus diserahkan. Hanya buku agama, seperti Injil, boleh tidak usah diberikan.

Buku seluruh penghuni kamp ternyata banyak sekali. Kalau setiap orang mempunyai 3 buku saja, jumlahnya sudah ada 30.000 jilid lebih. Di kantor, awalnya buku-buku ini dibiarkan begitu saja, sehingga ada yang hilang. Belakangan dipindahkan ke satu kamar tertutup. Karena ikut membantu memindahkan, saya bisa lihat berapa banyak, dan bukan sedikit yang bagus.

Jepang memang pernah bilang bahwa buku-buku mau diperiksa, tetapi sampai lama tidak ada yang ambil pusing. Akhirnya, setelah lewat beberapa bulan, buku-buku ini dikembalikan. Buku pelajaran dan bahasa pada yang punya dan yang lain-lain pada perpustakaan umum kamp. Karena buku-buku orang Tionghoa sebagian besar dalam bahasa Tionghoa, semuanya dikembalikan ke perpustakaan kami, yang juga dipinjamkan sejumlah buku dalam bahasa Barat oleh perpustakaan umum.

Lalu dibuatlah Wetenschappelijke Bibliotheek[100],

---

[100] Perpustakaan Ilmu Pengetahuan

di mana dikumpulkan buku pengetahuan, sejarah, politik, kesenian, pertanian, teknik dan lain-lain, di bawah pimpinan Prof. Dr. A. J. Bernet Kempers, pustakawan dari Bataviaasch Genootschap van Kunsten en Wetenschappen[101] dan Professor dari Literaire Faculteit[102]. Dengan karcis pustakawan blok, orang bisa meminjam buku dari Perpustakaan Ilmu Pengetahuan, tetapi karena bukunya terbatas, maka dibuat peraturan, kalau pinjam buku perpustakaan paling lama 1/2 minggu, sesudah dikembalikan baru boleh pinjam buku setelah 1/2 minggu kemudian. Tapi dengan menyerahkan satu buku pengetahuan ke Wetenschappelijke Bibliotheek, orang bisa meminjam buku lain saat mengembalikan buku yang telah selesai dibacanya.

Orang yang suka membaca jadi bisa mendapat buku dari perpustakaan sendiri dan dari Wetenschappelijke Bibliotheek.

Pada suatu hari, mendadak Perpustakaan Ilmu Pengetahuan dan perpustakaan blok meminta semua buku dikembalikan hari itu juga atau keesokan harinya, karena buku harus diperiksa.

Belakangan kami mendengar, dalam

---

[101] Ikatan Kesenian dan Ilmu Batavia, didirikan di Batavia tahun 1778. Sejak 1910 dikenal dengan nama Koninklijk Bataviaasch Genootschap van Kunsten en Wetenschappen (Ikatan Kesenian dan Ilmu Kerajaan di Batavia). Pada 1950 berganti nama menjadi Lembaga Kebudayaan Indonesia. Tahun 1962 dibubarkan dan koleksinya menjadi milik Museum Nasional.

[102] Fakultas Sastra

perpustakaan tidak boleh ada buku sejarah, politik, dan juga... seni! Buku jenis ini harus diserahkan.

Perpustakaan blok Tionghoa telah menyerahkan antara lain buku Tong Tjioe Liat Kok[103] dan Sam Kok[104] dalam bahasa Tionghoa yang sebenarnya tidak bisa dibilang termasuk dalam golongan buku terlarang, sebab hanya kisah berdasarkan sejarah. Maka kami mencoba mendapatkan kembali buku-buku tersebut, tapi sudah terlambat, karena bersama buku-buku lainnya sudah diangkut keluar. Kabarnya dibawa ke tempat pembuatan kertas untuk dijadikan pulp sebagai bahan pembuatan kertas baru!

Beberapa buku dikembalikan kepada Perpustakaan Ilmu Pengetahuan, di antaranya adalah buku—*jangan kaget!*—*China in den Storm* karangan Tuan Kwee Kek Beng! Buku yang sungguh-sungguh bersifat sejarah dan banyak membahas politik!

"Pembersihan" buku membuat Perpustakaan Ilmu Pengetahuan dan perpustakaan blok semakin kekurangan buku, terutama buku bagus yang sulit didapatkan. Saya ingin sekali baca buku Montrado yang saya lupa siapa penulisnya yang membahas soal orang Tionghoa di Kalimantan Barat. Terbitan lama,

---

[103] Dong Zhou Lie Guo Zhi (Mandarin) karya Menglong Feng. Judul Melayu "Hikajatnja Kioe Ma-Tjin Lie Soen Tong Tjioe Liat Kok" karangan Thio Tjin Boen, salah satu karya sastra Tionghoa peranakan yang diterbitkan pada awal abad ke-20 di Hindia Belanda.

[104] Kisah Tiga Negara, karangan Luo Guanzhong pada abad ke-14

tetapi saya selalu tidak bisa mendapatkannya dan sesudah "pembersihan" buku lenyap dari katalog Perpustakaan Ilmu Pengetahuan bersama seluruh rubrik sejarah. Buku-buku juga berkurang karena dengan pemindahan orang ke kamp lain, yang bukunya ada di perpustakaan akan mengambil bukunya.

Satu peraturan yang bagus adalah orang bisa pesan di muka satu buku. Misalnya seseorang ingin membaca buku *Master K'ung*, tapi meskipun setiap hari ke perpustakaan belum tentu bisa mendapatkannya. Lalu orang boleh "memesan", yaitu meminta buku itu, kalau semua orang yang telah "pesan" lebih dulu sudah baca, buku itu akan diberikan padanya. Hanya saja, di saat memesan buku, tidak boleh meminjam buku lain, harus menunggu hingga mendapat kabar buku itu sudah kembali dan boleh ambil.

Di waktu siang, kecuali hari Rabu, orang boleh datang ke Perpustakaan Ilmu Pengetahuan untuk membaca buku-buku yang tidak dipinjamkan keluar.

Orang luar niscaya tidak menyangka bahwa dalam kamp interniran Cimahi ada ... konser musik! Konser musik waktu itu bisa jadi tidak ada duanya di Pulau Jawa! Sebabnya mudah dimengerti. semua jago musik kulit putih yang ditahan, termasuk Belloni[105] dan Setet, ada dalam interniran. Ada juga violis

---

[105] Claude "Boy" Belloni, lahir pada tanggal 7 Juli 1922 di Bandung (Jawa Barat), anak kedua dari tiga bersaudara dari pasangan Fred dan Charlotte (Nettie) Belloni-Strengnaerts.

Goldberg[106] yang tersohor di dunia internasional pun ada di antara kami. Dia sedang mengadakan tur di pulau Jawa ketika pecah perang, sehingga tidak bisa pergi lagi dan ditawan Jepang.

Demikianlah, dua hari setiap minggu ada konser di waktu sore pada pukul 4-5 dan pukul 6-7 di Gereja Protestan. Setiap pertunjukan penghuni beberapa blok bergiliran diperkenankan masuk ke dalam. Bangku-bangku dalam gereja hanya sedikit, sehingga banyak penonton yang membawa bangku sendiri. Memang sejumlah orang mempunyai bangku sendiri, baik yang bisa dilipat maupun tidak. Ini barang yang paling sering tampak dikempit ke sana kemari.

Beberapa orang Tionghoa merayakan ultahnya dengan musik, kalau kebetulan hari lahirnya jatuh pada hari musik!

Selain pada hari musik, orang dilarang main musik atau bernyanyi. Untuk mencegah larangan ini dilanggar, Jepang memerintahkan semua peralatan musik diserahkan ke kantor. Pada hari musik, alat-alat itu boleh diambil, tapi keesokannya harus disimpan di kantor lagi.

Seorang Tionghoa di Serang telah membuat biola Tionghoa yang sederhana dari batok kelapa. Ternyata dia tidak menyerahkan peralatan musiknya itu.

---

[106] Szymon Goldberg (1 Juni 1909 – 19 Juli 1993), seorang pemain biola dan konduktor klasik Yahudi kelahiran Polandia, kemudian menjadi warga negara Amerika sampai akhir hayatnya.

Komandan seksi, Tuan Liem Sik Ien, seseorang yang memang selalu memegang teguh peraturan, datang padanya dan bertanya, di mana adanya biola tersebut. Orang tersebut menunjukkan batok kelapa biasa! "Alat musik" tersebut sudah berubah menjadi mangkuk makan. Tetapi kalau tiba hari musik, batok makan itu menjelma menjadi biola kembali!

Salah satu artis Tionghoa lainnya adalah Tuan Joe Boen Tiong (Pekalongan) yang tidak banyak mengeluh. Untuk mendapatkan makanan tambahan dia juga berdagang–belakangan membuat hopjes. Tapi begitu hari musik tiba, pada jam boleh main musik, orang bisa mendengar lagu-lagu merdu keluar dari suling bambu buatan sendiri miliknya, yang membuat saya teringat pada lukisan-lukisan Tionghoa tentang anak penggembala kerbau sedang meniup suling...

Di Seksi I, setiap hari musik ramai. Di paling belakang sekali ada musik Tionghoa dan di depan terdengar macam-macam lagu Keroncong, sementara kadang-kadang ada yang berlatih lagu Jawa di bawah pimpinan Tuan The Ping Oen, direktur Pewarta Surabaya.

Terutama dalam bulan-bulan pertama, ketika orang boleh main musik sampai pukul 9 malam (belakangan hanya sampe pukul 7 sore) dan konser dimulai pada pukul 7, saya sering mendengarkannya. Tapi saya tidak masuk ke dalam gereja. Yang saya paling suka ialah berdiri di jalanan di salah satu ujung dari alun-alun. Sambil mendengarkan lagu-lagu merdu yang membuat orang beberapa saat lupa bahwa ia berada dalam tahanan, saya mengamati Gunung Burangrang yang mencangkung di luar kamp dengan angkernya, dibanjiri sinar perak Putri Rembulan yang mengajak bercanda dengan sembunyi keluar di antara awan-awan yang berlayar dengan agung di langit yang cerah....

Kira-kira dalam bulan Juli 1945, pemain musik harus main di luar di acara pesta-pesta Jepang. Untuk ini, mereka harus mempelajari lagu-lagu Jepang beberapa hari lamanya, dari pagi sampai sore, untuk kemudian mereka mendapat makanan dua kali lipat!

Karena banyak pendeta Katolik Roma, Protestan, Bala Keselamatan, dan lain-lain, penyelenggaraan acara keagamaan dilakukan dengan baik. Setiap hari Minggu dan hari raya Kristen, kedua gereja penuh. Bertempat di gereja Katolik Roma, ds. Tan Gwan Tjong (Bandung) memimpin kumpulan minggu berbahasa Melayu, seorang pendeta Inggris mengadakan khotbah dalam bahasa Inggris di gereja Protestan, dan perwira-perwira Bala Keselamatan, di antaranya seorang berkebangsaan Noewegia, sering datang di blok Tionghoa di waktu sore untuk menyebarkan ajaran agama. Orang hanya tinggal pilih saja, gereja dan kumpulan dalam bahasa apa yang dia ingin hadir.

Selain orang Amerika dan Inggris, Gereja Inggris banyak dihadiri oleh orang bangsa lain, termasuk juga orang Tionghoa yang sedang belajar bahasa Inggris!

Rohaniwan-rohaniwan Katolik Roma sangat aktif bekerja untuk membuat orang masuk ke agamanya. Beberapa orang Tionghoa telah mendapat sakramen baptis....

Meski bersama sejumlah 1000 lebih tawanan golongan tinggi telah dipindahkan, termasuk juga kaum rohaniwan, tapi jumlah yang tinggal masih cukup untuk menyelenggarakan kegiatan keagamaan di dalam kamp.

***

Kamp kami boleh disebut sekolah. Apa saja yang orang ingin pelajari, guru-guru yang kompeten tersedia!

Jika di Bukit Duri dan Serang orang Tionghoa banyak yang mempelajari bahasa Inggris dengan bantuan sahabat, baik yang memang berprofesi guru maupun bukan, maka di Cimahi untuk ini orang bisa mendapatkan guru orang Inggris atau Amerika, atau guru sekolah menengah Belanda.

Bahasa Mandarin tetap banyak yang mempelajari, bukan saja Tionghoa peranakan, tapi juga Tionghoa totok yang belum bisa bahasa resmi tersebut. Orang kulit putih pun ada juga yang belajar Bahasa Mandarin, di antaranya seorang asisten residen[107] dan ... seorang anak Belanda. Anak ini, Otto Eduard Derx dari Yogyakarta, yang di luar duduk di bangku kelas I

---

107 Pegawai negeri tertinggi di suatu afdeling pada masa penjajahan Belanda.

H.B.S., pada suatu hari dibawa oleh seorang kenalan Belanda ke kamar saya. Kenalan itu bercerita bahwa anak itu sangat tertarik dengan jurnalistik. Kenalan tersebut memberitahu anak itu bahwa dia harus memberikan lebih banyak perhatian pada Tiongkok dan sebaiknya dia juga belajar bahasa Tionghoa.

Dengan perantaraan kenalan tersebut, anak itu mendapat pelajaran sejarah Tiongkok dari Tuan Tho Ping Liep yang ditukar dengan les Bahasa Belanda. Tuan Tho tanya, apa ada orang yang mau memberikan pelajaran bahasa Tionghoa pada anak itu. Saya mengusahakan sehingga Tuan Ling Ying Chen mau memberikan les Bahasa mandarin yang ditukar dengan les Belanda. Otto belajar dengan sangat giat, sehingga waktu yang disediakan untuk Tuan Ling dan dia saling mengajar habis digunakan untuk les Tionghoa. Sayang, belakangan pelajaran ini mandek, karena disebabkan kurang makan, Tuan Ling merasa tidak cukup tenaga lagi untuk mengajar.

Pelajaran ada yang gratis dan ada yang dibayar dengan roti atau uang.

Selain dari bahasa-bahasa, ada yang mempelajari ilmu berternak hewan, pertanian, dan lain-lain, di antaranya membuat cokelat yang ditukar dengan kepandaian memasak bakmi! Semuanya dari para ahli, hingga banyak orang bertambah kepandaiannya selama di-*interneerd! Yes, every cloud has its silvery lining.*[108]

***

Perawatan orang sakit oleh dokter-dokter tawanan dilakukan sebaik mungkin dalam keadaan serba kekurangan.

Bukan saja untuk memberantas penyakit berhadapan dengan persoalan kekurangan obat-obatan, tapi juga pekerjaan ini menjadi lebih berat, karena kurang makan membuat daya tahan terhadap penyakit menjadi berkurang banyak. Contoh nyata adalah kalau tawanan terluka, umpamanya kena bakiak dari kayu jati bekas papan. Lukanya meskipun kecil, sulit dan lama sekali sembuhnya. Penyakit disentri menjalar begitu cepat, sehingga diambil keputusan mencopot semua pintu kakus, supaya orang keluar masuk W.C. dengan tidak perlu memegang daun pintu lagi.

Selain dari itu, perawatan orang sakit cukup baik. Apalagi hampir semua dokter spesialis dari seluruh Pulau Jawa ada di sini.

Sebuah rumah sakit telah tersedia, begitu juga poliklinik dan apotek. Dan lebih jauh lagi kami mempunyai kebun tanaman obat.

Belakangan, pembesar Jepang mengizinkan Militair Hospitaal di seberang stasiun boleh kami

---

[108] (Idiom) *setiap awan gelap memiliki garis perak*. Artinya: setiap kesedihan pasti memiliki hikmah atau pelajaran berharga yang bisa didapat.

pakai. Rumah sakit ini kemudian berada di bawah pimpinan dokter-dokter interniran. Selanjutnya orang-orang sakit berat dipindahkan dari rumah sakit kamp ke Militair Hospitaal, tempat dilakukan operasi. Karyawan rumah sakit ini pun tawanan seperti pegawai-pegawai rumah sakit kamp.

Orang yang terinfeksi *bacillaire dysenterie* ditempatkan di satu gedung terpisah dalam kamp, yang kami sebut B.A. (Besmettelijke Afdeeling - Afdeeling Menular).

Penyakit lain yang banyak terjadi adalah busung lapar. Muka dan kaki menjadi bengkak dan merah. Istilah "kaki kamp" menjadi istilah biasa di antara kami untuk penyakit ini. Obat utama untuk ini, selain minuman fermentasi, adalah tambahan makanan, yaitu buah-buahan dan sayuran mentah. Tapi janganlah dikira dengan begitu orang lantas mendapat buah-buahan dan sayuran mentah (seperti krokot bulat[109] dan bayam) setiap hari. . Oh, tidak! Orang baru bisa mendapatkannya kalau orang dapur menyediakannya. Dan kalau dapur hanya bisa menyajikan sup lobak rebus, tentu saja tidak bisa memberikan pada pasien yang sesuai dengan perintah dokter. Belakangan, dengan keterangan dokter diet, orang bisa membeli sup kacang ijo.

Yang meninggal dunia menjadi bertambah. Ada orang Belanda yang bilang kalau orang di sebelahnya

---

[109] Portulaca sativa (Latin)

busung lapar mendapat tambahan disentri. Akibatnya tidak bisa lain dari pada berangkat lebih dulu keluar kamp dari kami. Dalam bulan-terakhir sering terjadi sekali dikubur 6 orang kulit putih!

Kesehatan tawanan Tionghoa umumnya lebih baik.

Belakangan, tawanan sakit dipindahkan dari Militair Hospitaal ke kamp di Baros, sebab rumah sakit tersbut hendak dipakai untuk serdadu Jepang, tetapi terlebih dulu dibereskan dan dibuat lubang perlindungan. Untuk itu digunakan tawanan kulit putih dan Tionghoa. Saya sendiri dikirim ke sana 3 hari.

Suatu pagi, saya dan beberapa kawan diperintahkan untuk membabat rumput di pinggir jalan besar pekarangan depan rumah sakit tersebut, karena hari itu datang pembesar tingkat tinggi. Beberapa dari kami digiring ke stasiun dan balik dengan menggotong tandu-tandu yang membawa serdadu-serdadu Jepang yang sakit. Tampak jelas tenaga kami menurun. Satu tandu digotong oleh 4 tawanan. Namun ada satu tandu, pekerjaan dua tawanan Tionghoa digantikan oleh satu nona jururawat saja!

Siangnya, alangkah repotnya Jepang-Jepang di Militair Hospitaal bersiap-siap untuk menyambut kunjungan tersebut. Meskipun hujan yang membuat kami berlari untuk berteduh di bagian depan salah satu gedung rumah sakit, rupanya karena mendapat kabar tetamu agung akan segera tiba, orang sudah bebaris menunggu di depan pintu. Tapi tamu tersebut tidak juga muncul sampai mereka bubar lagi.

Akhirnya pembesar tinggi itu sampai. Mandor Jepang kami dengan tergopoh-gopoh mendatangi kami yang berkumpul beberapa puluh meter jauhnya dari pintu gerbang utama dan... menyembunyikan kami di salah satu gedung!

Sampai pukul 4 sore, waktunya pekerja bakti pulang, kami masih disembunyikan.

Akhirnya Jepang yang menyuruh kami datang lagi dan menyuruh kami berlari dengan sembunyi-sembunyi, segera keluar dan berkumpul di jalan raya di salah satu bagian yang letaknya lebih jauh lagi dari pintu utama. Kawan-kawan kami yang dipekerjakan di dalam dan disembunyikan di dalam juga telah berlarian keluar dari salah satu pintu lain supaya tetamu agung tidak melihat kami!

Ketika sampai di Cimahi, jumlah kami 518 orang. Di sini kami mendapat tambahan beberapa belas orang. 10 orang sakit pada bulan Desember 1944 dikirim ke Ambarawa, kemudian 11 orang penyakitan dan cacat, di antaranya Tuan Tjan A Pok, orang interniran Tionghoa yang paling tua berumur 70 tahun lebih, dibawa ke Jakarta untuk mendapat perawatan yang lebih baik, dan belakangan 8 orang sakit lagi dipindahkan ke Baros.

Pada akhirnya, kami tersia 496 orang. Yang meningga dunia 1 orang Semarang, 2 Bandung, dan sesudah pemusatan tawanan Tionghoa 3 di Serang, 11 di Cimahi dan 4 di Jakarta, di antaranya Tuan Tjan A Pok (ini angka terakhir yang saya dapat sesudah dibebaskan).

Kalau terluka, orang harus membawa kain ke poliklini untuk perban. Pakaian usang diminta rumah sakit untuk dijadikan perban.

Ada lagi satu pekerjaan dari Jawatan Kedokteran.

Belakangan, kamp mendapat "penduduk baru" ... tuma (kutu rambut). Kalau kutu busuk ditemani tuma, jangan tanya lagi. Yang sudah kurus lantaran kekurangan makan jadi masih harus "mendermakan" sedikit darahnya juga pada satu tetamu bandel yang susah dibasmi, dan jangan ditanya seberapa gatalnya!

Orang yang kedatangan tuma boleh membawa barang-barangnya ke rumah sakit, yang kemudian di-desinfektan....

Untuk memberantas penyakit disentri, kami pernah diperintahkan untuk setiap hari menepuk lalat dan menyetor sejumlah tertentu hewan berbahaya itu ke kantor. Karena jumlah yang harus diantar kamar-kamar pada kantor blok, yang kemudian meneruskannya pada Jepang, dengan demikian menjadi banyak, pernah terjadi tamu di salah satu kamar yang membantu mematikan lalat tidak meninggalkannya di situ, tapi membawanya pulang ke kamarnya sendiri.

Kerja bakti membunuh lalat tidak berjalan lama, sebab belakangan Jepang tidak menagih lalat lagi dan kantor blok juga tidak mendesak untuk menyerahkan lalat. Rupanya Jepang kewalahan juga, setiap siang lalat pembawa kuman penyakit yang diantarkan sampai puluhan ribu....

7. Bagaimana Kami Dihukum

Kami bisa dihukum oleh pemimpin kami sendiri atau Jepang.

Hukuman yang dijatuhkan oleh pimpinan kami bisa berupa pekerjaan ekstra atau di-bui. Tapi kepala kamp tidak begitu suka menjatuhkan hukuman sel, sebab ini harus dikabarkan kepada komandan yang biasanya bukan hanya sekadar menerima laporan, tapi ikut memberikan bogem mentah pada yang bersangkutan dan menambah hukumannya. Seorang penipu yang mendapat hukuman sel seminggu, ditambah ganjarannya menjadi dua minggu!

Jadi supaya pelaku, juga kalau perlanggarannya tidak terlalu berat, luput dari labrakan, para pengurus kamp kebanyakan hanya memberi hukuman kerja ekstra, seperti berjaga bahaya serangan udara beberapa malam. Umumnya hukuman dijatuhkan oleh pimpinan blok yang bersangkutan.

Di antara orang Tionghoa, yang membuat seringnya diadakan "sidang pengadilan" adalah pencurian sayur. Untuk kesalahan ini, pelaku dihukum menjaga kantor blok selama beberapa hari. Membandel tidak mau turut perintah kepala kerja bakti untuk bekerja pun juga sudah sering terjadi.

Cara Jepang menghukum tentu saja sangat berbeda. Sering kalau satu orang yang bersalah, maka seluruh kamp yang dihukum.

Pernah suatu sore, setelah kita tinggal di Cimahi belum lama, seorang prajurit masuk dan berteriak, "Kura! Kura!"

Blok Tionghoa berada di seberang kantor. Tawanan Tionghoa tentu saja tidak tahu apa maksudnya. Si Jepang marah. Kami semua disuruh berdiri di jalan. Ternyata kami disalahkan tidak mau datang waktu dipanggil. "Kura" yang artinya "mari", dianggap tidak mau bekerja.

Hujan turun rintik-rintik. Kami disuruh tetap berdiri.

"Makan mau, kerja tidak!" Jepang tersebut mengomel sambil mengancam. Ketika itu masuk tawanan dari Solo, di antaranya 3 orang Tionghoa. Rupanya kami disuruh untuk mengangkat barang-barang mereka, tapi kami tidak mengerti bahasa Jepang.

Judi dilarang. Sejumlah orang kulit putih kepergok sedang berjudi. Lalu mereka diarak dengan mengenakan spanduk yang menyatakan mereka telah bermain top. Tapi akibatnya ada bagusnya juga. Saat itu, di antara orang Tionghoa poker sedang ramai. Kejadin ini membuat perjudian berhenti.

Tanggal 29 April 1944, hari ulang tahun Keizer Jepang, mendadak seorang prajurit Jepang datang ke blok Tionghoa. Kami semua harus berbaris. Saya berdiri di tempat yang jauh juga darinya, jadi tidak mendengar omelannya. Tapi saya melihat dengan jelas, Tuan Lie Fet Lin disodok dengan senapan sampai terpental mundur sambil memegang perut. Katanya ini dilakukan lantaran Tuan Lie telah mendongak, yang dianggap kurang ajar. Kemudian Tuan Lay Chin Seng ditendang sampai terjengkang ke belakang dan dia niscaya rubuh kalau tidak ditahan oleh barisan depan tawanan. Saya merasa ngeri dan khawatir akan keadaan kedua orang tersebut saat itu.

Penyebabnya adalah pada hari itu di depan kamp datang banyak nyonya-nyonya. Prajurit Jepang tersebut yang kebetulan lewat, melihat ada tawanan di bagian Seksi I di tempat yang berdampingan jalan raya dan banyak "orang nakal" mengintip keluar dengan melubangi gedek yang mengelilingi kamp, berbicara dengan orang luar. Seorang nyonya telah ditangkap. Dengan namanya tertulis di sepotong kertas, prajurit tersebut masuk ke dalam kamp untuk mencari sanak keluarga nyonya tersebut dan juga orang-orang yang telah bicara dengan orang luar.

Tuan Tan Tjeng Wie dan Tuan Oei Tjiong Tie, keduanya dari Cianjur, mengaku telah berbicara dengan orang luar. Mereka dibawa ke kantor komandan Jepang dan dihajar sampai berdarah. Kemudian mereka dihukum sel satu bulan.

Serdadu jepang itu masih terus mencari tawanan Tionghoa yang menjadi sanaknya nyonya tersebut, tetapi nama wanita itu tidak ada yang kenal. Komandan seksi IV, Tuan Oei Chiao Liong, justru menggunakan kesempatan yang diberikan bersama-sama beberapa tawanan lain untuk berziarah ke kuburan kawan-kawan kami. Tuan Ang Jan Goan, komandan seksi III, makan hati menanyakan hal ini pada seksi IV. Karena gagal mendapatkan keterangan yang diminta, prajurit Jepang menampar Tuan Ang dan memerintahkan agar sanaknya nyonya itu harus segera ditemukan. Tapi biar bagaimanapun juga, tidak ada yang kenal dengannya.

Siangnya, semua tawanan seksi IV disuruh keluar dan berbaris, setelah semuanya mendapat bogem mentah...

Belakangan, Seksi IV kembali mengalami apes. Seorang pengurus Jepang lewat, tapi meskipun di depan seksi tersebut banyak orang, tidak satu pun yang melihatnya. Jadi tidak ada yang berteriak, "Kere!"

Dia marah. Beberapa orang, antaranya komandan seksi, diberi bogem mentah dan kemudian orang-orang yang ada disitu dihukum berdiri dengan sikap memberi hormat di panas matahari, dua jam lamanya!

Hukuman "jaga tembok" dan sebabnya sudah saya ceritakan.

Seorang Belanda mencoba bunuh diri di kamar mandi. Lantas kami tidak boleh pegang pisau sendiri, yang di antara orang Tionghoa hampir semuanya terbuat dari kaleng, seng, atau besi diketok gepeng sebagian. Sekarang ditetapkan, setiap 8 orang hanya boleh mempunyai 1 pisau, tapi sore harus diserahkan pada komandan seksi.

Jadi komandan blok atau komandan seksi

bukannya enak. Kalau ada kesalahan yang dilakukan oleh salah satu tawanan, tidak peduli di seksi atau blok mana, sering terjadi semua komandan blok dan komadan seksi dikumpulkan di kantor dan dilabrak dengan bambu sampai terdengar bunyi gedebuk.

Yang mengerikan adalah ada prajurit Jepang yang memukul dengan cambuk atau benda lain ke kepala tawanan, suatu hal yang menakutkan bagi keselamatan otak orang yang terkena.

Tawanan kulit putih ada yang digantung pada kedua tangannya yang dibalik ke belakang, dengan kedua kaki terpisah dari bumi kira-kira 20 cm pada tembok. Bisa dibayangkan bagaimana hebatnya rasa sakit yang harus ditanggung. Hukuman ini dijalani kira-kira 1/2 sampai 1 jam lamanya, sampai cukup untuk membuat yang bersangkutan merasakannya untuk waktu yang lama.

Salah satu yang mendapatkan hukuman begini adalah seorang Belanda yang telah berulang kali mencuri pakaian sesama tawanan dan paling belakang baju seorang temannya yang tinggal satu-satunya yang sedang dijemur menunggu kering. Meskipun kalangan Belanda menganggap memang dia layak dihukum berat, tapi siksaan gantung tetap keterlaluan.

Satu lagi orang yang telah merasakan hukuman ini adalah direktur dari sebuah perusahaan besar. Dia bermaksud menolong anggota-anggotanya yang ada di dalam kamp dengan menulis surat keluar untuk minta dikirimi sejumlah besar uang. Namun apa lacur, suratnya ketahuan. Satu orang digantung di panas matahari pada tiang listrik dari besi. Seorang heiho ditempatkan untuk memukulnya kalau dia menopang tiang listrik dengan kakinya. Heiho tersebut tidak tega berbuat demikian. Kalau Jepang tidak melihat, dia malah menopangkan kaki orang tersebut pada tiang.

Semua pelaku perlanggaran dipanggilkan tukang dan digunduli kepalanya. Mereka juga harus pindah ke satu seksi yang khusus isinya kaum gundul, hingga dinamakan seksi gundul atau seksi penjahat.

Menjual pakaian ke luar dilarang keras.

Yang bisa melakukan ini adalah pekerja bakti ke luar, yang dapat berhubungan dengan heiho, atau orang luar. Dalam kamp memang orang bisa menjual pakaian dengan atau tanpa perantaraan "toko pakaian", tetapi harga yang didapat di luar lebih tinggi. Makanya orang lebih suka menjual atau menitip piama, baju, handuk, dan lain-lain miliknya ke luar.

Selain karena perlu uang, atau untuk mengumpulkan modal, orang juga menjadi tertarik untuk menjual pakaiannya karena—sebagaimana ada yang bercerita—di waktu kerja bakti di luar, ada yang pegang-pegang kemeja dan lantas ditawar misalnya, 70 rupiah. Baju dan celana dibawa keluar dengan dipakai rangkap 2-3.

Perlanggaran ini banyak dilakukan, hingga

berkali-kali kami diancam akan dihukum berat dengan jalan menutup toko, sehingga kami jadi tidak bisa membeli apa-apa lagi, dan juga dengan menutup ... dapur!

Tapi toh, banyak orang tetap "ekspor". Sejumlah orang sudah dihukum sel karenanya. Toko sudah beberapa kali ditutup, setiap kali setidaknya selama dua minggu.

Menjelang akhir Mei 1945, kembali tertangkap 8 tawanan kulit putih telah menjual pakaian keluar. mereka diumumkan namanya pada orang banyak dan lebih jauh pada 28 Mei kami diberitahu, besok dapur ditutup! Jelasnya, pada hari itu kami tidak mendapat makanan dari dapur.

Orang Tionghoa kebetulan masih punya banyak persediaan bahan makanan seperti bihun, kacang merah, hunkwe, dan lain-lain, kiriman Hua Chiao Chung Hui Bandung sehubungan dengan hari ulang tahun Kaisar Jepang pada tanggal 29 April. *Tidak diberi makan*—begitu pikir mereka—*kita masak barang makanan kita sendiri*.

Maka pada tanggal 29 Mei, pagi-pagi orang Tionghoa banyak yang repot memasak. Tawanan kulit putih yang punya bahan makanan tentu demikian juga.

Tapi ketika Jepang melihat orang memasak, mereka gusar. Di blok Tionghoa satu orang Jepang melepaskan tembakan beberapa kali. Orang-orang menjadi kalang kabut.

Kemudian keluar perintah, semua barang makanan yang kami punya harus diserahkan, sedangkan semua peralatan masak harus dibawa ke dapur, termasuk kayu bakar.

Yang jelas, pada hari itu yang tidak akan terlupakan oleh 10.000 orang dalam kamp Cimahi, bukan saja kami tidak diberi makan oleh Jepang, malah makanan yang kami punya tidak diperkenankan untuk kami makan! Bukan saja tidak diperkenankan makan punya kami sendiri, tetapi itu juga disita! Hukuman tutup dapur bukan hanya berarti bahwa pada itu hari kami tidak diberikan makanan, tapi juga kami tidak boleh makan sama sekali, dan berlanjut dengan penyitaan bahan makanan dan peralatan masak kami!

Karena blok Tionghoa mempunyai persediaan bahan makanan paling banyak, kerugian paling besar ditanggung oleh orang Tionghoa. Banyaknya bergerobak-gerobak. Lama kemudian barang-barang ini dikembalikan, tapi banyak yang sudah bercampur aduk, dicuri atau hilang nama pemiliknya, hingga yang diterima kembali hanya sebagian kecil saja, sementara yang tidak ketahuan pemiliknya semua masuk ke dapur.

Tapi maksud Jepang membuat kami benar-benar kelaparan satu hari itu tidak kesampaian, sebab orang memakan semua makanan yang bisa dimakan begitu saja karena tidak suka menyerahkannya. Tapi kalau dapur ditutup dua hari, besoknya perut kami pasti keroncongan.

Malamnya, seorang pengurus Jepang yang merasa kasihan, memerintahkan pembagian roti yang biasanya kami peroleh siang hari.

Di waktu upacara sore esoknya, komandan Jepang dengan perantaraan pemimpin kamp, Tuan C. Heintz, menunjukkan pada kami bagaimana "jahatnya" orang-orang yang telah melakukan pelanggaran tersebut karena telah membuat susah seluruh kamp termasuk orang sakit dan anak-anak yang terbawa-bawa harus lapar satu hari. Dia tanya, apa tidak pantas orang-orang "jahat" begitu rupa yang telah membuat susah 10.000 orang dihukum mati? Dia minta orang berembuk agar mereka dijatuhkan hukuman seberat-beratnya.

Buntut lain dari kejadian ini, pekerja bakti Gunung Bohong, Cimindi dan lain-lain hanya boleh memakai satu celana pendek saja, baju tidak diperkenankan. Untuk menutup dada atau punggung, orang kemudian dibolehkan membawa satu handuk kecil. Tidak perlu dibilang lagi, banyak orang kedinginan karena harus berangkat pagi-pagi.

Dokter-dokter mengajukan permintaan agar larangan memakai baju ditarik, sebab orang gampang terkena peneumonia lantaran itu.

Tidak lama kemudian larangan itu dicabut untuk pekerja bakti ke Cimindi dan... Gunung Bohong, tempat perlanggaran itu terjadi! Tapi untuk pekerja bakti lainnya, seperti mengangkut kayu, beras dan terigu dari stasiun ke kamp, yang boleh dibilang tidak memberikan kesempatan orang berdagang, aturan bertelanjang dada tetap berlaku!

Berhubung dengan penutupan dapur, persediaan bahan makanan restoran pun diangkut ke dapur, dan sejak saat itu restoran tidak pernah kembali dibuka. Paviliunnya kemudian ditempati Perpustakaan Ilmu Pengetahuan.

Larangan masuk akibat lain dari "Insiden 29 Mei" itu. Tapi dengan sembunyi-sembunyi, dalam kamar atau di sudut-sudut, kami tetap bikin nasi goreng, kalau dapat nasi ekstra dan ada persediaan atau bisa mendapatkan bahan untuk itu, atau merebus kacang merah. Suatu pagi, saya melihat seorang Belanda dengan membawa potongan-potongan bambu mengambil api di afdeeling pembikinan biang, berlarian dengan api menyala-nyala ke seksinya dan masuk ke dalam dengan melompati jendela. Tidak bisa disangkal lagi api itu untuk memasak.

Kedelapan orang yang bersalah dihukum sel dan beberapa lamanya pagi dan sore dengan tangan diikat menjadi satu rangkaian, mereka harus berjalan mengitari kamp dengan spanduk tentang dosa mereka...

Toh, masih ada juga yang menjual pakaian ke luar. Akhirnya pembesar Jepang memerintahkan kami menyerahkan semua pakaian yang kami tidak perlu pakai setiap hari. Kami diberikan satu daftar berisi banyaknya baju, kemeja, celana panjang, celana pendek, piama, kaus kaki, dan lain-lain yang kami boleh pegang sendiri. Seluruh kamp jadi kalang-kabut. Penyerahan bahan makanan yang berakhir dengan hilangnya semua atau sebagian besar barang tersebut membuat orang khawatir kejadian serupa akan terjadi pada pakaian kami. Dan karena kami tidak diperkenankan menerima pakaian dari rumah, kami tentu akan mendapatkan masalah besar kalau beberapa potong pakaian yang boleh kami pegang sobek dan yang kami serahkan—yang katanya kami boleh ambil kembali untuk menggantikan yang sudah rombeng—hilang. Maka banyak orang yang mempunyai pakaian lebih yang disebut dalam daftar, lebih suka menitipkan atau memberikan pada sobat-sobat dari pada menyerahkannya. Akhirnya yang diserahkan kebanyakan pakaian butut...

Seorang pengurus Jepang paling akhir, Yamagami, sering meronda malam tanpa memakai seragam, sehingga tidak bisa dibedakan dengan tawanan. Malam hari orang dilarang mengisap rokok. Seorang tawanan Belanda pernah bercerita, di seksinya pada suatu malam sesudah bunyi terompet tidur, seorang kawannya meminta api pada seseorang yang kemudian diduga keras adalah ... komandan! Di blok Tionghoa pernah terjadi peristiwa lucu. Dua pekerja bakti yang oleh polisi kamp kedapatan melanggar larangan menjual pakaian keluar, dijatuhkan hukuman sel oleh para pengurus kamp, jadi oleh kami sendiri. Supaya tidak terjadi lagi, komandan seksi harus memberitahukan ini pada "warga-warganya" dengan memberikan peringatan pada mereka.

Begitulah, komandan Seksi III, Tuan Ang Jan Goan, berkeliling. Di satu kamar besar yang remang-remang—waktu itu sudah malam—baru saja Tuan Ang berkata, "Baiknya urusan ini tidak diketahui oleh komandan, yang pasti memberikan hukuman berat". Dia merasa pundaknya dipegang dan satu suara berkata dari belakang, "Nippon sudah tau!"

Ketika dia dan yang lain menoleh ... Yamagami dengan memakai piama ada di belakangnya! Lantas dia bertanya, di mana orang-orang yang bersalah ini disel.

Keesokan harinya, dia mengajak kedua orang itu pergi lagi ke tempat mereka bekerja di luar untuk menunjukkan pada siapa mereka telah menjual barang mereka. Tapi keterangan lebih lanjut tidak bisa didapatkan.

Pengiriman barang paling belakangan dari Hua Chiao Chung Hui Bandung pada 31 Juli 1945 telah menimbulkan sebuah peristiwa yang sangat menyedihkan.

Hari itu saya mendapat giliran kerja bakti di tangsi heiho dan harus menggali lubang perlindungan di sebelah perkantoran. Menjelang siang saya melihat truk datang membawa barang Chung Hui dan kami telah menurunkannya. Siangnya saya melihat Tuan Thio Thiam Tjong di depan kantor tersebut, tentu dia datang sehubungan dengan barang-barang tersebut.

Tidak lama kemudian kami mendengar suara omelan, tamparan, dan pukulan. Saya dan kawan-kawan yang berdiri di sebelah atas lubang perlindungan segera menengok ke arah kantor dan kaget melihat Tuan Thio sedang dipukuli. Kawan-kawan saya ada yang berteriak agar saya jangan menengok, tetapi karena pekerjaan saya di bagian agak atas, sembari bekerja saya bisa melirik ke kantor kapan saja. Saya lihat Tuan Thio dipegang lehernya oleh sersan Hoshino dan didorong sampai jatuh menggelosor di lantai emperan. Setelah bangun, kembali ia dimaki, ditampar dan dibuat berguling lagi, satu kali sampai terpelanting dari atas emperan ke tanah rumput.

Sesudah Hoshino masuk ke dalam kantor, seorang Jepang lain ganti memarahi dan dengan kedua tangannya menampar Tuan Thio berkali-kali. Juga Tuan Tan Tock Kiong (Labuhan) dan kawan-kawannya yang membuat lubang perlindungan di seberang kantor tersebut menyaksikan penganiayaan dengan jelas.

Yang menjadi sebab, Tuan Thio dituduh ... tidak memberi hormat ke kapten Jepang yang kebetulan sedang berkunjung ke kantor tersebut tatkala dia sampai. Menurut Tuan Thio, dia telah memberi hormat, tapi Hoshino tidak melihatnya.

Sehubungan dengan ini, pembagian barang Chung Hui ditunda, kecuali yang bisa busuk, seperti jeruk dan telur, sementara daging babi dibawa ke dapur dan dimasak kecap kering. Belakangan barang-barang yang sudah dibagi-bagi pun hendak diminta kembali, tapi ini sudah habis dimakan. Tinggal daging babi yang sudah matang harus dimasukkan ke dalam gudang. Kira-kira 2 hari kemudian baru itu dibagi-bagi. Untung masih belum rusak. Sesudah lewat beberapa lama barang-barang selebihnya baru diserahkan.

Karena kami disalahkan karena belum paham adat Jepang, mulai hari itu, pagi dan sore kami harus belajar di waktu upacara. Seseorang berteriak Yosuke!" kami turut berteriak sambil berdiri lurus, lantas berseru "Kere!" kita berseru dan menjura. Kemudian diteriaki "Naure kami juga ikut dengan sekuat tenggorokan dan berhenti membungkuk. Akhirnya seruan "Yasume!" baru kami boleh berdiri seenaknya kami lagi. Ini kita harus "pelajari" setiap kali kira-kira 15 menit.

Dua minggu kemudian tanggal 14 Agustus 1945...

8. Gelombang Perasaan

Dalam tahanan perasaan tidak menentu, sebentar jengkel, sebentar hati tenang, apalagi kalau orang bersikap pasrah saja.

Untuk mencari hiburan, kamp Cimahi memberikan cukup kesempatan. Orang bisa berkebun dan dengan menumpahkan semua perhatiannya pada pekerjaan ini, orang lupa pada nasibnya. Orang bisa mengunjungi sobat-sobat yang lama dan yang baru, dan dengan mengobrol ke Barat ke Timur, cepat juga hari berlalu. Orang bisa belajar atau mengajar, hingga jam-jam itu menjadi bermanfaat. Juga orang boleh membaca buku terus menerus, mulai dari baru melek sampai sudah gelap lagi dengan hanya berhenti untuk makan, mandi dan melakukan keperluan manusia. Yaitu pada hari-hari orang tidak kena kerja bakti.

Dengan mengelilingi kamp sendirian atau bersama sobat-sobat, orang juga bisa merasa terhibur dengan melihat-lihat bunga, kebun sayur, kelinci, babi (hanya beberapa bulan, sebab sesudah anak babi yang dipelihara besar semua diangkut keluar dan seekor sisanya kemudian dijual ke restoran kami), ayam (juga hanya sebentar), bebek dan ikan dalam dua empang yang baru dibikin. Atau juga orang bisa memimpikan Gunung Burangrang dan Tangkuban Perahu yang biru tidak jauh dari kami. Di waktu belum ada larangan berjualan, orang boleh pergi ke alun-alun sebelah Utara, ke "pasar".

Sore sesudah makan, jalanan ramai dengan orang "jalan-jalan sore", banyak dengan memakai kemeja, celana pendek dan sepatu, ada yang dengan memakai piama dan sandal. Kaum miskin dengan celana kutung dan bakiak. Suara anak-anak yang sambil jalan-jalan bercanda dengan tawa nyaring mereka, membuat keadaan jadi lebih mirip masyarakat merdeka.

Karena malam pintu tidak ditutup, waktu terang bulan orang bisa "bersahabat dengan rembulan" seperti Li Tai Po[110] hingga terompet tidur orang tanda masuk kamar. Bulan di Cimahi luar biasa bagusnya dan udara luar biasa bersihnya. Tapi hawa dingin dan nyamuk sebentar-sebentar membuat orang berjengit, hingga sewaktu di-*interneerd* di dalam penjara, saya sering membayangkan betapa senangnya kalau terang bulan kami boleh berada terus di luar. Di Cimahi, ketika orang boleh terus berada di luar kamp sampai malam, tidak banyak yang berbuat begitu. Apalagi setiap hari udara bersih, bintang-bintang berkelip dengan indahnya dan rembulan bercahaya ayu, orang tahu pasti, sebentar lagi menjelang pagi akan kedinginan.

Awal Agustus 1944, mendadak semua orang

[110] Li Po (Li Pai yang juga dikenal sebagai Li Bai, Li Pai, dan Li T'ai-pai). Seorang penyair semasa dinastri Tang, lahir pada tahun 701 di T'ai dan meninggal di P'ing saat tahun 762.

Tionghoa disuruh berkumpul. Mereka harus datang di kantor dan diberikan formulir pertanyaan yang antara lain, apakah mereka ... suka dilepas! Dan apakah kalau dilepas, ada yang menanggung kehidupan mereka!

Seluruh kamp gempar. Anggapan tawanan Tionghoa akan dilepas tersiar dengan cepat, apalagi satu bulan sebelumnya orang Ambon dan Manado sudah mendapat pertanyaan serupa dan mereka kemudian diperintahkan untuk bersiap-siap diberangkatkan. Anggapan ini menjadi lebih kuat, karena pemeriksaan kami dilakukan sampai malam supaya rampung itu hari juga.

Yang lebih menguatkan dugaan ini adalah ketika Tuan Tan Tek Jong (Cianjur) malam itu menjawab dia tidak mau pulang, Jepang yang memeriksanya marah sekali dan menghukumnya berlutut di perkantoran kira-kira setengah jam lamanya! Tuan Fang Ting Hsün dan Tjhung See Gan juga bilang tidak mau pulang.

Disebutkan bahwa tanggal 10 Agustus kami pasti akan dilepas.

Dan ... tawanan Tionghoa membuat persiapan untuk pulang. Mereka mengobral persediaan gula, barang kaleng, dan lain milik mereka dengan harga murah. Ada juga yang membagi-bagikannya pada sobat-sobat kulit putih. Sebaliknya, banyak orang kulit putih datang mengucapkan selamat jalan pada orang Tionghoa dan mengirim pesan untuk keluarga mereka di luar. Pendeknya, tidak bisa salah lagi, hari tawanan Tionghoa pasti akan dimerdekakan telah ditetapkan.

Saya menyaksikan semua itu dengan tersenyum dan mengaambil alih "hak kepemilikan" piring makan yang saya dapat pinjam dibarter dengan gula! Dengan mempunyai piring, saya tidak khawatir lagi untuk berapa lama waktu yang tersisa di interniran.

Sampai tanggal tersebut berlalu, yang tampak hanya matahari naik dan turun seperti biasa...

Tapi ada yang terus berharap dan menggeser harapannya dari satu tanggal ke tanggal lain.

Sampai akhirnya benar-benar ada yang dilepas ... yaitu orang Ambon dan Manado! Orang Tionghoa terus menanti. Satu hari barometer pembebasan naik, pada hari lain melesak turun.

Satu kali kami diberikan formulir pertanyaan yang antara lain bagaimana perasaan kami terhadap perang Asia Pasifik dan bagaimana kalau Sekutu yang menjadi pemenang. Jawabannya tentu saja beragam.

Natal tahun 1944 kembali memberikan perasaan lain pada pikiran orang-orang. Betul ingatan melayang kembali ke rumah, ke sanak keluarga. Tapi suasana Natal sungguh terasa. Kedua gereja berhasil mendapatkan Pohon Natal dan sedikit hiasan, ibadah dihadiri banyak orang. Papan pengumuman kamp ada dihias dengan lukisan lonceng natal dan ucapan Selamat Natal serta—ini yang terutama menarik perhatian—menu makanan untuk hari raya tersebut. Menu istimewa *super de lux* dengan Sup Kacang Merah. Papan pengumuman tampak sangat artistik. Seniman memang cukup banyak dalam kamp. Programa musik selalu dilukis dengan indah sekali.

Tahun Baru 1945 dirayakan oleh semua bangsa di Cimahi. Dapur menyajikan makanan istimewa yaitu oliebollen atau apa yang harus dianggap sebagai oliebollen, karena sangat alot.

Semangat Tahun Baru Imlek 2496, 13 Februari 1945, dari jauh-jauh hari oleh dapur sudah diatur supaya kami mendapat makanan spesial. Hua Chiao Chung Hui[111] Bandung sudah mendapat izin untuk mengirimi kami barang-barang. Maka beberapa hari sebelum Tahun Baru Imlek, kami repot dengan pembagian barang-barang: kue kering, cokelat, sapu tangan, handuk kecil, bihun, kecap, tauco, gula, minyak, dan lain-lain.

Tahun Baru ke-3 dalam tawanan ini menjadi yang paling "kering" bagi kami. Di penjara Bukit Duri kami menerima kiriman dari rumah bermacam-macam kue. Di Rumah Tahanan Serang lebih banyak lagi kue berikut buah-buahan dan makanan lain. Tapi di Cimahi kue-kue yang kami dapat hanya beberapa potong saja. Bagian saya adalah 1 potong kue satu asam, 1/2 potong kue adas dan 1 ½ potong kue kering. Totalnya persis 4 potong. Karena dibagi pada hari Ji-kauw-kauw, sebelum tiba malam Tahun Baru, "persediaan" kue-kue hampir semua orang sudah ludes....

Malam Tahun Baru di Cimahi tidak begitu

---

[111] Federasi Orang Tionghoa Perantauan, satu-satunya organisasi orang Tionghoa yang boleh hidup di masa pendudukan Jepang.

menggembirakan seperti di Serang. Siang-siang orang sudah masuk ke dalam kamar atau seksinya masing-masing, sementara di Serang setiap kamar boleh dibilang merayakannya dengan semua membagikan berbagai macam makanan.

Pada hari Tahun Baru, beberapa orang pagi-pagi sudah bangun dan mengunjungi teman dan handai tolan untuk mengucapan Selamat Tahun Baru.

Menjelang pukul tujuh, ketika kami sudah berkumpul untuk upacara pagi, satu perwira kulit putih dari pengurus kamp mengabarkan kantor blok Tionghoa, "De majoor is overleden": Mayor telah menutup mata. Tentu saja berita ini membuat kami semua sangat terkejut, sebab kami sama sekali tidak menduganya. Saya masih ingat, bagaimana ketika kami "tinggal" bersama-sama dalam satu sel di Bukit Duri, mayor Khouw pagi- pagi sekali sudah bangun, berolah raga di atas tempat tidur semen dan kemudian kongkouw, yang membuat beberapa "tetangga" kami jadi keki karena mereka masih mengantuk.

Kabarnya, pada Malam Tahun Baru, kira-kira pukul dua pagi, salah seorang kawan sekamar Tuan Khouw di blok XII masih mendengar dia bernapas, tapi pukul 6 pagi, Tuan Phoa Kian Sioe datang di tempat tidurnya untuk mengucapkan Selamat Tahun Baru, Tuan Khouw Kim An telah tiada...

Hampir semua tawanan Tionghoa memberikan penghormatan terakhir kepada Tuan Khouw dengan mengantar jenazahnya dari kamar mayat hingga pintu depan kamp pada pukul 11 hari itu. Hanya 12 orang yang diperkenankan mengantar sampai ke kuburan. Belakangan malah tiap ada yang meninggal hanya 5 orang temannya saja yang boleh menyaksikan pemakamannya.

Tuan Khouw masih mendapatkan peti kayu, sementara dua bulan sebelumnya orang dikubur dengan peti gedek. Kain penutup peti Tuan Khouw berwarna putih, sementara peti 2 tawanan Belanda yang dikubur berbarengan, tertutup kain hitam.

Hari itu, setelah makan bubur dan sebelum pemakaman Tuan Khouw, tawanan Tionghoa telah berganti pakaian yang layak dan saling berkunjung mengucapkan Selamat Tahun Baru. Kenalan-kenalan dari bangsa lain datang mencari kami untuk berjabat tangan.

Tawanan-tawanan Inggris dan Amerika mengucapkan Selamat Tahun Baru dengan sebuah surat yang ditandatangani Tuan P. M. Dougal, yang juga mengucapkan terima kasih kepada orang Tionghoa "for all you have done for us in this kamp, for what you presented to the kamp so generously and the co-operation you have given us all in the past"[112] dengan harapan saling kerja sama ini akan terus berlanjut hingga hari pembebasan datang.

---

[112] untuk semua yang telah Anda lakukan untuk kami di kamp ini, atas apa yang Anda berikan kepada kamp dengan begitu murah hati dan kerja sama yang telah Anda berikan kepada kami semua di masa lalu.

Blok XII memberi selamat dengan mengirim karangan bunga besar dan sebuah puisi yang ditulis dan dihias indah, karya seorang seniman. Di bawahnya terdapat nama komandannya, Tuan F. de Vries, dan kemudian nama Tuan H. V. M. v.d. Velden, Tuan P. C. Hildering, Tuan J. de Groot, Tuan M. G. Mout, Tuan J. H. C. C. Paessens, Tuan F. Meiers, dokter blok Dr. v. Leersum, penyairnya Tuan S. C. Moet, dan pelukisnya, Tuan Staf. Singkatnya, dalam puisi itu disebutkan apa yang telah dilakukan orang Tionghoa dalam menyediakan makanan untuk kamp, bagaimana dengan bumbu-bumbu yang terbatas mereka toh masih bisa memberikan makanan enak, bisa membuat "tahu bohong", dan orang tidak tahu, makanan apa lagi yang orang dapur Tionghoa akan sajikan, yang akhirnya mengucapkan Selamat Tahun Baru. Satu Tahun Baru dari kebebasan yang akan kembali, atau aslinya:

Cimahi, 13 Februari '45.
voor heel onze Chineesche vriendenschaar
een gezengend, gelukkig nieuwe jaar!
deze internering heeft het nut gehad
dat moreele waarden werden herschat
deze toetsing heeft nu uitgewezen
ondanks staatkundige beperking
de vier eeuwenlange samenwerking
zij laten hier de schoorsteen roken
en zijn groot meesters in 't koken

van malse kost uit louter pees
en gras, water en karbou wenvlees
men hoort over hen geen woord geklaag
zji vonden ons hart door onze maag
hun vindingrijcheid wordt steeds dwazer
reeds bereidden zij tahoe belazer
men weet nooit wat ons straks nog wacht
met zoelk een ruime scheppingskracht
wij wenschen onze vrienden vandaag
een extra welvoorziene maag
als zij 't huisaltaar naderen
zullen zij bidden tot hun vaderen
voor rappe weerkeer naar hun huis
ver van krokot, oebi en luis
al deze wensen vereend tezamen
kunnen wij slechts luid beamen
en dan komt de tijd voor nieuwe wetten
om vroeger onrecht recht te zetten
dat de vriendschap van huidige uren
ook buiten de pagger voort moge duren
en al ontbreekt vandaag de gorami
en ook al eten we slechts "bohong bami"
onze wenschen zijn van 't allerbeste
daaraan voegen we toe pro reste
een nieuwjaar van herwonnen vrijheid
van mooie scheppende opbouwings-blijheid!

Seorang administratur onderneming Belanda yang tidak kami kenal tapi menaruh simpati besar pada bangsa Tionghoa menghadiahkan sebuah wekker.

Sorenya diadakan resepsi di kantor blok Tionghoa. Meskipun waktu itu turun hujan, seluruh kepala dinas, pemimpin blok, dan pemimpin seksi datang mengucapkan selamat. Tamu-tamu disediakan kopi, tapi masing-masing ... harus membawa mug atau gelas sendiri!

Cap Go Meh dirayakan oleh sebagian orang Tionghoa dengan masak bihun atau membuat nasi goreng.

Hari Ulang Tahun Putri Juliana pada tahun 1945 diperingati dengan ... nasi goreng! Hari itu, 30 April, orang dapur sudah harus bekerja keras. Membuat nasi goreng tidak sulit, tapi karena ini untuk satu kota kecil dengan penduduk 10.000 orang, sebagaimana adanya kamp kami, ini bukannya gampang. Makanya Jhr. Mr. de Villeneuve, pemimpin kamp, telah mengucapkan terima kasih kepada orang Tionghoa di kantor Tuan Thio Thiam Tjong...

Pengiriman bingkisan dari American Red Cross dengan perantaraan International Red Cross tentu membuat jantung penghuni kamp berdebar-debar. Yang pertama telah diterima pada tahun 1944. Orang Amerika dan Inggris masing-masing mendapat satu pak, yang lain-lain satu pak untuk 8 orang. Cara membaginya diserahkan pada orang-orang yang bersangkutan. Kebanyakan isinya terdiri dari barang makanan dalam kaleng atau dalam dus, sabun mandi, sigaret, susu bubuk, dan lain-lain, diundi.

Pengiriman Roode Kruis bingkisan kedua terjadi tahun 1945. Bingkisan itu berasal dari American Red Cross bersama Red Cross Inggris dan lain-lain dengan perantaraan International Red Cross. Paket kiriman berisi pakaian, sepatu, dan buku-buku (yang terakhir ditahan dulu di Jakarta untuk diperiksa), ada sejarahnya. Bingkisan ini dibawa ke Pulau Jawa oleh kapal Jepang "Awa Maru"[113], yang keselamatannya dijamin oleh Amerika Serikat untuk perjalanan pulang pergi. Namun setelah mengantarkan barang-barang ini ke Jakarta, dalam pelayaran pulang ke Jepang, kapal ini ditorpedo oleh kapal selam Amerika dekat Singapura hingga tenggelam. Sudah tentu barang-barang itu tidak akan diberikan kepada kami. Tapi akhirnya pembesar Jepang tetap menyerahkannya, hanya saja semua paket dibuka dan isinya dikumpulkan menurut jenisnya. Corned beef dengan corned beef, sigaret dengan sigaret, dan seterusnya. Yang jumlahnya cukup besar dibagi ke seluruh kamp. Yang tidak cukup dibagi pada beberapa blok sedemikian rupa sehingga blok yang mendapat

---

[113] Awa Maru adalah kapal laut Jepang milik Nippon Yusen Kaisha. Dirancang untuk layanan penumpang, tetapi permulaan perang saat pembangunannya selesai, kapal tersebut diminta oleh Angkatan Laut Jepang. Saat berlayar sebagai kapal pembawa bantuan di bawah naungan Palang Merah pada tahun 1945, Awa Maru ditorpedo oleh USS Queenfish (SS-393), yang mengakibatkan kematian semua penumpang dan awak kaoal kecuali satu orang dari 2.004 orang di dalamnya.

semacam barang tidak mendapat makanan jenis lain yang jumlahnya juga kecil.

Dengan cara ini, dalam blok semua makanan terbagi rata. Sore ketika memberitahukan keputusan untuk membagikan barang-barang tersebut, pembesar Jepang mengabarkan juga tentang tenggelamnya kapal Awa Maru dengan menambahkan, bahwa meskipun begitu, orang Nippon tetap memberikan barang-barang itu pada kami, sementara untuk perbuatan Amerika Serikat "kami akan melakukan pembalasan yang setimpal".

Dari surat kabar, yang dengan satu dan lain cara berhasil masuk, kami belakangan menjadi tahu bahwa pemerintah Amerika Serikat sehubungan dengan protes pemerintah Jepang, secara jantan mengakui komandan kapal selam tersebut telah berbuat salah, untuk itu dia dihukum. Selanjutnya pemerintah Amerika Serikat mengucapkan permintaan maaf kepada musuhnya dan bersedia mengganti kapal Awa Maru dengan kapal lain untuk Jepang, sesudah barang-barang ini diturunkan. Sebuah keputusan yang adil yang menunjukkan budi pekerti tinggi, sehingga kami mempunyai peluang untuk menerima barang bantuan lagi dari Amerika. Tapi perang keburu berhenti.

Karena jumlahnya tidak mencukupi, pakaian dan sepatu hanya diberikan kepada orang Amerika dan Inggris saja dan selebihnya kepada kepala-kepala dinas serta komandan-komandan blok dan seksi yang membutuhkannya. Buku-buku kemudian dikirim ke Cimahi, tapi penghuni kamp tidak banyak yang sempat membacanya.

Masuknya barang Chung Hui ke dalam kamp seperti hembusan angin segar dan sejuk di atas gelombang semangat kami. Dan memang Chung Hui berjasa besar membantu meringankan penderitaan kami. Malahan belakangan kabarnya Chung Hui sedang berupaya untuk memasukkan barang 10 hari sekali. Pengiriman pada tanggal 31 Juli 1945 merupakan buktinya.

Suatu malam kamp gempar, sebab satu orang hilang! Ternyata dia bukannya buron, hanya karena mempunyai salah kepada seorang kawan satu seksi, malam itu dia menginap di seksi lain...

Pertengahan tahun 1944, sebuah kecelakaan hebat di tempat kerja di luar kamp mengejutkan kami. Sebuah granat, yang rupanya diketemukan, ketika dibongkar pekerja bakti meledak lantaran kurang hati-hati. Seorang pemuda Belanda tewas karenanya.

Ditangkapnya seorang Indonesia dari luar yang masuk ke dalam kamp melalui selokan, membuat kami ketar-ketir. Tetapi orang ini mengatakan dia masuk hanya dengan tujuan mencari barang-barang yang jatuh dalam selokan untuk dijual, sehingga tidak menimbulkan akibat yang tidak mengenakkan bagi kami.

Semua peristiwa ini berpengaruh pada semangat kami, seperti juga penggeledahan yang di Cimahi hanya pernah terjadi satu kali, perintah untuk menyerahkan uang Belanda, pemukulan, dan lain-lain. Meskipun hanya sebentar, tetapi menyebabkan ombak di gelombang semangat kami. Ombak yang menakutkan dan ombak yang menimbulkan haru biru.

9. Manusia-Manusia dalam Kurungan

Salah satu hal yang menarik dari interneering adalah pengamatan dan pemahaman sifat-sifat manusia. Banyaknya orang dalam kamp memberikan bahan yang kaya untuk ini.

Buntut dari penyekapan kebanyakan adalah semangat "*down*" alias jengkel. Banyak sekali orang di waktu pertemuan saling bertanya, "Kapan sih, kita bisa pulang?"

Ini akibat yang bisa dimengerti.

Mungkin ada yang mengira, karena sesama nasib, orang menjadi lebih teringat pada yang lain, dengan sangat menyesal saya menyaksikan, kepentingan diri sendiri masih selalu memegang peranan besar.

Salah satu cacat, terutama dalam masyarakat, adalah pemujaan uang. Orang yang mempunyai banyak harta selalu dipuja dan disanjung-sanjung. Kalau orang mengira di antara tawanan Tionghoa, yang umumnya dianggap orang "pilihan", tidak ada yang bersikap begitu, orang itu akan kecele. Sebab meskipun kami waktu itu "naik dalam satu perahu", perlakuan sebagian besar orang pada yang lain-lain tidak sama. Orang-orang yang di luar sebagai kakap atau "terkenal selalu mendapat perlakuan istimewa.

Di Bukit Duri ini sudah terlihat jelas. Umpamanya si A dengan satu atau lain jalan bisa mendapatkan makanan dari luar, misalnya sambal udang, dan dia hendak membaginya dengan sahabat karib B dan orang "jempolan di luar" C, sering kejadian A memberikannya pada B dan C dengan dilihat oleh D dan E yang duduk bersama-sama, tanpa kedua orang terakhir turut dibagi atau sekadar ditanya, sebagaimana yang kita biasa lakukan di luar menurut adat dan etika. Bahwa hal ini melukai perasaan D dan E bukanlah karena ingin mendapat bagian, tapi karena perbuatan itu bersifat menghina sebagai yang senasib tapi tidak dipedulikan. Hanya orang biasa saja, yang tidak bisa diharapakan apa-apa di kemudian hari!

Begitu juga di Serang.

Pendeknya, orang-orang yang juga bisa "mengimpor" makanan dan yang di luar termasuk kalangan atas, merekalah yang sering dibagi makanan. Dengan kata lain, yang sudah mempunyai makanan dibagi lagi makanan, tapi yang tidak mempunyai makanan tidak ada yang menyenggol. Senasib yang berbeda nasib!

Sikap menjilat pada yang berkilauan di luar sebetulnya tidak mengherankan. Kalau kita perhatikan, siapa orang-orang Tionghoa yang diinterneerd, tidak bisa tidak harus diakui sebagian besar ... sebetulnya tidak layak untuk ditawan. Apakah mengherankan, budi pekerti dan sikap mulia, seperti yang selayaknya nampak pada orang yang diinterneerd karena masalah negeri, langka sekali di antara 500 orang lebih?

Ketika masih berada di luar, saya mempunyai standar nilai pemimpin-pemimpin kita. Namun dalam tawanan, saya mendapat kenyataan bahwa standar nilai tersebut, dengan hanya sedikit sekali pengecualian, perlu diubah. Memang betul, orang yang terkurung tidak bisa diukur dengan nilai-nilai biasa, tapi apa yang saya saksikan sungguh di luar perkiraan.

Di Serang, Tuan Tan Kian Ing, dari golongan "have not", dengan terus terang bilang dia tidak suka bekerja kalau kaum "have" tidak mau turut menggulung lengan baju. Satu sikap yang benar sekali. Dalam tahanan hanya pertimbangan-pertimbangan kemanusiaan yang harus jadi pedoman dari semua perbuatan. Pemujaan uang atau perhitungan untung rugi di kemudian hari harus ditendang keluar.

Kita harus membantu dan menolong orang bukan karena dia hartawan atau ternama, pada siapa di belakang hari kita harus minta balas budi atau pertolongan, tapi kita harus membantu dan menolong karena yang bersangkutan memang perlu ditolong, karena itulah kebaikan. Dengan begitu, kita bisa bantu melenyapkan kepincangan dalam masyarakat kita.

Kalau satu orang yang di luar punya kedudukan dan pengaruh melihat dirinya disanjung, disodori ini atau itu, ditawari bantuan tenaga yang perlu maupun tidak, pendapatnya akan terpengaruh. Dia akan mengira mereka berbuat demikian karena baik hati. Dia lupa, yang sebenarnya membuat dia mendapat perlakuan khusus karena kedudukannya. Jika dia tak punya pengaruh lagi, perlakuan-perlakuan itu lantas berubah. Maka orang-orang yang berkedudukan tinggi seharusnya bisa menimbang orang bukan menurut apa yang diperbuat pada dirinya, seseorang berpengaruh atau disegani, tapi apa yang telah diperbuatnya untuk orang lain yang tak punya pengaruh apa-apa. Dengan begitu, satu cacat bisa dilenyapkan dari masyarakat kita.

Di Cimahi, dalam satu kamar diisi 8 orang—atau dalam bangsal besar, 2 kotak seberang-menyeberang, yang dianggap sebagai kamar. Karena barang C.D.K. dibagi ke kamar-kamar. Dalam kamar baru dibagi-bagi lagi.

Ada juga kamar yang tidak dibagi-bagi lagi di antara penghuninya, hanya untuk ketua kamar saja. Ketua kamar tidak selamanya terdiri dari semua penghuni kamar, sebab ada juga yang tidak masuk, sementara ada kamar-kamar dengan 2 atau 3 ketua.

Di satu pihak, memang boleh dibilang ketua merekatkan persahabatan antara orang-orang yang bersangkutan, tetapi di lain pihak tidak salah juga bahwa ketua-ketua ... membuat keakraban jadi pecah. Sebabnya adalah orang menganggap dia hanya perlu membela kepentingan kawan-kawan ketua saja, yang paling banyak hanya ada 5-6 orang, dan boleh menulikan telinga serta butakan mata untuk yang selebihnya dari 500 orang itu, eh... orang senasib!

Kalau ada satu orang yang perlu papan sedikit untuk membuat bakiak tapi tidak punya dan meminta dari "sesama-nasib", yang punya banyak bahan tersebut, bisa menolak dengan alasan... "bukan punya saya, tapi ketua"!

Pendek kata, "ketua kamar" hanya menjaga hubungan persahabatan paling banyak 5-6 orang, tapi perpecahan menjadi sekian banyak keping seperti jumlahnya ketua itu.

Dalam kamar saya, dari awalnya 8 orang hanya 1 yang tidak turut "ketua kamar". Belakangan 1 orang melepaskan diri dan akhirnya saya juga keluar, hingga kemudian, setelah kebebasan saya dirampas oleh Jepang, saya mendapatkan kembali kebebasan saya untuk berbuat apa yang saya mau dengan barang bagian saya, dan selanjutnya saya bisa menawarkan gula atau apa saja yang lebih pada orang yang saya tahu betul sudah kehabisan gula tanpa minta persetujuan dulu dari ketua.

Tahunya orang yang "turut merasa" pada sesama-nasib ternyata antara lain dari harga roti.

Kalau sedang dihukum tidak boleh belanja dengan ditutupnya C.D.K., orang yang mempunyai roti lebih, misalnya karena kerja bakti—dan "makelar" roti, yang punya "kontrak" dengan beberapa orang yang tidak makan rotinya, lantas menaikkan harga.

Kalau masuk barang-barang teman makan roti, seperti mentega dan keju kiriman American Red Cross, roti pun lantas naik harganya, sebab saudagar-saudagar roti sudah menduga pasti banyak orang mencari roti ekstra untuk menikmati makan roti bersama mentega atau keju! Sehingga yang jadi korban adalah orang-orang yang memang biasa makan roti ekstra.

Menaikkan harga dengan memanfaatkan saat kondisi luar biasa, apalagi saat sedang sulit, di dalam kamp terhadap orang yang sama-sama sengsara membuat perasaan kemanusiaan melawan.

Untuk pembagian bubur, nasi, sup, dan kopi perlu beberapa penilik, sebab... ada orang yang "lupa" kalau dia sudah mendapat bagiannya dan datang untuk mengambil lagi!

Karena pekerja bakti luar harus berangkat pagi-pagi, mereka diberikan bubur saat masih gelap. Pengalaman membuat pembagian ini dilakukan dengan jalan sorenya diberi token untuk mengambil porsinya. Sebab ternyata, pekerja bakti ada yang suka mengambil porsi *double*, sehingga makanan untuk yang lain menjadi berkurang satu porsi.

Sejumlah penghuni kamp Cimahi ada juga yang montok. Ini kebanyakan adalah pekerja bakti luar, orang dapur, orang yang dengan satu atau lain cara punya hubungan dengan Jepang dan saudagar-saudagar.

Pertengkaran dan perkelahian antar tawanan

Tionghoa kadang-kadang terjadi, juga di antara "kalangan atas".

Maka kalau ada yang bilang, setelah keluar dari kamp, 500 orang lebih itu merasa terikat dengan semangat persaudaraan terlalu idealistik dan eufemistik.

Di lain pihak, ada juga orang-orang yang sewaktu mendapat kiriman uang banyak dari luar ingat pada kawan-kawan yang susah. Saya sendiri acapkali oleh beberapa sobat, di antaranya yang tidak saya sangka, disisipi sejumlah uang dan mereka tidak mau mengerti kalau saya tolak...

Orang yang tetap bersikap angkuh pun ada, tetapi di dalam kamp ini, ada rugi ada untungnya!

Pernah kejadian beberapa orang Tionghoa bisa bertemu sanak keluarganya secara tidak resmi di Gunung Bohong.

Seorang Cimahi telah merasakan di waktu pagi diizinkan pulang ke rumahnya untuk balik kembali malam hari. Seorang tawanan lagi dibawa ke Bandung sehingga dia mendapat kesempatan untuk bertemu keluarganya, sementara seorang interniran Tionghoa dari Madiun malah diantar pulang beberapa hari ke rumahnya! Waktu mereka kembali, yang paling pertama ditanya adalah berita terkini.

Manusia di dalam kurungan bagus sekali sebagai objek untuk mempelajari sifat-sifat manusia.

10. (Penutup) Perang Berhenti!

Rusia menyatakan perang kepada Jepang! Rusia menyerbu ke Manchuria dan Korea!

Kabar angin tanggal 13 Agustus 1945 pagi ini membuat gempar seisi kamp. Sesuatu yang membuat orang pasang telinga dan buka mata lebar-lebar. Dan ternyata kabar angin ini benar adanya, sebab dengan satu dan lain cara kami bisa mendapatkan kepastiannya, sementara sekarang kita tahu, tangga 9 Agustus, Rusia telah melakukan 2 kali serangan ke Manchuria dan 1 kali ke Korea.

Rasa girang tergambar pada wajah semua tawanan dari segala bangsa. Sekarang sudah pasti perang tidak akan berlangsung lebih lama lagi! Itu berarti kami sudah dekat dengan gerbang Kemerdekaan.

Beberapa hari paling belakang apa yang kami dengar menjadi nyata. Perang Pasifik, setelah Jerman ambruk tanggal 8 Mei, sedang menjelang akhir dengan cepat. Pemboman dari udara dengan beratus-ratus pesawat boleh dibilang semakin seru terjadi tiap hari di kota-kota di Jepang. Jatuhnya Pulau Okinawa ke tangan Sekutu, tidak ada kabar tentang aksi armada Jepang, dan meledaknya bom atom yang kedua di Nagasaki pada 9 Agustus yang luar biasa dampaknya, ini membuat hati kami dipenuhi harapan.

Tidak mungkin lebih lama lagi, tidak mungkin...

Dua hari kemudian, 15 Agustus, saat magrib, saya bersama beberapa teman duduk di atas bangku panjang di pelataran depan kamar untuk mengagumi rembulan, Tuan Lauw Seng Thwan, orang dapur, memberitahu bahwa dia mendengar semua kerja bakti akan dihentikan. Kalau benar, ini berarti kehidupan kamp hampir tamat!

Berbarengan dengan itu, ada yang berbisik bahwa ... Jepang sudah menyerah! Seluruh kamp heboh dengan berita itu!

Keesokan harinya benar-benar diumumkan bahwa pekerjaan di Gunung Bohong dan Cimindi selanjutnya bukan lagi bersifat paksaan, tapi sukarela. Kerja bakti Keibutai dan pembikinan keranjang dihentikan. Hanya kerja bakti heiho yang masih berlanjut.

Pada hari itu, beberapa tawanan kulit putih dan Tionghoa pulang, yang pada tanggal 12—4 hari di muka—sudah dibawa ke Bandung untuk dipekerjakan sebagai koki di kamp tawanan di sana. Tawanan Tionghoa dari rombongan ini yang belum dikirim pulang masih ada 3 orang. Tentu saja mereka "ditanggap" untuk bercerita. Mereka menuturkan di Bandung orang sudah gempar dengan perdamaian, yang katanya sudah pasti. Di sana mereka diberi tempat tinggal dalam satu gedung yang hanya terpisah oleh dinding gedek dari rumah di sebelahnya, yang dihuni oleh satu keluarga merdeka. Dari tetangga ini mereka telah mendengar bahwa perang telah usai.

Seluruh tawanan tidak membicarakan hal lain selain berakhirnya perang. Namun kepastian tentang kami masih belum bisa diperoleh.

Pada tanggal 19 Agustus pukul 11 malam, sebagian dari pekerja bakti kulit putih di Cicalengka pulang. Mereka pun bercerita, orang di luar bilang sudah damai.

Pada tanggal 20 Agustus, pekerjaan di tangsi heiho, tempat kami mengalami banyak peristiwa, saya melihat reruntuhan pesawat terbang diangkut ke situ dan diurus lebih lanjut oleh tawanan kulit putih dan pemukulan Tuan Thio Thiam Tjong juga terjadi untuk terakhir kalinya. Pada hari itu, orang Tionghoa yang dipekerjakan di sana bukan 50, tapi 70, bersama kira-kira 100 orang kulit putih. Mereka disuruh bekerja lebih lambat dan di waktu pulang dihadiahkan banyak pisang!

Kerja bakti di kamp Baros pada hari itu pun dihentikan. Malam itu sisa pekerja bakti Cicalengka pulang.

Esoknya, tanggal 21 Agustus, kami bukan mendapat nasi 200 gram, tapi 400 gram! Dua kali lipat dari biasa! Bersamaan dengan itu 2 sampai 3 lontong besar dari Chung Hui makanan untuk tawanan Tionghoa, jadi lebih dari cukup.

Berlalu lagi satu malam, 22 Agustus.

Kembali terjadi perubahan—perubahan besar!—

pada makanan. Nasi per hari ditambah pula menjadi 800 gram. Tengah hari kami mendapat nasi 400 gram, begitu juga sore. Roti tengah hari dijadikan makanan pagi, bubur tepung Asia di waktu pagi, yang hampir tidak ada gizinya dan hanya membuat kami sering buang air kecil, dihapuskan.

Tapi masih ada lagi. Sup, yang sekarang diberikan siang dan sore, bukan "sup air panas" tanpa daging lagi, tapi penuh daging—daging babi atau daging kerbau.

Kami tidak harus terpaksa menjadi vegetarian lagi! Untuk banyak orang menu ini susah "ditelan".

Chung Hui Bandung lalu diminta untuk berhenti mengirim lontong, karena sudah tidak diperlukan lagi.

Pukul 4 sorenya, heiho yang menjaga kamp diganti dengan serdadu Jepang. Heiho diizinkan pulang. Tangsi mereka di seberang diisi oleh militer Jepang.

Hari itu, setelah makan sore, kira-kira pukul 5 lewat, saya mendengar sorak kegirangan dari seksi Belanda di belakang kamar saya. Seruan gembira yang lewat sesaat terdengar disambut oleh seksi-seksi yang letaknya lebih jauh.

Ternyata di sana pengurus kamp secara resmi sudah mengumumkan bahwa perang telah berakhir.

Akhirnya, saat yang paling ditunggu-tunggu oleh rombongan Bukit Duri, selama 3 tahun 4 bulan lebih, tiba! Rasa terharu membuat banyak mata berlinang.

Kabar resmi itu juga akan dibacakan ketua-ketua kami di blok Tionghoa, tapi ini akan dilakukan nanti saat upacara. Waktu yang masih tersisa saya gunakan mengelilingi kamp untuk melihat-lihat keadaan.

Semua berwajah ceria. Orang Belanda banyak yang memakai bunga warna oranye, sepotong kain, atau kertas dengan warna merah-putih-biru. Anak-anak bersorak-sorai dan ada yang menyanyi. Di beberapa seksi Belanda digambar tiga warna dan oranye di atas pintu.

Seksi dapur yang berbatasan dengan jalan raya dan justru seberang menyebrang dengan tangsi heiho, banyak orang membuat lubang di gedek untuk mengintip keluar. Tujuannya melihat serdadu Jepang yang menggantikan heiho di sana. Saya ikut mengintip. Benar, heiho sudah tidak ada lagi, sudah digantikan serdadu Jepang yang menjadi penjaga di pinggir jalan, di belakang perlindungan, dan serdadu Jepang yang menjaga perkantoran.

Cepat-cepat saya kembali ke seksi saya untuk mendengar berita resmi dibacakan.

Saya terlambat! Pembacaan sudah dilakukan. Saya sangat menyesal. Kabarnya, di seksi saya ada orang yang kalem saja. Di salah satu kamar di seksi IV terdengar orang menyanyikan lagu kebangsaan.

Beruntung saya bisa mendapatkan teks berita resmi tersebut, yang bunyinya:

PENGUMUMAN

Setelah mendapat desakan yang berulang-ulang dari pihak Sekutu supaya perang berhenti, akhirnya atas titah kaisar Jepang permusuhan lalu dihentikan.

Oleh karena itu, kedudukan orang-orang interniran sebagai "interniran" berakhir, tetapi dengan perjanjian bahwa pembebasan akan menunggu kedatangan wakil-wakil pihak Sekutu. Kapan kedatangan ini, belum diketahui.

Karena berbagai sebab militer dan politik, kami semula telah dikumpulkan (maksudnya tawanan) dan dengan ini turut mengalami kesengsaraan perang. Tetapi sekarang ini keadaan akan diperbaiki.

Sampe datang saatnya peralihan pemerintahan, maka Tentara Nippon tetap memikul tanggung jawab untuk mempertahan keamanan dan ketentraman di kamp-kamp. Berhubung dengan ini, haruslah dipegang terus peraturan yang sekarang.

Sebab peperangan sudah berakhir, maka keperluan barang-barang sehari-hari seperti makanan dan lain-lain diperbaiki.

Uang yang menjadi milik orang-orang di kamp ini bisa dipakai untuk membeli barang-barang yang perlu, sementara uang yang disimpan oleh pembesar Nippon sedikit hari lagi akan dibayar kembali.

Pekerjaan-pekerjaan di tempat peternakan hewan dan di kebun-kebun di luar kamp sekarang dilakukan dengan secara sukarela.

Peralatan yang diperlukan untuk memperbaiki

perabotan kamp dan pakaian yang rusak akan bisa diminta. Perintah-perintah lebih jauh secepatnya akan diberitahukan. Kampleiding tetap memikul tanggung jawab atas ketentraman dan ketertiban kamp.

Cimahi, 22 Aug. 1945.
Kampleiding.

Karena pekerjaan bertani di Gunung Bohong dan Cimindi untuk keperluan kami juga, maka pengelola kamp meminta, dengan sukarela pekerjaan itu tetap dilanjutkan, agar dapur tidak kekurangan sayuran.

Sore itu diadakan acara sembahyang di kedua gereja oleh golongan Protestan yang mendapat kunjungan banyak orang. Yang jalan-jalan setelah upacara lebih banyak dari biasanya, sementara di wajah semua orang terlihat perasaan gembira bercampur haru.

Dengan salah satu teman, malam itu saya jalan mengitari kamp. Rembulan Chitgwee Cap Gouw bulan terang. Betapa berbeda kamp tampak malam itu, di dalam suasana yang ditimbulkan oleh pengumuman resmi tersebut. Di beberapa tempat terdengar orang menyanyikan lagu Wilhelmus, sementara di salah satu bangsal rupanya diselenggarakan upacara keagamaan. Selebihnya dalam kamp sunyi.

Malam itu saya melewatkan jam-jam dengan terjaga, terombang-ambing dalam lautan rasa.

Esoknya, tanggal 23 Agustus, oleh orang Tionghoa

dapur diserahterimakan lagi kepada tawanan kulit putih, karena orang-orang beranggapan, tawanan Tionghoa niscaya akan pulang terlebih dulu, sementara rumah tangga orang kulit putih berantakan sama sekali. Suami ditawan, istri di-interneerd, dan anak-anak mereka dimasukkan ke dalam kamp. Interniran Tionghoa boleh dibilang hampir semua masih punya rumah tempat mereka bisa pulang.

Orang-orang yang mendapat hukuman sel pada hari itu dikeluarkan.

Pada tanggal 24 Agustus diberitahukan, lampu-lampu boleh tidak dipadamkan lagi.

Selanjutnya, pada keesokan harinya, tanggal 25 Agustus, diberitahukan bahwa pada pukul 4 sore akan melintas pesawat-pesawat terbang Sekutu di atas kamp kami. Pada saat itu kami harus berada di luar kamar atau bangsal untuk menampakkan diri. Selain dari itu, dicari orang-orang yang besok dengan sukarela melakukan pekerjaan membersihkan kuburan teman-teman kami. Banyak orang, termasuk saya, mengajukan diri. Kami hendak menggunakan kesempatan ini untuk menyambangi tempat peristirahatan terakhir teman-teman kami sebagai ucapan selamat tinggal kepada mereka.

Sorenya, pukul 7 (Nippon), mendadak dari gedung, di belakang kamar saya terdengar suara tembakan berbarengan dengan padamnya penerangan. Selain suara orang berbicara nyaring sekejap, tidak terdengar apa-apa lagi.

Esok paginya kami mendengar salah satu orang Jepang pengurus kamp, Kido, telah bunuh diri. Dia sering datang ke seksi saya untuk main maciok bersama tawanan Tionghoa. Kalau dia muncul, lantas dengan terburu-buru orang mencarikan teman untuk bermain dengannya. Waktu main, dia suka menawarkan rokok ke kawan-kawan mainnya yang saat itu di dalam kamp merupakan barang mewah.

Setelah hari menjadi pagi, kerja bakti membersihkan kuburan ternyata diurungkan.

Berhubung pesawat-pesawat terbang Sekutu akan datang, pagi itu personil Dinas Teknik sibuk memasang huruf P dan W besar dari papan di atas genteng beberapa seksi, untuk memberi tanda di sini terdapat P(risoners) (of) W(ar), tawanan perang.

Saat pekerjaan itu sedang dilaksanakan di seksi I blok Tionghoa, sekawanan besar burung bangau terbang di udara seperti "dalam formasi", sebagai pembuka untuk pemandangan yang akan kami dapati sore nanti, saat pesawat-pesawat Sekutu terbang melintas.

Hari itu kami diberi rokok 2 pak, sabun mandi dan... kancut!

Tuan Oei Ngo Djie dari Semarang lantas menjajal. Dengan hanya memakai celana dalam, dia jalan-jalan di blok Tionghoa, sehingga kelihatan seperti Tarzan minus selimut kulit macan!

Hari itu juga hari terakhir dari... obral kelinci! Semua kelinci sampai anak-anaknya dipotong untuk orang sakit.

Komandan kamp Segami hari itu diganti dengan Senogawa.

Uang *Roode Kruis* untuk tawanan Belanda dikeluarkan. Mereka mendapat 9 rupiah per orang. Karena uang ini dikumpulkan dan digunakan membeli barang- barang keperluan umum, orang Tionghoa pun masing-masing menyumbangkan 9 rupiah untuk pembelian barang-barang.

Roti sekarang dibuat menjadi tiga kali lipat besarnya. Artinya, kami mendapat roti tiga kali lebih banyak dari biasanya. Dan sebagai tambahan, tawanan boleh menerima barang makanan dari keluarga mereka di luar setiap hari.

Sore itu, 3 interniran Tionghoa yang masih bekerja di Bandung dikirim pulang bersama-sama tawanan Belanda yang masih ada di sana. Mereka membawa kabar, semalam kamp orang perempuan kulit putih di Cihapit, Bandung, telah didatangi perampok-perampok yang telah menewaskan serdadu penjaga Jepang di luar kamp, tapi kemudian berhasil dipukul mundur.

Kunjungan pesawat terbang Sekutu sore itu tidak jadi...

Pukul 8.15 malam diadakan kumpulan oleh kaum Kristen Tionghoa dipimpin oleh ds. Tan Gwan Tjong untuk mengucapkan syukur.

Pada hari itu, mulai berhembus kabar angin bahwa orang Tionghoa akan dilepas oleh Jepang tanpa menunggu datangnya tentara Sekutu terlebih dulu.

Kemudian tibalah tanggal 26 Agustus 1945, hari Minggu...

Di waktu pagi ada orang luar, di antaranya orang Tionghoa, naik ke atas menara penjagaan yang sedari perang berhenti memang tidak dijaga lagi untuk mengintip ke dalam.

Kabar tentang pelepasan Tionghoa oleh Jepang menjadi semakin santer. Ada yang bilang, Toyoshima, Konsul Jepang di Jakarta di awal perang dan kepala urusan bangsa Tionghoa di zaman pendudukan, telah datang di Cimahi sehubungan dengan hal ini. Karena berita ini tampaknya sangat positif, beberapa pemimpin Tionghoa pagi itu berkumpul untuk membicarakan sikap apa yang harus diambil. Katanya Jepang mau melepas tawanan Tionghoa dengan menawarkan ganti rugi dua kali lipat dengan syarat mereka memberikan keterangan, semua "perhitungan" dengan Jepang sudah beres. Jadi mereka tidak usah mengajukan permintaan ganti rugi lagi dengan perantaraan Sekutu sewaktu tentara Sekutu masuk.

Keputusan yang diambil adalah: menolak dilepaskan oleh Jepang dengan perjanjian demikian dan berdiam terus di kamp sampai dilepas oleh tentara Sekutu.

Selain itu, dibebaskan oleh pihak Sekutu dianggap lebih bermartabat setelah mengalami interneering sekian lama, sementara dilepaskan oleh

Jepang akan menghilangkan 'gengsi' tersebut.

Sampai pada hari itu, beberapa yang bersifat militer sudah dilenyapkan. Tanda "Centrale Keuken" (Dapur Pusat), "4de Bataljon", dan "9de Bataljon" di dapur sudah beberapa hari disingkirkan. Peringatan untuk bangun, upacara pagi, upacara sore dan tidur malam, yang diberikan dengan bunyi terompet secara militer, diganti dengan bunyi lonceng.

Hari Minggu pagi itu diadakan Misa Pontifikal oleh golongan Katolik Roma. Tidak di dalam gereja, melainkan di tempat terbuka di seberang bekas istal kuda sebelah Selatan, supaya bisa memberikan kesempatan pada lebih banyak orang untuk turut ambil bagian. Yang hadir banyak sekali.

Pada papan pengumuman salah satu blok, saya membaca berita resmi bahwa selanjutnya peribadatan agama dan acara diskusi tidak dibatasi lagi. Juga jumlah orang yang mengantar ke pemakaman boleh lebih dari 5 orang.

Pakaian yang pernah harus kami serahkan hari itu dikembalikan.

Tiba-tiba kira-kira pukul 5 sore, Tuan Thio Thiam Tjong mengumumkan kami diperintahkan bersiap-siap untuk dipindahkan ke Bandung esok pagi.

Blok Tionghoa bukan main hebohnya berbenah, mengemas isi koper, dan lain-lain.

Pada saat orang sibuk beberes, beberapa tawanan bangsa lain membereskan kebun Tionghoa! Dalam sekejap saja, sebelum polisi kamp sempat campur tangan, kebun-kebun tersebut sudah gundul. Begitu juga baju, handuk, dan barang-barang yang ada di kawat jemuran milik beberapa interniran Tionghoa tidak kelihatan lagi....

Tiba pukul enam. Kami dikabarkan besok akan dilepas di Bandung!

Kabar ini begitu mendadak, hingga ada yang tidak percaya. Saya termasuk salah satunya. Apa yang dirasakan kelompok Bukit Duri, masih banyak yang ingat ketika hanya setelah setengah jam pemberitahuan boleh pulang, kami digiring masuk ke dalam sel lagi.

Waktu untuk menerima ucapan selamat berpisah dari tawanan lain hampir tidak ada, tapi magrib itu blok Tionghoa ramai dengan orang kulit putih dari berbagai bangsa yang datang mengucapkan selamat jalan. Yang pesiar untuk menonton likuidasi "China Town" tentu tidak sedikit.

Persediaan makanan orang banyak diberikan begitu saja kepada sobat-sobat atau anak-anak kulit putih.

Pukul 8 diadakan upacara kecil di Kantor Kamp Pusat, tempat pemimpin kamp, Tuan C. Heintz, mengatakan dia merasa menyesal karena orang Tionghoa keluar dengan perasaan ogah-ogahan. Dr. J. W. Wolff, kepala Dinas Kesehatan, mengingatkan bantuan obat dan makanan dari pihak Tionghoa, sebab setiap kali golongan Tionghoa mendapat kiriman dari luar, mereka tidak melupakan orang sakit. Pidato-pidato ini dibalas oleh Tuan Thio Thiam Tjong dan Tuan Liem Hwie Giap.

Kabarnya, berhubung dengan keputusan orang Tionghoa untuk tidak mau pulang, komandan Jepang bilang, kalau orang Tionghoa tidak mau keluar juga, dia bisa memanggil polisi untuk melempar keluar barang-barang kami dari kamp.

Ketika hari menjadi gelap, situasi blok Tionghoa masih ramai saja...

***

Hari terakhir dalam kamp Cimahi, Senin 27 Agustus 1945.

Apakah akan merupakan hari penghabisan hidup kami sebagai tawanan juga?

Saya tidak tahu pasti, tetapi saya mengambil keputusan untuk menerima segala kemungkinan. Keputusan saya sederhana saja: membawa tikar dan bantal. Kasur tidak perlu, sehingga pagi-pagi selagi orang lain sibuk mengepak matras, saya mencari orang yang perlu kasur dan akhirnya memberikan kasur saya pada salah satu anak remaja.

Kemudian, setelah makan roti dan berpakaian, kami mengangkut bungkusan-bungkusan kami ke seksi depan. Polisi kamp menjaga supaya rak-rak, papan-papan dan lain-lain di bekas tempat tinggal kami tidak diambil orang. Lantas sobat-sobat saling mengucapkan selamat berpisah dan sudah siap sedia untuk berangkat.

Barang-barang 500 orang lebih menciptakan tumpukan-tumpukan yang tinggi. Beberapa orang dari berbagai tempat ditunjuk untuk mengurus barang-barang yang akan dikirim paling belakang.

Bagian Tionghoa dipisahkan dengan pembatas tali tambang dari bagian kamp lain. Di belakang tali, berkerumun orang kulit putih untuk mengucapkan selamat jalan sekali lagi, dan jauh di sebelah belakang itu, pekerja bakti Belanda sedang menarik dan mendorong gerobak makanan. Bagi mereka, kehidupan kamp masih berjalan seperti biasa, seperti juga untuk yang lain-lain yang sedang "mandi matahari" dan sebagainya. Tetapi bagi saya keadaan kamp terasa berbeda: burung-burung kecil berterbangan ke sana kemari dengan berkicau lebih gembira, bunga-bunga tampak lebih indah.

Pada saat-saat terakhir, dilakukan pembagian uang dari Chung Hui lagi, masing-masing 10 rupiah, sementara semalam telah dikembalikan kelebihan uang 9 rupiah yang kami setor pada pengurus kamp untuk keperluan kami. Lalu kami diperintahkan berbaris dan dihitung.

Kemudian kami menunggu, dan menunggu.

Tak lama kemudian datanglah beberapa buah ... bus. Satu bus datang dari Baros dengan membawa orang sakit. Orang-orang kemudian naik. Yang tidak kebagian tempat menunggu lagi.

Kira-kira pukul 10, kendaraan berangkat untuk pertama kali. Ketika bus-bus kembali, salah satu serdadu Jepang yang mengantar bilang, "Di Bandung banyak sekali Sina-ren[114]."

Saya berangkat bersama bus nomor dua dari belakang. Kira-kira saat itu sudah pukul satu pagi.

Di jalan raya di luar kamp, ada rombongan nyonya-nyonya dan nona-nona kulit putih. Rupanya mereka sehabis mengantarkan paket untuk sanak-saudara mereka. Ketika bus kami lewat, mereka melambaikan tangan, dan kami balas melambai.

Di Kampung Tionghoa, Cimahi, penduduk melambaikan tangan. Mereka tampak berseri-seri, turut gembira bersama kami.

Begitu tiba di Cimindi, penduduknya juga menyambut bus kami yang melintas dengan melambai-lambaikan tangan. Segera saja peternakan hewan tempat setiap pagi lebih dari 100 pekerja bakti dari kamp kami digiring untuk bekerja, terlewati. Di tengah jalan, kami menyusul satu bus lain yang mogok.

O, pemandangan alam yang permai, bukit-bukit dan gunung-gunung yang seperti berkejaran dengan bus kami, mengaduk beragam rasa dalam dada. Semuanya memberikan kesan bagi kami seakan sedang naik bus untuk wisata! Dengan penuh gairah, saya menghirup semua keindahan, kesejukan, kegembiraan. Lantas...

... kota Bandung!

---

[114] Orang Cina atau keturunan Cina.

Bus terus melaju berkelok-kelok hingga akhirnya berhenti...

Banyak orang Tionghoa berdesak-desakan. Lelaki, perempuan, tua, muda, dan anak-anak, semua mengenakan pakaian pesta. Wajah-wajah cerah ceria. Senyum-senyum kegirangan. Tangan-tangan yang disodorkan dan saling berjabatan. Ucapan selamat yang riuh rendah.

Dalam situasi yang sangat ramai ini saya turun di depan gedung Hok Gie Hwee*[115] di Kelenteng. Balkonnya penuh dengan orang yang sedang bergembira.

Seseorang menyelipkan kembang merah dengan daun hijau di dalam saku kemeja saya. Tangan saya disisipkan selembar surat kabar yang terbaru, yang dicetak dengan mesin cetak khusus untuk kami pada hari itu oleh Kuo Min Tang cabang Bandung dan San Tsing T'uan[116] cabang Bandung..

Merdeka! Sekarang benar-benar merdeka! saya bersorak dalam hati.

Anggota-anggota penyambutan Hua Chiao Chung Hui Bandung dan *gouwko*[117] saya, Lim Eng Hoey, mengantar saya masuk ke dalam gedung. Di sini telah diatur perjamuan minum teh, sementara podium dihiasi dengan beberapa karangan bunga.

Tetapi upacara penyambutan, dan utamanya

---

[115] Salah satu perkumpulan dana kematian orang Tionghoa

[116] Kelenteng Tiga Dewa Murni, sekarang Kelenteng Satya Budhi

[117] Abang dari istri nomor 5

upacara penyerahan tawanan Tionghoa oleh Jepang kepada warga Tionghoa di Bandung, sudah berakhir lama sebelumnya. Kursi-kursi pada meja perjamuan teh pun sudah banyak yang kosong, sebab kawan-kawan kami yang duluan sampai sudah berangkat ke hotel, malah ada yang langsung pergi ke stasiun.

Tentang acara serah terima ini saya dengar dari sahabat-sahabat yang duluan tiba, seorang Jepang yang mewakili pembesar Jepang berpidato, hari itu tawanan Tionghoa dilepas dan diserahkan kepada warga Tionghoa di Bandung untuk diurus lebih lanjut.

Hua Chiao Chung Hui sudah berbuat banyak: menyediakan hotel dan makanan, di beberapa restoran, dan lain-lain.

Pukul 2 lewat, dengan beberapa kawan, saya diantar ke satu hotel yang ternyata sudah penuh. Kami ditunjuk hotel di sebelahnya. Di sini kami mendapat satu kamar, tapi tidak ada kuncinya. Apa boleh buat, kami meninggalkan bungkusan atau koper kami di sini dan pergi mencari salah satu restoran yang ditunjuk Chung Hui yang menyediakan makanan untuk kami.

Balik di hotel, kami mendengar ada hotel lain dengan kamar yang lebih bagus. Kembali kami menggotong bawaan kami dan pergi ke sana. Betul ada kamar kosong, tapi kuncinya sedang dibawa pergi.

Tunggu punya tunggu, datanglah Tuan Na Seng Kim yang menyampaikan undangan dari ayah mertuanya, Tuan Lauw A Tjin, kontraktor di Bandung yang juga sesama tawanan, pada Tuan Lim Oh Hoa, yang merupakan besannya, dan saya, untuk menginap di rumahnya. Undangan ini saya terima dengan sangat bersyukur.

Keesokan harinya, setelah menerima koper saya, saya mencari keterangan tentang kereta api untuk pulang. Chung Hui sedang berusaha mendapatkan gerbong khusus. Dengan perantaraan Chung Hui, saya menerima "surat pembebasan" sebagai tawanan.

Beberapa di antara kami hari itu sudah bisa berangkat pulang. Saya sendiri "kandas" lagi di Bandung. Malamnya, saya menginap di tempat Tuan Pang In Liong.

Esoknya, Rabu, 29 Agustus 1945, saya diberitahu bahwa Chung Hui berhasil mendapatkan gerbong khusus ke Jakarta pada tanggal 30 Agustus dan ke jurusan timur pada tanggal 31 Agustus. Saat itu hampir semua orang rombongan Bukit Duri sudah pulang.

Siang itu, Tuan Lim Eng Hoey berhasil membelikan saya tiket kereta api, sehingga dengan kereta ekspres sore, saya bisa berangkat dari Bandung...

Bersama-sama dalam satu gerbong ada Dr. Kwee Tat Tjhong dan Tuan Soe-to Tjan.

Ketika kereta api masuk di stasiun Cimahi, saya menatap lokasi bongkar muat kereta, tempat beberapa hari saya pernah membantu mengangkut kayu dan pernah mendeprok di atas rumput mengawasi kereta yang lewat dengan perasaaan sangat iri pada penumpang-penumpangnya.

Selama kereta berhenti, kami bertiga 'membidik' deretan gedung di seberang stasiun, di belakang kanan tempat "kampung Tionghoa" kamp.

Kereta api berangkat lagi. Lapangan pacuan kuda segera dilewati. Tidak lama kemudian di sebelah kiri muncul deretan belakang rumah-rumah.

"Nah, itulah perkantoran Gunung Bohong, tempat kami pernah bekerja," Tuan Soe-to menunjuk kepada dua orang guru perempuan Tionghoa yang duduk bersama kami.

Tak lama kemudian tampak kaki Gunung Bohong, tempat kami pernah mencangkul untuk membangun jalan. Kemudian kereta api meninggalkan wilayah Cimahi...

Hari sudah gelap ketika kereta berhenti di stasiun Gambir.

"Engkoh, apakah engkoh Joe Lan?" tanya salah seorang penumpang.

"Owe, engkoh. Ada apa?"

"Owe ... Encim sudah kaga..."

"Kapan?" tanya saya kaget.

"Baru beberapa bulan."

Jadi benar apa yang di Bandung disampaikan oleh dua orang kepada saya, tapi dibantah oleh pihak lain. Begitu dilepas di Bandung saya sudah mendengar tentang tutup usianya papa mertua saya, Tuan Lim

Tjin Tjee, dan anak saya baru berumur 5 hari ketika saya ditangkap. Tapi tentang ibu saya, baru saat itu saya memperoleh kepastian...

Kereta api kembali melaju menuju Kota Lama, membawa saya masuk ke dunia baru, ke kehidupan baru....

TAMAT

Nio Joe Lan

Nio Joe Lan (dibaca: Nyo Yu Lan) atau Janus Nur Arif adalah seorang wartawan dan penulis. Lahir di Jakarta 29 Desember 1904 dan meninggal di Jakarta 13 Februari 1973.

Tahun 1924 lulus Koningin Wilhemina School (KWS), kemudian bekerja pada harian Keng Po. Tahun 1928, diangkat menjadi pemimpin redaksi koran yang sama. Tahun 1935, pindah ke harian Sin Po dan bekerja sebagai anggota redaksi. Tahun 1942-1945, ditahan Jepang.

Setelah bebas, kembali bekerja di harian itu namun pada tahun 1958 berhenti untuk menulis buku tentang sejarah dan kebudayaan Tionghoa.

Buku-bukunya:

Riwayat 40 Taon THHK Batavia (1940), *Dalem Tawanan Djepang* (1946), *Peradaban Tionghoa Selajang Pandang* (1961), *Sastera Indonesia-Tionghoa* (1962), *Puntjak-Puntjak Kisah Tiga Negara* (1963), dan *Sastera Tiongkok Sepintas Lalu* (1966).

Ikhwanul Halim

Lahir di Banda Aceh, 25 Juli 1965, masa kecil dan remaja dihabiskan di kota ujung utara pulau Sumatera tersebut. Lulusan SMAN 3 Bandung dan mendapat gelar Sarjana Teknik Nukir dari FT-UGM Yogyakarta. Pernah bekerja di Jakarta, Surabaya, Jambi, Medan dan Banda Aceh sebelum memutuskan untuk singgah di Bandung pada awal tahun 2014.

Dari sekadar hobi menulis di blog, memutuskan untuk serius menjadi penulis awal Agustus 2015, sejak bergabung dengan Kompasiana, dan termasuk yang rajin menulis di kanal Fiksiana.

Beberapa bukunya telah terbit dan dapat dibeli lewat pimedia.id atau amazon.com.

www.ingramcontent.com/pod-product-compliance
Lightning Source LLC
LaVergne TN
LVHW100432051026
849518LV00004B/1467

* 9 7 8 6 2 3 8 4 2 6 1 8 8 *